Die Mitwirkung des Testamentsvollstreckers an GmbH-Gesellschafterbeschlüssen

AF829841

Zivilrechtliche Schriften

Beiträge zum Wirtschafts-, Bank- und Arbeitsrecht

Herausgegeben von Arnd Arnold, Dorothee Einsele,
Jan Lieder und Hartmut Oetker

Begründet von Peter Kreutz und Dieter Reuter

Band 83

PETER LANG

Hendrik Greinert

Die Mitwirkung des Testamentsvollstreckers an GmbH-Gesellschafterbeschlüssen

Eine Untersuchung anhand des Verbots unentgeltlicher Verfügungen gemäß § 2205 Satz 3 BGB unter Berücksichtigung des Beschlussmängelrechts

PETER LANG

Bibliografische Information der Deutschen Nationalbibliothek
Die Deutsche Nationalbibliothek verzeichnet diese Publikation in der Deutschen Nationalbibliografie; detaillierte bibliografische Daten sind im Internet über http://dnb.d-nb.de abrufbar.

Zugl.: Freiburg (Breisgau), Univ., Diss., 2021

D 25
ISSN 0941-147X
ISBN 978-3-631-87326-7 (Print)
E-ISBN 978-3-631-87608-4 (E-PDF)
E- 978-3-631-87609-1 (EPUB)
DOI 10.3726/b19608

© Peter Lang GmbH
Internationaler Verlag der Wissenschaften
Berlin 2022
Alle Rechte vorbehalten.

Peter Lang – Berlin · Bern · Bruxelles · New York ·
Oxford · Warszawa · Wien

Das Werk einschließlich aller seiner Teile ist urheberrechtlich geschützt. Jede Verwertung außerhalb der engen Grenzen des Urheberrechtsgesetzes ist ohne Zustimmung des Verlages unzulässig und strafbar. Das gilt insbesondere für Vervielfältigungen, Übersetzungen, Mikroverfilmungen und die Einspeicherung und Verarbeitung in elektronischen Systemen.

Diese Publikation wurde begutachtet.

www.peterlang.com

Für Johanna

Vorwort

Die vorliegende Dissertation entstand neben meiner Tätigkeit als Rechtsanwalt in einer Hamburger Sozietät, in der ich mit den Schwerpunkten Handels- und Gesellschaftsrecht sowie M&A praktiziere.

Zur Begutachtung an der Rechtswissenschaftlichen Fakultät der Albert-Ludwigs-Universität Freiburg eingereicht wurde die Arbeit im Sommer 2021. Das vorliegende Werk berücksichtigt Rechtsprechung und Neuerscheinungen in der Literatur bis Ende November 2021.

Für mich bedeutet die Fertigstellung dieser Arbeit die Erfüllung eines seit dem Studium an der Universität Osnabrück gehegten Wunsches. Es ist der Abschluss einer herausfordernden wie persönlich bereichernden Lebensphase.

Den zahlreichen Menschen, die mich in vielfältiger Art und Weise unterstützt und begleitet haben, möchte ich an dieser Stelle meinen tief empfundenen Dank aussprechen.

Ein besonderer Dank gilt meinem Doktorvater, Herrn Professor Dr. Jan Lieder, für seine exzellente Unterstützung und sein persönliches Engagement bei der Betreuung dieser Arbeit. Durch seine konstruktiven Anmerkungen und Hinweise hat Professor Lieder entscheidend zum Gelingen meiner Dissertation beigetragen.

Ebenfalls herzlich bedanken möchte ich mich bei Herrn Professor Dr. Hanno Merkt für die freundliche Übernahme der Zweitbegutachtung, sowie bei Herrn Professor Dr. Frank Schäfer und Herrn Professor Dr. Maximilian Haedicke für ihr Mitwirken in der Prüfungskommission.

Neben meinem Doktorvater danke ich Professor Dr. Hartmut Oetker für die Aufnahme in die – unter anderem von ihnen herausgegebene – Schriftenreihe, in der das vorliegende Werk erscheint.

Ein tiefer Dank gebührt den Partnerinnen und Partnern der Sozietät sowie Kolleginnen und Kollegen, die mir die nebenberufliche Promotion erst ermöglicht haben. Zu nennen sind hier insbesondere die Partner Dres. Klaus Kamlah, Stephan Bauer, Götz Triebel und Sebastian Garbe. Vor allem Letztgenannter hatte stets Verständnis für mein Dissertationsprojekt, das er mit großem Einsatz förderte.

Gerne zurück erinnere ich mich an die Arbeitsphasen in der Hamburger Zentralbibliothek Recht und dem damit verbundenen zweiten „Studentenleben“, als ich mich regelmäßig mit Co-Promovierenden zum Mensa-Mittagessen oder Kaffeetrinken traf: Euch danke ich für die schöne Zeit!

Mein ganz besonderer Dank gilt Rudolf M. Plein, der durch motivierenden Zuspruch, hilfreiche Anregungen und sorgfältiges Korrekturlesen in hohem Maße zum Gelingen der Arbeit beitrug.

Mein größter Dank gilt an dieser Stelle meiner Freundin Johanna, die mich während der Promotionszeit immer wieder darauf aufmerksam gemacht hat, dass es daneben auch viele heitere Dinge im Leben gibt. Sie brachte bewundernswert viel Verständnis auf, wenn das eine oder andere Wochenende wie auch Urlaubstage für die Anfertigung der Dissertation herhalten mussten.

Schließlich danke ich von Herzen meinen Eltern, Heike Helms-Greinert und Frank Greinert. Sie haben mir das Studium der Rechtswissenschaften ermöglicht und mich auf meinem bisherigen Lebensweg vorbehaltlos, treu, mit Rat und Tat unterstützt und gefördert. Dadurch haben sie den Grundstein für meine persönliche und berufliche Entwicklung gelegt, was nicht hoch genug angesehen werden kann.

Inhaltsübersicht

Inhaltsverzeichnis

Abkürzungsverzeichnis

a.A.	andere(r) Ansicht
Abs.	Absatz
AcP	Archiv für die civilistische Praxis (Zeitschrift)
AktG	Aktiengesetz
Alt.	Alternative
Anh.	Anhang
AT	Allgemeiner Teil
Aufl.	Auflage
BayObLG	Bayerisches Oberstes Landesgericht
BayObLGZ	Entscheidungen des Bayerischen Obersten Landesgerichts in Zivilsachen (Amtliche Sammlung)
BB	Betriebs Berater (Zeitschrift)
Bd.	Band
BeckOGK	beck-online.Großkommentar
BeckOK	Beck'scher Online-Kommentar
BeckRS	beck-online.RECHTSPRECHUNG
Begr.	Begründer
Beil.	Beilage
BGB	Bürgerliches Gesetzbuch
BGH	Bundesgerichtshof
BGHZ	Entscheidungen des Bundesgerichtshofs in Zivilsachen (Amtliche Sammlung)
BörsZulV	Verordnung über die Zulassung von Wertpapieren zum regulierten Markt an einer Wertpapierbörse
BT	Besonderer Teil
DB	Der Betrieb (Zeitschrift)
Diss.	Dissertation
DNotI	Deutsches Notarinstitut
DNotZ	Deutsche Notar-Zeitschrift (Zeitschrift)
DStR	Deutsches Steuerrecht (Zeitschrift)
Ed.	Edition
EBITDA	Earnings Before Interest, Taxes, Depreciation and Amortization
EBJS	Ebenroth, Carsten Thomas / Boujong, Karlheinz / Joost, Detlev / Strohn, Lutz (Kommentar)
etc.	*et cetera* (und so weiter)

f.	folgende/r (Seite/§/Absatz)
FamFG	Gesetz über das Verfahren in Familiensachen und in den Angelegenheiten der freiwilligen Gerichtsbarkeit
FamRZ	Zeitschrift für das gesamte Familienrecht (Zeitschrift)
ff.	folgende (Seiten/§§/Absätze)
Fn.	Fußnote
FS	Festschrift
GewStG	Gewerbesteuergesetz
GesR	Gesellschaftsrecht
GmbH	Gesellschaft mit beschränkter Haftung
GmbHG	Gesetz betreffend die Gesellschaften mit beschränkter Haftung
GmbHR	GmbHRundschau (Zeitschrift)
Habil.	Habilitationsschrift
HCL	Habersack, Mathias / Casper, Matthias / Löbbe, Marc (Kommentar)
HGB	Handelsgesetzbuch
h.L.	herrschende Lehre
h.M.	herrschende Meinung
Hrsg.	Herausgeber(in)
hrsg.	herausgegeben
IDW	Institut der Wirtschaftsprüfer in Deutschland e.V.
IDW S 1	IDW Standard 1: Grundsätze zur Durchführung von Unternehmensbewertungen (in der Fassung von 2008, Stand: 4. Juli 2016)
i.V.m.	in Verbindung mit
KG	Kommanditgesellschaft / Kammergericht
JuS	Juristische Schulung (Zeitschrift)
KonzernR	Konzernrecht
KStG	Körperschaftsteuergesetz
MAH ErbR	Münchener Anwaltshandbuch Erbrecht
m.w.N.	mit weiteren Nachweisen
MüHdB GesR III	Münchener Handbuch des Gesellschaftsrechts, Bd. 3
MüKo	Münchener Kommentar
NJW	Neue Juristische Wochenschrift (Zeitschrift)
NJW-RR	Neue Juristische Wochenschrift Rechtsprechungs-Report Zivilrecht (Zeitschrift)
Nr.	Nummer
NZG	Neue Zeitschrift für Gesellschaftsrecht (Zeitschrift)

OLG	Oberlandesgericht
OLGZ	Entscheidungen der Oberlandesgerichte in Zivilsachen (Zeitschrift)
Prot. V	Protokolle der Kommission für die zweite Lesung des Entwurfs des BGB, Band V, 1899
RGZ	Entscheidungen des Reichsgerichts in Zivilsachen (Amtliche Sammlung)
Rn.	Randnummer
RNotZ	Rheinische Notar-Zeitschrift (Zeitschrift)
S.	Seite
u.a.	unter anderem
UHL	Ulmer, Peter / Habersack, Mathias / Löbbe, Marc (Kommentar)
UmwG	Umwandlungsgesetz
v.	von
Var.	Variante
vgl.	vergleiche
WM	Wertpapier-Mitteilungen: Zeitschrift für Wirtschafts- und Bankrecht (Zeitschrift)
ZEV	Zeitschrift für Erbrecht und Vermögensnachfolge (Zeitschrift)
ZfPW	Zeitschrift für die gesamte Privatrechtswissenschaft (Zeitschrift)
ZGR	Zeitschrift für Unternehmens- und Gesellschaftsrecht (Zeitschrift)
ZIP	Zeitschrift für Wirtschaftsrecht (Zeitschrift)
zit.	zitiert als
ZPO	Zivilprozessordnung

Im Übrigen wird verwiesen auf *Kirchner, Hildebert:* Abkürzungsverzeichnis der Rechtssprache, 10. Aufl., Berlin 2021.

OLG	Oberlandesgericht
OLGZ	Entscheidungen der Oberlandesgerichte in Zivilsachen (Zeitschrift)
Prot. V	Protokolle der Kommission für die zweite Lesung des Entwurfs des BGB, Band V, 1899
RGZ	Entscheidungen des Reichsgerichts in Zivilsachen (Amtliche Sammlung)
Rn.	Randnummer
RNotZ	Rheinische Notar-Zeitschrift (Zeitschrift)
S.	Seite
u.a.	unter anderem
UHL	Ulmer, Peter / Habersack, Mathias / Löbbe, Marc (Kommentar)
UmwG	Umwandlungsgesetz
v.	von
Var.	Variante
vgl.	vergleiche
WM	Wertpapier-Mitteilungen: Zeitschrift für Wirtschafts- und Bankrecht (Zeitschrift)
ZEV	Zeitschrift für Erbrecht und Vermögensnachfolge (Zeitschrift)
ZfPW	Zeitschrift für die gesamte Privatrechtswissenschaft (Zeitschrift)
ZGR	Zeitschrift für Unternehmens- und Gesellschaftsrecht (Zeitschrift)
ZIP	Zeitschrift für Wirtschaftsrecht (Zeitschrift)
zit.	zitiert als
ZPO	Zivilprozessordnung

Im Übrigen wird verwiesen auf *Kirchner, Hildebert:* Abkürzungsverzeichnis der Rechtssprache, 10. Aufl., Berlin 2021.

Einleitung

Wenn ein Testamentsvollstrecker nachlassgegenständliche GmbH-Geschäftsanteile verwaltet und im Zuge dessen an Gesellschafterbeschlüssen mitwirkt, besteht die Gefahr, dass er die durch § 2205 Satz 3 BGB gezogene Grenze seiner Verfügungsbefugnis überschreitet.[1] In dieser Arbeit werden die Voraussetzungen untersucht, unter denen dies der Fall ist, sowie die daraus resultierenden Rechtsfolgen. Der Fokus liegt auf den Punkten, wann und inwieweit der Testamentsvollstrecker unentgeltlich über die Mitgliedschaft des Erben verfügt und die Verfügung deshalb zu ihrer Wirksamkeit der Zustimmung des Erben bedarf.[2]

Zwar wird auf die Verwaltung von GmbH-Geschäftsanteilen abgestellt, was allein ob der Dominanz[3] dieser Gesellschaftsform in der Realität seine Berechtigung findet. Weil jedoch die Verfügung des Testamentsvollstreckers über die Mitgliedschaft des Erben untersucht wird, können die diesbezüglichen Ausführungen auf andere Rechtsformen durchaus (freilich *cum grano salis*) übertragen werden. Im Recht der Nacherbschaft existiert mit § 2213 Abs. 2 Satz 1 BGB eine Parallelvorschrift zu § 2205 Satz 3 BGB. Daher lassen sich die in dieser Arbeit gefundenen Ergebnisse, insoweit der Tatbestand der unentgeltlichen Verfügung und die daraus resultierenden Rechtsfolgen berührt sind, ebenfalls übertragen.

Bereits 1985 hat *Priester* resümiert, dass die Probleme der Testamentsvollstreckung am GmbH-Anteil nicht in ihrer Zulässigkeit, sondern in den Grenzen der Rechtsmacht des Testamentsvollstreckers liegen.[4] Das ist heute noch richtig. Gemäß der gesetzlichen Ausgangslage ist der Testamentsvollstrecker *beinahe* omnipotent. Einzig § 2205 Satz 3 BGB schränkt die Machtfülle des Testamentsvollstreckers signifikant ein.[5]

Während an allgemeinen Ausführungen zur Testamentsvollstreckung in Bezug auf Unternehmensanteile kein Mangel herrscht, greift die vorliegende Arbeit die Grenze der Verfügungsmacht des Testamentsvollstreckers nach

---

1 Dabei meint „Mitwirkung an Gesellschafterbeschlüssen" die Stimmabgabe durch den Testamentsvollstrecker und/oder dessen Zustimmung zu einem Gesellschafterbeschluss.

2 Im Rahmen der weiteren Untersuchungen wird im Interesse der besseren Lesbarkeit von einem (Allein-)Erben ausgegangen.

3 Vgl. *Kornblum*, GmbHR 2016, 691 (700).

4 *Priester*, in: FS Stimpel, 463 (485); zustimmend: *Mayer*, ZEV 2002, 209 (216).

5 *Kreppel*, DStR 1996, 430 (432).

§ 2205 Satz 3 BGB heraus und untersucht mit diesem Maßstab vertieft die Mitwirkung des Testamentsvollstreckers an Gesellschafterbeschlüssen. Ein Testamentsvollstrecker, der eine Beteiligung an einem lebenden Unternehmen – oft über Jahre hinweg – verwaltet, wird sich häufiger mit dem Thema konfrontiert sehen, ob er in der Gesellschafterversammlung in bestimmter Weise abstimmen darf, als mit der Frage, ob er berechtigt ist, die verwaltete Beteiligung zu einem bestimmten Preis zu veräußern.

Der Testamentsvollstrecker muss die Voraussetzungen kennen, unter denen seine Mitwirkung an einem Gesellschafterbeschluss in den Anwendungsbereich des § 2205 Satz 3 BGB fällt, und er muss in Bezug auf die Rechtsfolgenseite wissen, wann und auf welche Weise der Erbe zustimmen muss. Auch ansonsten ist die Rechtfolgenseite von großer Bedeutung. So kann möglicherweise aufgrund der Missachtung der Regelung des § 2205 Satz 3 BGB die Stimmabgabe des Testamentsvollstreckers – beziehungsweise dessen Zustimmung zum Gesellschafterbeschluss – unwirksam sein. Dies wiederum könnte womöglich sogar in die Nichtigkeit des Gesellschafterbeschlusses münden. Nicht zuletzt läuft der Testamentsvollstrecker Gefahr, sich gemäß § 2219 BGB persönlich haftbar zu machen, wenn er den in § 2205 Satz 3 BGB aufgestellten Pflichtenmaßstab einer ordnungsgemäßen Verwaltung des Nachlasses verletzt.

Die Testamentsvollstreckung ist *per se* hochgradig streitanfällig. Zum einen bestehen verschiedene Interessensrichtungen: des Erblassers, der jeweiligen Erben, unter Umständen des Vermächtnisnehmers und natürlich auch des Testamentsvollstreckers. Zum anderen sind Themen berührt, die häufig Streit hervorrufen: Geld, Macht und Einfluss, unter Umständen gepaart mit Misstrauen. Das ist besonders virulent bei verwalteten Anteilen an Familienunternehmen. Nicht selten gerät der Testamentsvollstrecker deswegen bei der Wahrnehmung seines Amtes in einen Konflikt mit dem oder den Erben (die mitunter wiederum untereinander im Konflikt stehen).[6] Aus diesem Grund soll in der vorliegende Arbeit auch untersucht werden, welchen durch § 2205 Satz 3 BGB evozierten Beschlussmangel wer, wie und wann prozessual geltend machen kann.

Ziel dieser Arbeit ist es, einen Beitrag für das erbrechtliche Institut der Testamentsvollstreckung im Bereich des Gesellschaftsrechts zu leisten, indem, dogmatisch fundiert, und unter Ausschöpfung der relevanten aktuellen Quellen,

---

6 Vgl. nur: „Erbstreit bei Aldi Nord: Das Ende der Bescheidenheit“ vom 13. April 2016, https://www.faz.net/-gqe-8ft69; „Tönnies-Erbe scheitert vor Gericht“ vom 6. März 2015, www.sz.de/1.2380605.

bisher in der Rechtswissenschaft wenig bis gar nicht behandelte, wenngleich praxisrelevante Problempunkte erörtert und einer Lösung zugeführt werden.

Die Arbeit gliedert sich im Nachgang dergestalt: Zunächst werden in Kapitel 1 die Grundlagen für die weiteren Untersuchungen gelegt. Im Anschluss daran wird sich in Kapitel 2 den Voraussetzungen und Rechtsfolgen des § 2205 Satz 3 BGB im Hinblick auf die Mitwirkung des Testamentsvollstreckers an GmbH-Gesellschafterbeschlüssen zugewandt. Sodann werden in diesem Zusammenhang – unter Anwendung der herausgearbeiten Ergebnisse – ausgewählte Fallgestaltungen untersucht (dazu Kapitel 3). Kapitel 4 fügt sich thematisch an, indem dort die aus § 2205 Satz 3 BGB reultierenden Beschlussmängel und ihre prozessuale Geltendmachung erörtert werden. Zum Schluss werden die wesentlichen Ergebnisse der Arbeit in Kapitel 5 zusammengefasst.

Kapitel 1. Grundlagen

A. Die Testamentsvollstreckung

I. Wesen und Wirkung der Testamentsvollstreckung

Die Anordnung der Testamentsvollstreckung versetzt den Erblasser in die Lage, seinen Willen in Bezug auf das weitere Schicksal des Nachlasses über den Tod hinaus fortwirken zu lassen.[7] Dabei bezieht sich der Inhalt der Testamentsvollstreckung im Wesentlichen auf vermögensrechtliche Aufgaben.[8] Denn das Erbrecht – und die Testamentsvollstreckung ist ein erbrechtliches Institut – regelt die Rechtsverhältnisse des Vermögens des Verstorbenen und betrifft grundsätzlich nur die vermögensrechtliche Nachfolge.[9]

Im Normalfall bewirkt die Testamentsvollstreckung ein Auseinanderfallen zwischen Inhaberschaft sowie der tatsächlichen und rechtlichen Herrschaft über den der Testamentsvollstreckung unterliegenden Nachlass.[10] Solange und soweit die Ausübung der Rechte dem Testamentsvollstrecker übertragen ist (§§ 2205, 2208 BGB), ist dem Erben die Ausübung verwehrt (§ 2211 BGB).[11] Zugleich ist der verwaltete Nachlass dem Zugriff der Eigengläubiger des Erben entzogen (vgl. § 2214 BGB). Gerade durch diese Verselbständigung des Nachlasses wird der vom Testamentsvollstrecker verwaltete Nachlass zu einer Art „Sondervermögen“[12], der über den Erbfall vom sonstigen Vermögen des Erben getrennt wird.[13]

---

7 *Heckschen*, in: Burandt/Rojahn, BGB, vor § 2197 Rn. 5; *Zimmermann*, in: MüKo-BGB, vor § 2197 Rn. 2.

8 *Grotheer*, in: BeckOGK-BGB, § 2197 Rn. 53 (1.9.2021); *Reimann*, in: Staudinger, BGB, vor § 2197 Rn. 10.

9 Vgl. *Lange/Kuchinke*, § 1 VI 1.

10 Vgl. *Weidlich*, in: Palandt, BGB, vor § 2197 Rn. 1; *Zimmermann*, in: MüKo-BGB, vor § 2197 Rn. 1.

11 *Weidlich*, in: Palandt, BGB, vor § 2197 Rn. 1; *Zimmermann*, in: MüKo-BGB, § 2205 Rn. 4.

12 BGH, NJW 1967, 2399.

13 *Heckschen*, in: Burandt/Rojahn, BGB, vor § 2197 Rn. 1; *Reimann*, in: Staudinger, BGB, vor § 2197 Rn. 12.

II. Die rechtliche Stellung des Testamentsvollstreckers

Die Stellung des Testamentsvollstreckers, die ihm das Bürgerliche Gesetzbuch und die Zivilprozessordnung gegeben haben, lässt sich mit der herrschenden Amtstheorie[14] zur folgenden Formel verdichten: Der Testamentsvollstrecker hat die Stellung eines Treuhänders;[15] er ist Träger eines privaten Amtes, das ihm vom Erblasser übertragen ist und das er kraft eigenen Rechts, also unabhängig vom Willen der Erben, aber – im Rahmen der letztwilligen Anordnungen des Erblassers – doch im Interesse anderer, vor allem im Interesse der Erben ausübt.[16] Hierbei ist zu betonen: Der Testamentsvollstrecker ist weder gesetzlicher Vertreter des Erblassers, noch des Erben,[17] wenngleich die Rechtsstellung des Testamentsvollstreckers der eines gesetzlichen Vertreters angenähert ist.[18]

III. Die limitierte Kontrolle über den Testamentsvollstrecker

Die Unabhängigkeit des Testamentsvollstreckeramtes zeigt sich nicht zuletzt an den gesetzlichen Vorschriften, welche grundsätzlich nur eine limitierte Kontrolle des Testamentsvollstreckers vorsehen. Dies ergibt sich aus den folgenden Gesichtspunkten:

1. Aufsicht über den Testamentsvollstrecker nur durch den Erben

Die Kontrolle des Testamentsvollstreckers ist bereits institutionell limitiert. Der Testamentsvollstrecker unterliegt weder einer Aufsicht durch das Nachlassgericht noch durch andere staatliche Stellen.[19] Eine solche Aufsicht kann der Erblasser auch nicht anordnen.[20] Die unmittelbare Aufsicht obliegt vielmehr dem Erben selbst.[21]

---

14 RGZ 32, 152 (153); 56, 327 (330); 61, 139 (145); BGHZ 13, 203 (205 f.); 35, 296 (301); *Reimann*, in: Staudinger, BGB, vor § 2197 Rn. 19; *Zimmermann*, in: MüKo-BGB, vor § 2197 Rn. 5; *Damrau*, in: Soergel, BGB, vor § 2197 Rn. 5; *Weidlich*, in: Palandt, BGB, vor § 2197 Rn. 2.

15 H.M.: BGH, NJW 1958, 670; BGH, NJW 2000, 3781; *Heckschen*, in: Burandt/Rojahn, BGB, vor § 2197 Rn. 2; *Lange*, in: BeckOK-BGB, § 2197 Rn. 6; *Weidlich*, in: Palandt, BGB, vor § 2197 Rn. 2; a.A.: *Grotheer*, in: BeckOGK-BGB, § 2197 Rn. 43.1 (1.9.2021).

16 BGHZ 35, 296 (301).

17 So die herrschende Amtstheorie (vgl. Fn. 14); statt vieler: BGH, NJW 2000, 3781; *Heckschen*, in: Burandt/Rojahn, BGB, vor § 2197 Rn. 2.

18 *Dietz*, in: Bengel/Reimann, § 1 Rn. 12; *Reimann*, in: Staudinger, BGB, vor § 2197 Rn. 20.

19 *Reimann*, FamRZ 1995, 588 (589); *Zimmermann*, in: MüKo-BGB, vor § 2197 Rn. 5.

20 Vgl. *Reimann*, FamRZ 1995, 588 (590); *Todtenhöfer*, RNotZ 2017, 557 (568).

21 *Grotheer*, in: BeckOGK-BGB, § 2197 Rn. 62 (1.9.2021); *Zimmermann*, in: MüKo-BGB, vor § 2197 Rn. 5.

2. *Kein Weisungsrecht, kein prinzipielles Zustimmungsbedürfnis*

Die Kontrolle des Testamentsvollstreckers durch den Erben ist limitiert, weil die Ausübung des Amtes prinzipiell unabhängig vom Willen des Erben erfolgt. Der Testamentsvollstrecker ist weder den Weisungen des Erben unterworfen[22], noch ist er grundsätzlich in seinen Entscheidungen abhängig von der Zustimmung des Erben.[23]

3. *Die Kontrollrechte des Erben*

Für die Kontrolle sind vor allem die nachstehenden zwingenden[24] Rechte des Erben relevant: a) Die Informationsansprüche gegenüber dem Testamentsvollstrecker gemäß §§ 2218, 2215 BGB, b) der Anspruch auf ordnungsgemäße Verwaltung gemäß § 2216 Abs. 1 BGB, und, flankierend, c) der Anspruch auf Schadensersatz aus § 2219 Abs. 1 BGB nebst dem Recht auf Beantragung der Entlassung des Testamentsvollstreckers nach § 2227 BGB.

a) Informationsrechte

Dem Erben stehen im Wesentlichen drei Arten von Informationsrechten gegenüber dem Testamentsvollstrecker zu: Der Testamentsvollstrecker hat dem Erben gemäß § 2218 Abs. 1 i.V.m. § 666 Var. 1 BGB „die erforderlichen Nachrichten zu geben", also Mitteilung zu machen (Benachrichtigungsanspruch). Daneben hat der Testamentsvollstrecker dem Erben auf Verlangen gemäß § 2218 Abs. 1 i.V.m. § 666 Var. 2 BGB über den Stand der Verwaltung Auskunft zu erteilen (Auskunftsanspruch). Einen speziellen Auskunftsanspruch des Erben statuiert dabei § 2215 BGB, wonach der Testamentsvollstrecker dem Erben ein Nachlassverzeichnis mitzuteilen hat.[25] Schließlich hat der Testamentsvollstrecker gemäß § 2218 Abs. 1 i.V.m. § 666 Var. 3 BGB dem Erben auf Verlangen Rechenschaft abzulegen, wobei sich der Umfang dieses Rechenschaftsanspruch nach § 259

---

22 *Argumentum ex* § 2218 Abs. 1 BGB, der bewusst nicht auf das auftragsrechtliche Weisungsrecht aus § 665 BGB verweist.

23 *Grotheer*, in: BeckOGK-BGB, § 2197 Rn. 43 (1.9.2021).

24 Für §§ 2215, 2216, 2218, 2219 BGB folgt dies aus § 2220 BGB; für § 2227 BGB vgl. *Damrau*, in: Soergel, BGB, § 2227 Rn. 1; *Zimmermann*, in: MüKo-BGB, § 2227 Rn. 1.

25 Zum Ganzen: *Sarres*, ZEV 2000, 90 (91 f.); *Zimmermann*, in: MüKo-BGB, § 2218 Rn. 9 f.

BGB bestimmt. Bei einer länger dauernden Verwaltung kann der Erbe eine jährliche Rechnungslegung verlangen (§ 2218 Abs. 2 BGB).

b) Ordnungsgemäße Verwaltung

Gemäß § 2216 Abs. 1 BGB ist der Testamentsvollstrecker zur ordnungsgemäßen Verwaltung[26] des Nachlasses verpflichtet. Verletzt der Testamentsvollstrecker diese Verpflichtung, kann der Erbe primär vor dem Prozessgericht auf Erfüllung klagen.[27]

c) Sekundärrechte

Auf sekundärer Ebene können dem Erben bei Pflichtverletzungen durch den Testamentsvollstrecker die folgenden Rechte zustehen: Bei einer schuldhaften Verletzung der dem Testamentsvollstrecker obliegenden Pflichten kann der Erbe für den ihm daraus entstehenden Schaden Ersatz verlangen (§ 2219 Abs. 1 BGB). Ferner kann eine grobe Pflichtverletzung oder die Unfähigkeit des Testamentsvollstreckers zur ordnungsgemäßen Geschäftsführung auf Antrag des Erben die Entlassung des Testamentsvollstreckers aus wichtigem Grund durch das Nachlassgericht zur Folge haben (§ 2227 BGB).

4. Verschärfung der Kontrolle nur teilweise möglich

Möchte der Erblasser die Kontrolle des Testamentsvollstreckers verschärfen, so steht es dem Erblasser frei, Mitvollstrecker einzusetzen, Verwaltungsanordnungen nach § 2216 Abs. 2 Satz 1 BGB zu treffen oder die Rechtsmacht des Testamentsvollstreckers nach § 2208 BGB zu beschränken.[28] Zu berücksichtigen ist aber, dass der Erblasser dem Testamentsvollstrecker damit ein Stück weit die Flexibilität bei der Verwaltung des Nachlasses nimmt.[29] Auch ändert eine solche Verschärfung nichts an der Weisungsfreiheit des Testamentsvollstreckers und der fehlenden Aufsicht durch das Nachlassgericht.

---

26 Für weitere Einzelheiten siehe unten Kapitel 2:C.II.2.a).

27 RGZ 73, 26 (28); BGHZ 25, 275 (283); *Damrau*, in: Soergel, BGB, § 2227 Rn. 24.

28 Im Einzelnen dazu: *Todtenhöfer*, RNotZ 2017, 557 (569); vgl. auch *Reimann*, in: Bengel/Reimann, § 2 Rn. 118 ff.

29 Vgl. *Todtenhöfer*, RNotZ 2017, 557 (569).

IV. Haupterscheinungsformen der Testamentsvollstreckung

Je nach verfolgtem Ziel kann der Erblasser die Testamentsvollstreckung – im Rahmen der gesetzlichen Regelungen – in unterschiedlichster Art und Weise ausgestalten. Nichtsdestotrotz kann man prinzipiell zwischen zwei Haupterscheinungsformen und sonstigen Erscheinungsformen der Testamentsvollstreckung unterscheiden:

1. Abwicklungsvollstreckung

Grund- und Regeltypus ist die den ganzen Nachlass umfassende Abwicklungsvollstreckung gemäß § 2203 BGB. Bei Vorhandensein mehrerer Erben wird sie auch als Auseinandersetzungsvollstreckung bezeichnet (§ 2204 BGB). Sie ist auf baldige Selbsterledigung gerichtet, indem der Erblasserwillen zur Ausführung gebracht wird.[30] Gehören GmbH-Geschäftsanteile zum Nachlass, ist es in der Regel die Aufgabe des Testamentsvollstreckers, die Beteiligung – gegebenenfalls nach vorheriger Teilung der Geschäftsanteile – gemäß den Anordnungen des Erblassers nach § 2216 Abs. 2 Satz 1 BGB an einen oder mehrere Erben beziehungsweise Vermächtnisnehmer abzutreten. Alternativ kann der Erblasser auch angeordnet haben, dass der Testamentsvollstrecker den Geschäftsanteil schnellstmöglich veräußert, um abschließend den Erlös an den oder die Erben beziehungsweise Vermächtnisnehmer auszukehren.[31] Bis zur Abtretung des Geschäftsanteils stehen dem Testamentsvollstrecker grundsätzlich die Verwaltungsrechte (insbesondere das Stimmrecht) aus dem Geschäftsanteil zu.[32] Damit ist auch hier die Mitwirkung an Gesellschafterbeschlüssen vor dem Hintergrund des § 2205 Satz 3 BGB von Bedeutung.

2. Verwaltungsvollstreckung

Der zweite Typus bildet die wichtigste Sonderform, nämlich die zumeist langfristig, gemäß § 2210 BGB maximal auf 30 Jahre angelegte Verwaltungsvollstreckung (auch Dauervollstreckung genannt) nach § 2209 BGB.[33] Hier obliegt

---

30 *Lange*, in: BeckOK-BGB, § 2203 Rn. 2; *Zimmermann*, in: MüKo-BGB, vor § 2197 Rn. 4.

31 Zum Ganzen: *Hübner/Hammes*, BB 2013, 2307 (2309); *Todtenhöfer*, RNotZ 2017, 557 (562).

32 *Görner*, in: Rowedder/Schmidt-Leithoff, GmbHG, § 15 Rn. 144; *Heinze*, in: MüKo-GmbHG, § 2 Rn. 105.

33 *Grotheer*,: in: BeckOGK-BGB § 2197 Rn. 9 (1.9.2021); *Zimmermann*, in: MüKo-BGB, vor § 2197 Rn. 4.

dem Testamentsvollstrecker die bloße Verwaltung des Nachlasses, ohne dass ihm andere Aufgaben zugewiesen wären.[34] Gerade der Verwaltungsvollstreckung kommt in der Praxis eine bedeutende Rolle zu, wenn Gesellschaftsanteile (namentlich GmbH-Geschäftsanteile) Gegenstand der Testamentsvollstreckung sein sollen.[35] Die Aufgaben des Testamentsvollstreckers sind im Rahmen der Verwaltungsvollstreckung im Gegensatz zur Abwicklungsvollstreckung viel umfangreicher: Hier nimmt der Testamentsvollstrecker grundsätzlich alle mit dem Geschäftsanteil verbundenen Vermögen- und Verwaltungsrechte wahr.[36] Mit anderen Worten: der Testamentsvollstrecker kann grundsätzlich alle Rechthandlungen vornehmen, welche eine Gesellschafterstellung mit sich bringt.[37] Dazu gehört insbesondere die Mitwirkung an Gesellschafterbeschlüssen durch Ausübung des Stimmrechts und/oder des Zustimmungsrechts. Dass wichtige, womöglich für das Unternehmen existenzielle Entscheidungen während einer Dauervollstreckung getroffen werden (müssen), liegt auf der Hand. Um so bedeutender ist daher auch für diese Erscheinungsform der Testamentsvollstreckung, die diesbezüglichen Grenzen der Verwaltungsmacht gemäß § 2205 Satz 3 BGB zu untersuchen.

3. *Sonstige Erscheinungsformen*

Neben der Verwaltungsvollstreckung existieren weitere Sondertypen der Testamentsvollstreckung, namentlich die Nacherben-Testamentsvollstreckung (§ 2222 BGB) und die Vermächtnis-Testamentsvollstreckung (§ 2223 BGB). Schließlich ist der Sondertypus[38] der Testamentsvollstreckung mit beschränktem Aufgabenkreis (§ 2208 BGB) zu nennen: Der Erblasser kann innerhalb der vom Gesetz gezogenen Grenzen den Wirkungskreis und die Befugnisse des Testamentsvollstreckers nach seinem freien Willen ausgestalten. Insbesondere kann der Erblasser die Rechte des Testamentsvollstreckers gegenüber dem gesetzlich normierten Regelstatut in gegenständlicher, inhaltlicher und zeitlicher Hinsicht, der zugedachten Aufgabe entsprechend, einschränken.[39] Eine besondere

---

34 *Weidlich*, in: Palandt, BGB, § 2209 Rn. 1; *Zimmermann*, in: MüKo-BGB, § 2209 Rn. 1.

35 *Zimmermann*, in: MüKo-BGB, § 2209 Rn. 8.

36 BGH, NJW 1959, 1820 (1820 f.); BayObLGZ 1997, 1 (19); *Weidlich*, in: Palandt, BGB, § 2205 Rn. 19; *Zimmermann*, in: MüKo-BGB, § 2205 Rn. 52.

37 *Mayer*, ZEV 2002, 209 (2010); *Görner*, in: Rowedder/Schmidt-Leithoff, GmbHG, § 15 Rn. 145.

38 Zu den genannten Sondertypen: *Dietz*, in: Bengel/Reimann, § 1 Rn. 61.

39 *Lange*, in: BeckOK-BGB, § 2203 Rn. 5; *Zimmermann*, in: MüKo-BGB, vor § 2197 Rn. 4.

derartige Ausformung ist die beaufsichtigende Testamentsvollstreckung gemäß § 2208 Abs. 2 BGB. Der Testamentsvollstrecker hat dann das Recht und die Pflicht, die Ausführung der letztwilligen Verfügungen zu beaufsichtigen und den Erben zu beraten; die Befugnisse der §§ 2203 bis 2206 BGB, insbesondere die Verwaltungs- und Verfügungsbefugnis über nachlassgegenständliche Geschäftsanteile (vgl. § 2205 Satz 1, Satz 2 BGB) stehen ihm dann grundsätzlich nicht zu.[40] Insofern ist er auch nicht befugt, an Gesellschafterbeschlüssen mitzuwirken. Dementsprechend kommt auch eine Beschränkung der Verfügungsmacht nach § 2205 Satz 3 BGB gar nicht erst zum Tragen.

V. Motive des Erblassers für die Anordnung der Testamentsvollstreckung

Die potenziellen Motive des Erblassers für die Anordnung der Testamentsvollstreckung sind mannigfaltig; relevant sind insbesondere die folgenden:

In aller Regel geht es dem Erblasser primär darum, über seinen Tod hinaus auf das Schicksal seiner gesellschaftsrechtlichen Beteiligung Einfluss zu nehmen. Gerade im Falle einer Erbengemeinschaft bedarf es dazu der Testamentsvollstreckung. Anderenfalls könnten sich die Mitglieder der Erbengemeinschaft grundsätzlich einvernehmlich über die testamentarischen Anordnungen des Erblassers hinwegsetzen.[41]

Ferner kann es das Anliegen des Erblassers sein, eine faire und zügige Verteilung des Nachlasses unter den Erben und Vermächtnisnehmern zu erreichen, um so Streit zu vermeiden und den Familienfrieden zu wahren.[42] Gerade wenn die Nachlassstruktur – wie oft im Falle von Unternehmensbeteiligungen – kompliziert ist, kann die Abwicklung durch den Testamentsvollstrecker angezeigt sein.[43]

Zumeist gehen die Motive über die reine Abwicklung des Nachlasses hinaus. Nicht selten möchte der Erblasser seinen Ehepartner oder andere Familienmitglieder – insbesondere minderjährige oder behinderte Kinder – über einen längeren Zeitraum finanziell durch die Erträge des Nachlasses absichern. Außerdem kann es sein, dass das vom Erblasser aufgebaute oder bereits seit Generationen betriebene Familienunternehmen als Ganzes erhalten werden soll. Oft

40 *Heckschen*, in: Burandt/Rojahn, BGB, § 2208 Rn. 6; *Lange*, in: BeckOK-BGB, § 2208 Rn. 16; *Zimmermann*, in: MüKo-BGB, § 2208 Rn. 12.

41 Zum Ganzen: *Todtenhöfer*, RNotZ 2017, 557 (560) m.w.N.

42 *Todtenhöfer*, RNotZ 2017, 557 (561).

43 Vgl. *Kögel*, in: MAH ErbR, § 40 Rn. 276.

besteht daneben der Wunsch, eine externe, sachkundige Vertrauensperson (beispielsweise den langjährigen Rechtsanwalt oder Steuerberater des Erblassers) für einen bestimmten Zeitraum mit der Verwaltung der Gesellschaftsbeteiligung und/oder mit der Unternehmensführung zu betrauen, bis zum Beispiel der auserkorene Erbe das notwendige Alter erreicht und sich die erforderliche Expertise angeeignet hat.[44]

B. Die Verwaltung von GmbH-Geschäftsanteilen

Nachstehend wird betrachtet, worauf die Pflicht und Befugnis des Testamentsvollstreckers zur Verwaltung von GmbH-Geschäftsanteilen fußt (dazu I.), was im Allgemeinen der Umfang und der Inhalt der Verwaltungsbefugnis in Bezug auf GmbH-Geschäftsanteile sind, insbesondere im Hinblick auf die Mitwirkung an Gesellschafterbeschlüssen (dazu II.), und was im Einzelnen die besonderen Ausprägungen der Verwaltungsbefugnis hierbei sind (dazu III.).

I. Die Pflicht und die Befugnis zur Verwaltung

Gemäß § 2205 Satz 1 und Satz 2 BGB hat der Testamentsvollstrecker die Pflicht und die Befugnis, den Nachlass zu verwalten. § 2205 Satz 2 BGB stellt klar, welche Befugnisse der Testamentsvollstrecker bezüglich eines „Nachlassgegenstandes" im Rahmen der Verwaltung hat. Dabei umfasst der Nachlass das Vermögen des Erblassers, welches im Wege der Universalsukzession gemäß § 1922 BGB auf den Erben (oder die Erben) übergegangen ist.[45]

1. Der GmbH-Geschäftsanteil als Gegenstand der Verwaltung

Geschäftsanteile sind gemäß § 15 Abs. 1 GmbHG vererblich; ein Ausschluss der Vererblichkeit durch Satzung ist nicht möglich.[46] Ein vererbter GmbH-Geschäftsanteil kann also der Verwaltung durch den Testamentsvollstrecker unterliegen. Dies ist auch anerkanntermaßen zulässig und zwar unabhängig davon, ob etwa eine Auseinandersetzungsvollstreckung oder eine

---

44 Zum Ganzen: *Todtenhöfer*, RNotZ 2017, 557 (561); vgl. auch *Kögel*, in: MAH ErbR, § 40 Rn. 276.

45 *Grotheer*, in: BeckOGK-BGB, § 2205 Rn. 28 (1.10.2021); *Lange*, in: BeckOK-BGB, § 2205 Rn. 6.

46 *Görner*, in: Rowedder/Schmidt-Leithoff, GmbHG, § 15 Rn. 8; *Reichert/Weller*, in: MüKoGmbHG, § 15 Rn. 438.

Verwaltungsvollstreckung angeordnet wurde.[47] Die Anordnung ist sogar dann zulässig, wenn die Gesellschaft personalistisch strukturiert ist oder die Anteile vinkuliert sind.[48] Deswegen kann ein GmbH-Geschäftsanteil Nachlassgegenstand im Sinne des § 2205 Satz 2 BGB sein. Hierbei ist auch denkbar, dass der Erblasser die Verwaltungsbefugnis gegenständlich auf (bestimmte) GmbH-Geschäftsanteile im Nachlass beschränkt hat (vgl. § 2208 Abs. 1 Satz 2 BGB).[49]

2. *Verwaltungsbefugnis im Rahmen der Abwicklungs- und der Verwaltungsvollstreckung*

Sowohl im Rahmen der Abwicklungsvollstreckung (§§ 2203, 2204 BGB) als auch im Rahmen der Verwaltungsvollstreckung (§ 2209 BGB) steht dem Testamentsvollstrecker grundsätzlich die Befugnis aus § 2205 Satz 1 BGB zu, die nachlassgegenständlichen GmbH-Geschäftsanteile zu verwalten.[50] Lediglich die Zweckrichtung kann sich unterscheiden. So dient die mit der Abwicklungsvollstreckung verbundene Verwaltung ausschließlich der Sicherstellung der Abwicklung, ist also nur Mittel zum Zweck, während die Verwaltung bei der Verwaltungsvollstreckung Selbstzweck ist.[51] Bei beschränkt angeordneter Testamentsvollstreckung (beispielsweise im Falle der beaufsichtigenden Testamentsvollstreckung im Sinne des § 2208 Abs. 2 BGB), kann die Verwaltungsbefugnis (insbesondere die Verfügungsbefugnis) im Hinblick auf nachlassgegenständliche Geschäftsanteile auch vollständig fehlen.

---

47 BGHZ 108, 21 (23); BGH, NJW 1959, 1820; BGH, GmbHR 1977, 244 (245); BayObLG, GmbHR 1991, 572 (574 f.); OLG Frankfurt a.M., ZEV 2008, 606; *Priester*, in: FS Stimpel, S. 463 ff.; *Bayer*, in: Lutter-Hommelhoff, GmbHG, § 15 Rn. 22; *Görner*, in: Rowedder/Schmidt-Leithoff, GmbHG, § 15 Rn. 143–145; *Löbbe*, in: HCL, GmbHG, § 15 Rn. 31; *Reichert/Weller*, in: MüKo-GmbHG, § 15 Rn. 485; *Seibt*, in: Scholz, GmbHG, § 15 Rn. 250; a.A.: *Rowedder/Bergmann*, in: Rowedder/Schmidt-Leithoff, 4. Aufl., GmbHG, § 15 Rn. 130: Im Zweifel sei Zulässigkeit der Verwaltungsvollstreckung zu verneinen, sofern Satzung dafür keine Bestimmung enthalte.

48 *Löbbe*, in: HCL, GmbHG, § 15 Rn. 31; *Zimmermann*, in: MüKo-BGB, § 2205 Rn. 52.

49 *Seibt*, in: Scholz, GmbHG, § 15 Rn. 251.

50 Vgl. *Grotheer*, in: BeckOGK-BGB, § 2197 Rn. 46 (1.9.2021); *Zimmermann*, in: MüKo-BGB, § 2205 Rn. 51 ff.

51 Vgl. *Grotheer*, in: BeckOGK-BGB § 2197 Rn. 12, 46 (1.9.2021).

II. Umfang, Inhalt und Beginn der allgemeinen Verwaltungsbefugnis

§ 2205 Satz 1 BGB weist dem Testamentsvollstrecker die Berechtigung zu, den Nachlass zu verwalten. Die Verwaltungsbefugnis ist nach den gesetzlichen Vorgaben grundsätzlich allgemein, ausschließlich und unbeschränkt.[52] Ausnahmsweise kann die Verwaltungsbefugnis des Testamentsvollstreckers sowohl aus gesellschaftsrechtlichen Gründen als auch aus erbrechtlichen Gründen eingeschränkt sein.[53] Inhaltlich bedeutet dies – bei unbeschränkt[54] angeordneter Testamentsvollstreckung – für die Verwaltung von GmbH-Geschäftsanteilen, dass der Testamentsvollstrecker prinzipiell berechtigt ist, alle (tatsächlichen und rechtlichen) Maßnahmen vorzunehmen, die seinen Aufgaben dienen oder die ohne konkrete Aufgaben dem Erben zustünden.[55] Der Testamentsvollstrecker kann somit grundsätzlich alle (Rechts-)Handlungen vornehmen, welche die Gesellschafterstellung mit sich bringt.[56] Ausgenommen von der Verwaltungsbefugnis sind indes höchstpersönliche Gesellschafterrechte.[57] Der zum Testamentsvollstrecker Ernannte erlangt die Verwaltungsbefugnisse mit Amtsbeginn, also regelmäßig mit der wirksamen Abgabe der Annahmeerklärung des Ernannten gegenüber dem Nachlassgericht (§ 2202 BGB).[58]

1. *Die Verwaltung der Mitgliedschaft*

Die Verwaltung von GmbH-Geschäftsanteilen umfasst demnach grundsätzlich die Wahrnehmung der Gesamtheit aller Rechte und Pflichten des Gesellschafter-Erben. Mit anderen Worten: Der Testamentsvollstrecker verwaltet die Mitgliedschaft.[59] Denn die Mitgliedschaft ist die verdinglichte Gesamtheit aller Rechte und Pflichten des Gesellschafters und der Geschäftsanteil verkörpert im GmbH-Recht diese Mitgliedschaft.[60]

---

52 *Bengel/Dietz*, in: Bengel/Reimann, § 1 Rn. 61; *Reimann*, in: Staudinger, BGB, § 2205 Rn. 45.

53 *Todtenhöfer*, RNotZ 2017, 557 (563); *Zimmermann*, in: MüKo-BGB, § 2205 Rn. 53.

54 Vgl. § 2208 BGB.

55 *Reimann*, in: Staudinger, BGB, § 2205 Rn. 8; *Weidlich*, in: Palandt, BGB, § 2205 Rn. 2.

56 BGH, NJW 1959, 1820 (1821); *Mayer*, ZEV 2002, 209 (210); *Görner*, in: Rowedder/Schmidt-Leithoff, GmbHG, § 15 Rn. 145; *Philippi*, S. 55.

57 *Ebbing*, in: Michalski, GmbHG, § 15 Rn. 51; *Seibt*, in: Scholz, GmbHG, § 15 Rn. 251.

58 *Zimmermann*, in: MüKo-BGB, § 2202 Rn. 3 f; *Weidlich*, in: Palandt, BGB, § 2202 Rn. 1.

59 *Lutter*, ZGR 1982, 108 (116).

60 RGZ 82, 167 (169); *Pentz*, in: Rowedder/Schmidt-Leithoff, GmbHG, § 14 Rn. 2; *Reichert/Weller*, in: MüKo-GmbHG, § 14 Rn. 7; *Raiser*, in: HCL, GmbHG, § 14 Rn. 1.

Im Anschluss werden einzelne – im Rahmen der Verwaltung durch den Testamentsvollstrecker potenziell wahrzunehmende – Mitgliedschaftsrechte und -pflichten dargestellt. Diese Darstellung wird später auch für die Frage eine Rolle spielen, wann der Testamentsvollstrecker im Wege der Mitwirkung an Gesellschafterbeschlüssen über die Mitgliedschaft nach § 2205 Satz 2, Satz 3 BGB unentgeltlich verfügt.[61]

2. *Die Mitgliedschaftsrechte*

Die auf Gesetz, Satzung oder Richterrecht beruhenden Mitgliedschaftsrechte lassen sich gemeinhin in Vermögens- und Verwaltungsrechte einteilen.[62] Dazu im Einzelnen:

a) *Die Vermögensrechte*

Zu den Vermögensrechten zählen insbesondere das Gewinnbezugsrecht (§ 29 Abs. 1 GmbHG) und das Recht auf den Liquidationserlös (§ 72 GmbHG), das Bezugsrecht bei Kapitalerhöhungen (analog § 186 AktG),[63] ferner gesetzliche Ausgleichs-, Umtausch- und Abfindungsansprüche in diversen Fällen des Konzern- und Umwandlungsrechts sowie im Fall des Ausscheidens aus der Gesellschaft.[64] Die Satzung kann die Ausübung von Vermögensrechten durch den Testamentsvollstrecker wirksam weder ganz ausschließen noch begrenzen.[65]

b) *Die Verwaltungsrechte*

Zu den Verwaltungsrechten gehören unter anderem das Recht zur Teilnahme an der Gesellschafterversammlung, das Auskunfts- und Einsichtsrecht (§ 51a GmbHG), das Recht im Wege der Anfechtungs- oder Nichtigkeitsklage gegen

---

61 Siehe dazu insbesondere Kapitel 3:C.II.2.

62 *Altmeppen*, GmbHG, § 14 Rn. 2; *Fastrich*, in: Baumbach/Hueck, GmbHG, § 14 Rn. 13; *Raiser*, in: HCL, GmbHG, § 14 Rn. 24; *Wicke*, GmbHG, § 14 Rn. 5.

63 H.M.: *Bayer*, in: Lutter/Hommelhoff, GmbHG § 55 Rn. 19; *Lieder*, in: MüKo-GmbHG, GmbHG, § 55 Rn. 70; *Lutter*, AcP 180 (1980), 84 (123); *Priester/Tebben*, in: Scholz, GmbHG, § 55 Rn. 42; *Servatius*, in: Baumbach/Hueck, GmbHG, § 55 Rn. 20. A.A.: *Ulmer/Casper*, in: UHL, GmbHG, § 55 Rn. 52; *Schnorbus*, in: Rowedder/Schmidt-Leithoff, GmbHG, § 55 Rn. 35.

64 *Pentz*, in: Rowedder/Schmidt-Leithoff, GmbHG, § 14 Rn. 16; *Raiser*, in: HCL, GmbHG, § 14 Rn. 24.

65 *Ebbing*, in: Michalski, GmbHG, § 15 Rn. 53; *Löbbe*, in: HCL, GmbHG, § 15 Rn. 31; *Reichert/Weller*, in: MüKo-GmbHG, § 15 Rn. 486.

rechtswidrige Gesellschafterbeschlüsse entsprechend §§ 241 ff. AktG vorzugehen, die Minderheitsrechte nach § 50 GmbHG sowie das Recht zur Erhebung der Auflösungsklage gemäß § 61 GmbHG.[66]

Was die Mitwirkung des Testamentsvollstreckers an Gesellschafterbeschlüssen anbelangt, kommt den Verwaltungsrechten in Gestalt des Stimmrechts (§ 47 Abs. 2 GmbHG) und des Zustimmungsrechts maßgebliche Bedeutung zu. Das Stimmrecht kann definiert werden als die mitgliedschaftliche Befugnis, durch Stimmabgabe an der organschaftlichen Willensbildung teilzunehmen und damit den Willen mitzuformen, der der GmbH als eigener zugerechnet wird.[67] Von der Ausübung des Stimmrechts zu unterscheiden ist die Ausübung des Zustimmungsrechts. Auch dieses gehört zu den mitgliedschaftlichen Verwaltungsrechten. Die Zustimmung eines oder aller Gesellschafter kann zur Wirksamkeit eines Gesellschafterbeschlusses gemäß Gesetz oder Satzung erforderlich sein.[68] Zwar kann es auch stimmrechtslose Geschäftsanteile geben, aber selbst dort bleiben Zustimmungserfordernisse bestehen.[69] Die in § 2205 Satz 3 BGB normierte Verwaltungsbefugnis des Testamentsvollstreckers umfasst somit in Bezug auf GmbH-Geschäftsanteile grundsätzlich stets auch die Befugnis zur Ausübung des Stimmrechts und des Zustimmungsrechts.

Im Gegensatz zu den Vermögensrechten kann die Satzung die Ausübung von Verwaltungsrechten durch Gesellschaftsfremde wie den Testamentsvollstrecker wirksam begrenzen oder ganz ausschließen.[70] Nach wohl herrschender Meinung kann dies auch die Ausübung des Stimmrechts betreffen.[71] Die Ausübung dieser Verwaltungsrechte steht dann dem Gesellschafter-Erben zu.[72]

---

66 *Pentz*, in: Rowedder/Schmidt-Leithoff, GmbHG, § 14 Rn. 16; *Raiser*, in: UHL, GmbHG, § 14 Rn. 24, 26.

67 *Hüffer/Schürnbrand*, in: UHL, GmbHG, § 47 Rn. 43; *Römermann*, in: Michalski, GmbHG, § 47 Rn. 34; *Schindler*, in: BeckOK-GmbHG, § 47 Rn. 40.

68 *Drescher*, in: MüKo-GmbHG, § 47 Rn. 60 f.; *Zöllner/Noack*, in: Baumbach/Hueck, GmbHG, § 47 Rn. 29; für weitere Einzelheiten dazu siehe: Kapitel 2:B.IV.3.

69 *Altmeppen*, GmbHG, § 47 Rn. 36; *Hüffer/Schäfer*, in: HCL, GmbHG, § 47 Rn. 58; *Zöllner/Noack*, in: Baumbach/Hueck, GmbHG, § 47 Rn. 70.

70 OLG Frankfurt a.M., ZEV 2008, 606; *Ebbing*, in: Michalski, GmbHG, § 15 Rn. 53; *Raiser*, in: HCL, GmbHG, § 15 Rn. 31.

71 Inzidenter: *Priester*, FS Stimpel, 1985, 463 (471); *Wicke*, ZGR 2015, 161 (167), Fn. 21. Kritisch: *Zöllner/Noack*, in: Baumbach/Hueck, GmbHG, § 47 Rn. 42.

72 *Ebbing*, in: Michalski, GmbHG, § 15 Rn. 53; *Raiser*, in: HCL, GmbHG, § 15 Rn. 31; *Reichert/Weller*, in: MüKo-GmbHG, GmbHG, § 15 Rn. 486.

3. *Die Mitgliedschaftspflichten*

Spiegelbildlich zu den Mitgliedschaftsrechten lassen sich im Hinblick auf die Mitgliedschaftspflichten Vermögens- und Verwaltungspflichten unterscheiden.

a) *Vermögenspflichten*

Vermögenspflichten sind namentlich die Einlage- und Nachschusspflichten (§§ 3 Abs. 1 Nr. 4, 26 GmbHG), ferner die Haftpflichten gemäß §§ 24 und 31 Abs. 3 GmbHG sowie die Haftpflichten in den Fällen der Durchgriffshaftung.[73]

b) *Verwaltungspflichten*

Verwaltungspflichten können im Gesellschaftsvertrag vereinbart werden. Davon unabhängig besteht als allgemeine Verwaltungspflicht die Treupflicht, welche dem Gesellschafter gegenüber der Gesellschaft und seinen Mitgesellschaftern (aber auch die der Gesellschaft gegenüber den Gesellschaftern) obliegt.[74] Dagegen schließt die Inhaberschaft des Geschäftsanteils eine allgemeine Mitwirkungspflicht, der der Testamentsvollstrecker nachkommen müsste, nicht zwingend ein.[75] Die Inhaberschaft eines Geschäftsanteils verpflichtet mithin grundsätzlich nicht zur Wahrnehmung der Gesellschafterrechte, insbesondere nicht zur Ausübung des Stimmrechts oder des Zustimmungsrechts. Einschränkungen können sich jedoch aus der soeben genannten Treupflicht ergeben.[76] Entsprechend trifft dem Testamentsvollstrecker auch grundsätzlich keine gesellschaftsrechtliche Pflicht, von seiner Befugnis zur Ausübung des Stimmrechts oder des Zustimmungsrechts Gebrauch zu machen.

III. Besondere Ausprägungen der Verwaltungsbefugnis

Das Gesetz kennt neben der allgemeinen Verwaltungsbefugnis noch besondere Ausprägungen der Verwaltungsbefugnis, die dem GmbH-Geschäftsanteile verwaltenden Testamentsvollstrecker grundsätzlich ebenso zustehen:

---

73 *Fastrich*, in: Baumbach/Hueck, GmbHG, § 14 Rn. 13; *Raiser*, in: UCL, GmbHG, § 14 Rn. 25; *Reichert/Weller*, in: MüKo-GmbHG, GmbHG, § 14 Rn. 130.

74 *Pentz*, in: Rowedder/Schmidt-Leithoff, GmbHG, § 14 Rn. 25; *Raiser*, in: UCL, GmbHG, § 14 Rn. 25; *Reichert/Weller*, in: MüKo-GmbHG, GmbHG, § 14 Rn. 131.

75 Vgl. *Pentz*, in: Rowedder/Schmidt-Leithoff, GmbHG, § 14 Rn. 25; *Reichert/Weller*, in: MüKo-GmbHG, § 14 Rn. 131.

76 *Pentz*, in: Rowedder/Schmidt-Leithoff, GmbHG, § 14 Rn. 25; *Reichert/Weller*, in: MüKo-GmbHG, § 14 Rn. 131.

1. *Die Verfügungsbefugnis*

Eine namentlich in § 2205 Satz 2 BGB genannte Ausprägung der Verwaltungsbefugnis ist die Verfügungsbefugnis. Sie berechtigt den Testamentsvollstrecker, grundsätzlich über alle GmbH-Geschäftsanteile (entgeltlich) zu verfügen, die Gegenstände der Verwaltung sind.[77] Die Verfügungsbefugnis (synonym: Verfügungsmacht) bezeichnet das rechtliche Können, auf ein Verfügungsobjekt übertragend, aufhebend, belastend oder inhaltsändernd einzuwirken.[78] Davon zu unterscheiden ist die Rechtsmacht für den Erwerb eines Rechts (Erwerbsmacht) oder für die Begründung einer Verbindlichkeit (Verpflichtungsmacht).[79] Erstere ist nicht explizit in § 2205 Satz 1 BGB genannt, aber von der allgemeinen Verwaltungsbefugnis umfasst. Letztere ist in § 2206 BGB normiert (dazu sogleich). Spiegelbildlich dazu ist dem Erben die Verfügungsbefugnis für die der Testamentsvollstreckung unterliegenden GmbH-Geschäftsanteile gemäß § 2211 Abs. 1 BGB entzogen.

2. *Die Verpflichtungsbefugnis*

Zur Verwaltungsbefugnis gehört grundsätzlich auch die Verpflichtungsbefugnis des Testamentsvollstreckers gemäß §§ 2206, 2207 BGB, kraft derer er den Erben – vorbehaltlich der Haftungsbeschränkung für Nachlassverbindlichkeiten – verpflichten kann.[80] Die Verpflichtungsbefugnis umfasst die Berechtigung, bestimmte „Verbindlichkeiten" einzugehen; zu unterscheiden ist zwischen zwei Arten von Verpflichtungsgeschäften: solchen, die auf eine Verfügung über einen Nachlassgegenstand abzielen (§ 2206 Abs. 1 Satz 2 BGB), und sonstigen (reinen) Verpflichtungsgeschäften, durch die der Nachlass verpflichtet wird (§ 2206 Abs. 1 Satz 1 BGB). Im Hinblick auf die Mitwirkung an Gesellschafterbeschlüssen sei als Beispiel für ersteres Verpflichtungsgeschäft eine Gesellschaftervereinbarung genannt, welche die Verpflichtung zur Änderung des Gesellschaftsvertrages zum Gegenstand hat. Dagegen stellt ein sonstiges Verpflichtungsgeschäft zum Beispiel der Übernahmevertrag im Kontext einer Kapitalerhöhung dar.[81]

---

77 Zur Beschränkung dieser Befugnis durch § 2205 Satz 3 BGB siehe Kapitel 1:C.

78 *Berger*, S. 10; *Flume*, BGB AT II, S. 142.

79 *v. Tuhr*, BGB AT II/1, S. 395.

80 *Grotheer*, in: BeckOGK-BGB, § 2197 Rn. 46 (1.9.2021); *Zimmermann*, in: MüKo-BGB, § 2206 Rn. 1.

81 Siehe dazu: Kapitel 3:D.II.

3. *Die Prozessführungsbefugnis*

Eine weitere Ausprägung der Verwaltungsbefugnis stellt die Prozessführungsbefugnis dar.[82] Gemäß § 2212 BGB kann ein der Verwaltung des Testamentsvollstreckers unterliegendes Recht nur von dem Testamentsvollstrecker gerichtlich geltend gemacht werden. Insoweit steht die aktive Prozessführungsbefugnis in Bezug auf die Rechte aus dem GmbH-Geschäftsanteil nur dem Testamentsvollstrecker zu, während die passive Prozessführungsbefugnis wegen solcher Rechte sowohl dem Erben als auch dem Testamentsvollstrecker zukommen kann (§ 2213 Abs. 1 Satz 1 BGB).

C. § 2205 Satz 3 BGB als Schranke der Verfügungsbefugnis

I. Das Wesen der Schranke des § 2205 Satz 3 BGB

Gemäß § 2205 Satz 3 BGB ist der Testamentsvollstrecker zu unentgeltlichen Verfügungen nur berechtigt, soweit sie einer sittlichen Pflicht oder einer auf den Anstand zu nehmenden Rücksicht entsprechen. Anders gewendet: § 2205 Satz 3 BGB stellt ein grundsätzliches Verbot auf, unentgeltliche Verfügungen vorzunehmen. Verstößt der Testamentsvollstrecker gegen dieses Verbot, ist die betroffene Verfügung grundsätzlich unwirksam.[83] Die Norm entfaltet damit dingliche Wirkung auch gegenüber Dritten.[84] Zudem kann ein Verstoß gegen § 2205 Satz 3 BGB auch eine Haftung des Testamentsvollstrecker nach § 2219 Abs. 1 BGB zur Folge haben. Damit wirkt die Schranke des § 2205 Satz 3 BGB sowohl im Innenverhältnis, das heißt im Verhältnis zwischen Gesellschafter-Erben und Testamentsvollstrecker, als auch im Außenverhältnis, das heißt im Verhältnis zwischen dem Gesellschafter-Erben beziehungsweise dem Testamentsvollstrecker und Dritten. Die Beschränkung aus § 2205 Satz 3 BGB ist für den Erblasser indisponibel (*argumentum ex* § 2207 Satz 2 BGB).[85] Daran zeigt sich nicht zuletzt die Bedeutung dieser Vorschrift.[86]

---

82 *Damrau*, in: Soergel, BGB, vor § 2197 Rn. 9; *Grotheer*, in: BeckOGK-BGB, § 2197 Rn. 46 (1.9.2021).

83 *Zimmermann*, in: MüKoBGB, § 2205 Rn. 79; *Weidlich*, in: Palandt, BGB, § 2205 Rn. 30.

84 *Damrau*, in: Soergel, BGB, § 2205 Rn. 74; *Grotheer*, in: BeckOGK-BGB, § 2205 Rn. 83 (1.10.2021).

85 BGH, ZEV 2016, 202 (202 f.); *Grotheer*, in: BeckOGK-BGB, § 2205 Rn. 89 (1.10.2021); *Reimann*, in: Staudinger, BGB, § 2205 Rn. 76.

86 BGH, ZEV 2016, 202 (202 f.).

Auch wenn von einem Verbot unentgeltlicher Verfügungen die Rede ist, handelt es sich bei § 2205 Satz 3 BGB mitnichten um ein Verbotsgesetz im Sinne des § 134 BGB. Denn von derartigen Verbotsgesetzen sind solche Bestimmungen nicht erfasst, die die rechtsgeschäftliche Gestaltungsmacht einschränken. Während ein Verbot im Sinne von § 134 BGB ein Rechtsgeschäft untersagt, das der Handelnde zwar vornehmen *kann*, aber nicht vornehmen *darf*, führt die Beschränkung der rechtsgeschäftlichen Gestaltungsmacht – wie soeben erläutert – bereits dazu, dass der Handelnde das entsprechende Rechtsgeschäft gar nicht erst vornehmen *kann*. Die schwebende oder endgültige Unwirksamkeit solcher Rechtsgeschäfte folgt in jenen Fällen aus der die Einschränkung beinhaltenden Norm – also hier aus § 2205 Satz 3 BGB – und nicht aus § 134 BGB.[87]

II. § 2205 Satz 3 BGB im System der erbrechtlichen Schranken

Neben der Vorschrift des § 2205 Satz 3 BGB existiert eine Reihe weiterer bedeutender gesetzlicher Schranken für die Verwaltungsbefugnis im Erbrecht. Im Folgenden soll das jeweilige Verhältnis dieser Schranken zu § 2205 Satz 3 BGB insbesondere zum Zwecke der Abgrenzung beleuchtet werden.

1. Die Schranke aus § 2206 Abs. 1 Satz 2 BGB

Nach § 2206 Abs. 1 Satz 2 BGB kann der Testamentsvollstrecker die Verbindlichkeit zu einer Verfügung über einen Nachlassgegenstand für den Nachlass auch dann eingehen, wenn er zu der Verfügung berechtigt ist. Damit gewährleistet die Vorschrift sinnvollerweise den Gleichlauf zwischen Verpflichtungsmacht und korrespondierender Verfügungsmacht (und *vice versa*). Das bedeutet umgekehrt: Wenn das dingliche Erfüllungsgeschäft gegen das Verbot der unentgeltlichen Verfügung (§ 2205 Satz 3 BGB) verstieße, wäre der Testamentsvollstrecker nicht zum Abschluss des Verpflichtungsgeschäftes berechtigt. Das betroffene Verpflichtungsgeschäft wäre wie das Erfüllungsgeschäft (gegebenenfalls schwebend) unwirksam.[88] Somit beschränkt § 2206 Abs. 1 Satz 2 BGB die Verpflichtungsbefugnis des Testamentsvollstreckers aus § 2206 Satz 1 BGB – im Gegensatz zu dem Verbot aus § 2205 Satz 3 BGB, welches die Verfügungsbefugnis beschränkt. Die beiden Vorschriften stehen also in einem Alternativverhältnis zueinander. Wie § 2205 Satz 3 BGB wirkt die Schranke des § 2206

87 Vgl. zum Ganzen: *Armbrüster*, in: MüKo-BGB, § 134 Rn. 9, 11; *Wendtland*, in: BeckOK-BGB, § 134 Rn. 15 f.

88 *Damrau*, in: Soergel, BGB, § 2206 Rn. 5; *Weidlich*, in: Palandt, BGB, § 2205 Rn. 30.

Abs. 1 Satz 2 BGB im Innenverhältnis und im Außenverhältnis. Ferner ist die Beschränkung aus § 2206 Abs. 1 Satz 2 BGB ebenfalls indisponibel für den Erblasser (§ 2207 Satz 1 BGB).

2. *Die Schranke aus § 2206 Abs. 1 Satz 1 BGB*

Gemäß § 2206 Abs. 1 Satz 1 BGB[89] ist der Testamentsvollstrecker berechtigt, Verbindlichkeiten für den Nachlass einzugehen, soweit die Eingehung zur ordnungsmäßigen Verwaltung erforderlich ist. Wenngleich diese Schranke nach hier vertretener Ansicht nur die Verpflichtungsbefugnis betrifft, gewinnt das Merkmal „für den Nachlass" auch im Rahmen des § 2205 Satz 3 BGB – gleichsam als dessen ungeschriebene Voraussetzung – Bedeutung.[90] In Bezug auf die Rechtsfolge des § 2206 Abs. 1 Satz 1 BGB gilt das zu Satz 2 soeben Gesagte.

3. *Die Schranke des § 2216 Abs. 1 BGB*

Gemäß § 2216 Abs. 1 BGB ist der Testamentsvollstrecker zur ordnungsmäßigen Verwaltung des Nachlasses verpflichtet. Genauso wie das Verbot unentgeltlicher Verfügungen aus § 2205 Satz 3 BGB macht das Gebot der ordnungsgemäßen Verwaltung verpflichtende Vorgaben für die Art und Weise der Verwaltung und bildet damit eine Schranke für die Verwaltungsbefugnis (nicht nur für die Verfügungsbefugnis). Verfügt der Testamentsvollstrecker gemäß § 2205 Satz 3 BGB unentgeltlich, verstößt er stets zugleich auch gegen seine Pflicht zur ordnungsgemäßen Verwaltung aus § 2216 Abs. 1 BGB.[91]

Im Gegensatz zu § 2205 Satz 3 BGB lässt ein Verstoß gegen § 2216 Abs. 1 BGB die Wirksamkeit des Rechtsgeschäfts im Grundsatz[92] unberührt; vielmehr hat der Verstoß nur schuldrechtliche Folgen und kann insbesondere eine Haftung des Testamentsvollstreckers gemäß § 2219 BGB nach sich ziehen.[93] Eine Verfügung des Testamentsvollstreckers über einen nachlassgegenständlichen GmbH-Geschäftsanteil, die der ordnungsgemäßen Verwaltung widerspricht, aber von seiner Verfügungsbefugnis gedeckt ist, ist also ungeachtet der Pflichtverletzung grundsätzlich wirksam. Somit wirkt die Schranke des § 2216 Abs. 1

89 Zu beachten sind zudem: § 2207 Satz 1 BGB sowie § 2209 Satz 2 BGB.

90 Für weitere Einzelheiten siehe unten: Kapitel 2:B.III.4.f) und Kapitel 2:C.II.1.a).

91 Vgl. in Bezug auf § 2113 Abs. 2 BGB: *Lutter*, ZGR 1982, 108 (110 f.).

92 Zur Ausnahme siehe sogleich unten: Kapitel 1:C.II.4.

93 BGH, NJW 1959, 1429 (1430); *Zimmermann*, in: MüKo-BGB, § 2216 Rn 17.

BGB prinzipiell nur im Innenverhältnis zwischen Gesellschafter-Erbe und Testamentsvollstrecker.

Mit § 2205 Satz 3 BGB gemeinsam hat die Vorschrift des § 2216 Abs. 1 BGB, dass der Erblasser den Testamentsvollstrecker auch von dieser Beschränkung nicht befreien kann (vgl. § 2220 BGB). *In nuce* kann festhalten werden, dass § 2205 Satz 3 BGB den Schutzbereich von § 2216 Abs. 1 BGB steigert.[94]

4. Die Schranke des Missbrauchs der Testamentsvollstreckerbefugnis

Eine weitere Schranke erfährt die Verwaltungsbefugnis des Testamentsvollstreckers (insbesondere seine Verfügungs- und Verpflichtungsbefugnis) durch die Grundsätze des Missbrauchs der Testamentsvollstreckerbefugnis (in Anlehnung an den Missbrauch der Vertretungsmacht).[95]

Nach § 138 Abs. 1 BGB sind solche Rechtsgeschäfte wegen Sittenwidrigkeit als nichtig anzusehen, bei denen der Testamentsvollstrecker und der andere Teil bewusst zum Nachteil des Nachlasses zusammengewirkt haben (sogenannte Kollusion).[96] Zur Annahme der Sittenwidrigkeit müssen zwei Voraussetzungen vorliegen: (i) ein Treuebruch des Testamentsvollstreckers und (ii) eine bewusste Ausnutzung dieses Treuebruchs durch den anderen Teil. Nicht erforderlich ist, dass sich der Testamentsvollstrecker selbst einen Vorteil verschafft.[97] Dabei meint Treuebruch eine *vorsätzliche* Verletzung der Testamentsvollstreckerpflichten, insbesondere der Pflicht zur ordnungsgemäßen Verwaltung gemäß § 2216 Abs. 1 BGB.[98]

Bei mangelndem Vorsatz des anderen Teils – also wenn Voraussetzung (ii) nicht vorliegt – kann sich der Erbe auf einen Missbrauch der Testamentsvollstreckerbefugnis durch den Testamentsvollstrecker berufen, wenn der Missbrauch dem anderen Teil erkennbar war.[99] Dann greift der Einwand der Arglist (oder

---

94 Vgl. in Bezug auf § 2113 Abs. 2 BGB: *Lutter*, ZGR 1982, 108 (110 f.).

95 BGH, NJW 1959, 1429 (1430); *Damrau*, in: Soergel, BGB, § 2205 Rn. 87; *Grotheer*, in: BeckOGK-BGB, § 2205 Rn. 99 (1.10.2021).

96 BGH, NJW-RR 1989, 642; *Grotheer*, in: BeckOGK-BGB, § 2205 Rn. 99 (1.10.2021).

97 BGH, NJW-RR 1989, 642; *Grotheer*, in: BeckOGK-BGB, § 2205 Rn. 99 (1.10.2021).

98 BGH, NJW-RR 1989, 642. A.A.: *Damrau*, in: Soergel, BGB, § 2205 Rn. 87: grobe Fahrlässigkeit schade bereits.

99 BGH, NJW 1959, 1429 (1430); BGH, NJW-RR 1989, 642 (642 f.); *Grotheer*, in: BeckOGK-BGB, § 2205 Rn. 100 (1.10.2021); *Reimann*, in: Staudinger, BGB, § 2205 Rn. 138; *Zimmermann*, in: MüKo-BGB, § 2205 Rn. 70; a.A.: *Damrau*, in: Soergel, BGB, § 2205 Rn. 87: zumindest grobe Fahrlässigkeit des anderen Teils erforderlich; zudem sei Nachteil für den Nachlass erforderlich.

der unzulässigen Rechtsausübung gemäß § 242 BGB) durch.[100] Zwar gilt für die Erkennbarkeit der Maßstab leichter Fahrlässigkeit (§ 122 Abs. 2 BGB).[101] Indes trifft den anderen Teil keine besondere Prüfungspflicht. Zusätzliche Voraussetzung ist deswegen, dass der Testamentsvollstrecker in „ersichtlich verdächtiger Weise" von seiner Verwaltungsbefugnis Gebrauch macht.[102]

Die Grundsätze des Missbrauchs der Testamentsvollstreckerbefugnis flankieren damit die Schranke des § 2205 Satz 3 BGB. Wenn der Testamentsvollstrecker durch die Maßnahme seine Pflicht zur ordnungsgemäßen Verwaltung verletzt hat, kann es unter ihren Voraussetzungen dazu kommen, dass auch nicht unentgeltlichen Verfügungen ihre Wirksamkeit (oder zumindest ihre Durchsetzbarkeit) entzogen wird. Sind dagegen die Voraussetzungen des § 2205 Satz 3 BGB bereits erfüllt, besteht kein Raum für die Anwendung der Grundsätze des Missbrauchs der Testamentsvollstreckerbefugnis.[103]

III. § 2205 Satz 3 BGB *versus* Kernbereichsschranke

Umstritten ist, ob die Verwaltungsbefugnis (insbesondere die Verfügungsbefugnis) des Testamentsvollstreckers – neben der Beschränkung aus § 2205 Satz 3 BGB – einer *gesellschaftsrechtlichen* Schranke in Gestalt eines „Kernbereiches" der Mitgliedschaft des Gesellschafter-Erben unterliegt. Der Bundesgerichtshof[104] hat diese Frage seinerzeit offengelassen.

1. *Ansicht pro Geltung der Kernbereichsschranke*

Eine weiterhin vertretene Ansicht bejaht dies. Die Rechtsmacht des Testamentsvollstreckers sei insoweit begrenzt, als er in den sogenannten Kernbereich der Mitgliedschaft des Erben eingreife (zum Beispiel im Falle von bestimmten Änderungen des Gesellschaftsvertrages).[105]

---

100 BGH, NJW-RR 1989, 642 (642 f.); *Grotheer*, in: BeckOGK-BGB, § 2205 Rn. 100 (1.10.2021); a.A.: *Damrau*, in: Soergel, BGB, § 2205 Rn. 87: Schwebende Unwirksamkeit analog § 177 BGB.

101 RGZ 83, 348 (353); *Grotheer*, in: BeckOGK-BGB, § 2205 Rn. 100 (1.10.2021).

102 BGH, NJW-RR 1989, 642 (642 f.); *Grotheer*, in: BeckOGK-BGB, § 2205 Rn. 100 (1.10.2021).

103 *Damrau*, in: Soergel, BGB, § 2205 Rn. 87.

104 In Bezug auf einen Kommanditanteil: BGH, NJW 1989, 3152 (3155).

105 OLG Hamm, NJW-RR 2002, 729; *Mayer*, ZIP 1990, 976 (978); *Priester*, in: FS Stimpel, S. 463 (483 f.); *Quack*, BB 1989, 2271 (2273); *Roth*, in: Baumbach/Hopt, HGB, § 139 Rn. 27; *Ulmer*, NJW 1990, 73 (79); *Winkler*, Rn. 404; in diese Richtung *Weidlich*, in: Palandt, BGB, § 2205 Rn. 16.

Priester begründete dies im Ausgangspunkt damit, dass zwar nach §§ 2205, 2211 BGB dem Testamentsvollstrecker unter Ausschluss des Erben – jedenfalls im Grundsatz – das Verwaltungs- und Verfügungsrecht zustände und das Verfügungsrecht dabei auch die Belastung und inhaltliche Umgestaltung von Nachlassgegenständen umfasse. Nach seiner Ansicht kann es aber aufgrund eines strukturellen Unterschiedes zwischen dem GmbH-Geschäftsanteil und sonstigen, statischen Vermögensgütern, ausnahmsweise nicht bei dieser ausschließlichen Zuständigkeit des Testamentsvollstreckers bleiben: Die Testamentsvollstreckung wie das ganze Erbrecht sei auf statische Vermögensgüter (insbesondere Grundbesitz) zugeschnitten. Der GmbH-Geschäftsanteil verkörpere aber nicht allein eine Beteiligung am Vermögen der Gesellschaft, sondern stelle zugleich die Mitgliedschaft in der Gesellschaft dar. Aus dieser Mitgliedschaft resultierten eine ganze Reihe personenrechtlicher Bindungen und Bezüge, die sich in das mehr sachenrechtlich orientierte Verfügungsschema des Testamentsvollstreckers nicht bruchlos einordnen ließen. Ferner bestimmten solche personenrechtlichen Elemente nicht nur das Gesellschaftsverhältnis bei den Personengesellschaften, sondern auch bei der GmbH.[106]

Diese personenrechtlichen Elemente veranlassten *Priester* auf den „gefestigten gesellschaftsrechtlichen" Grundsatz zu rekurrieren, dass Eingriffe in den Kernbereich der Mitgliedschaft nur mit Billigung des betreffenden Gesellschafters vorgenommen werden dürften. Dieser Kernbereich beschränke nicht nur das Anwendungsfeld von Mehrheitsbeschlüssen. Er müsse auch der Rechtsmacht des Testamentsvollstreckers Grenzen setzen.[107]

Dem *argumentum a maiore ad minus*, wenn der Testamentsvollstrecker die Mitgliedschaft ganz aufgeben könne, indem er den Anteil veräußere, müsse er erst recht zu Inhaltsänderungen befugt sein, entgegnete *Priester*: Eine solche Argumentation würde verkennen, dass eine Verschlechterung der innergesellschaftsrechtlichen Rechtsstellung des Gesellschafters diesen wegen der personenrechtlichen Komponente der Mitgliedschaft weit stärker belasten könne als die Veräußerung des Anteils gegen ein angemessenes Entgelt.[108]

Wenn der Testamentsvollstrecker dementsprechend nicht befugt sei, in den Kernbereich der Mitgliedschaft einzugreifen, so bedürfe dieser Kernbereich einer Definition. Für Personengesellschaften, bei denen die Kernbereichslehre entwickelt worden sei, verstehe man darunter „alle Befugnisse, die dazu dienen,

---

106 *Priester*, in: FS Stimpel, S. 463 (481 f.).
107 *Priester*, in: FS Stimpel, S. 463 (482); zustimmend: *Winkler*, Rn. 404.
108 *Priester*, in: FS Stimpel, S. 463 (482).

die Rechtsstellung des Gesellschafters selbst in ihrem Bestand zu erhalten". Dazu zählten beispielsweise Änderungen des Gesellschaftsvertrages, die den Kapital- oder Gewinnanteil des Gesellschafters verkürzten.[109]

Einen entsprechenden Maßstab in Bezug auf die GmbH, fand *Priester* im Kriterium des Erfordernisses der Zustimmung durch den betroffenen Gesellschafter; im Beispiel der Änderung des Gesellschaftsvertrages etwa gemäß § 53 Abs. 3 GmbHG.[110] Dogmatisch gerechtfertigt sei das genannte Kriterium im Hinblick auf die Einschränkung der Testamentsvollstreckerbefugnisse durch den Umstand, dass das Kriterium die sich aus „normalen" Satzungsänderungen ergebenen Einflüsse auf die Mitgliedschaft von den einschneidenden Eingriffen trenne.[111]

Der Kreis solcher zustimmungsbedürftigen Satzungsänderungen habe zwar in § 53 Abs. 3 GmbHG (Vermehrungen gesellschaftsrechtlicher Leistungen) nur hinsichtlich eines Teilbereiches ausdrücklichen gesetzlichen Niederschlag gefunden. Gleichwohl erscheine dieser Maßstab nach *Priesters* Auffassung hinreichend praktikabel, da in Rechtsprechung und Schrifttum weitgehende Übereinstimmung über die erfassten Einzelkonstellationen herrsche.[112]

Im Ergebnis bedeute das: Gesellschafterbeschlüsse, die zu ihrer Wirksamkeit einer Zustimmung des betroffenen Gesellschafters, das heißt des Erben, bedürften, überschritten den Machtbereich des Testamentsvollstreckers. Eine Ausnahme sei dort zu machen, wo es um zusätzliche Leistungen gehe, deren Erfüllung aus Nachlassmitteln sichergestellt sei.[113]

Konsequenz einer derartigen Begrenzung der Rechtsmacht des Testamentsvollstreckers solle eine gemeinsame Zuständigkeit sein: Der Testamentsvollstrecker übe das Stimmrecht aus, während über die Zustimmung der Erbe entscheide.[114]

Weidlich ist der Auffassung, dass sich Schranken für den Testamentsvollstrecker (neben dem Verbot unentgeltlicher Verfügungen) aus unverzichtbaren oder relativ unentziehbaren Gesellschafterrechten ergeben. Als von der Rechtsprechung entwickelter zwingender Gesellschafterschutz erscheine eine

---

109 *Priester*, in: FS Stimpel, S. 463 (482).

110 Ausführlich zu weiteren Zustimmungserfordernissen: Kapitel 2:B.IV.3.

111 *Priester*, in: FS Stimpel, S. 463 (482 f.).

112 *Priester*, in: FS Stimpel, S. 463 (483).

113 *Priester*, in: FS Stimpel, S. 463 (483).

114 *Priester*, in: FS Stimpel, S. 463 (484); *Ulmer*, NJW 1990, 73 (80 f.); *Winkler*, Rn. 404; a.A.: *Quack*, BB 1989, 2271 (2273): ausschließliche Zuständigkeit des Erben.

Überlagerung dieser Befugnisse durch erbrechtliche Vorschriften einerseits zweifelhaft, andererseits aber zulässig, wenn der Erbe durch das Erbrecht gleichwertige Befugnisse erhalte.[115]

2. *Ansicht contra Geltung einer Kernbereichsschranke*

Die mittlerweile herrschende Meinung lehnt eine gesellschaftsrechtliche Schranke für die Befugnisse des Testamentsvollstreckers – jenseits von § 2205 Satz 3 BGB – durch einen „Kernbereich" der Mitgliedschaft des Gesellschafter-Erben ab.[116]

Pauli ist der Ansicht, die ursprünglich für das Personengesellschaftsrecht entwickelten Grundsätze der sogenannten Kernbereichslehre seien mit der OTTO-Entscheidung des Bundesgerichtshofes[117] aufgegeben worden; sie bildeten keine Grenze mehr für die Testamentsvollstreckung.[118] Auch *Lange* bezweifelt, ob man an der Kernbereichslehre überhaupt festhalten solle. Jedenfalls sei sie für das Recht der Testamentsvollstreckung unergiebig.[119]

Der aus dem mehrheitsfesten „Kernbereich" resultierende Minderheitenschutz gründe sich auf dem Gesellschaftsverhältnis. Dieser Ansatz ließe sich schon methodisch nicht auf das anders geartete Rechtsverhältnis zwischen Testamentsvollstrecker und Erben übertragen.[120] Die Kernbereichslehre sei vielmehr ein innergesellschaftsrechtliches Schutzinstrument. Im innergesellschaftsrechtlichen Bereich verwaltete der Testamentsvollstrecker die Gesellschaftsrechte des Erben jedoch kraft eigenen Amtes. In diesem Bereich stünden sich Testamentsvollstrecker und Erbe also nicht gegenüber, sondern der Testamentsvollstrecker trete grundsätzlich vollständig an die Stelle des Erben.[121] Die

---

115 *Weidlich*, in: Palandt, BGB, § 2205 Rn. 19 i.V.m. Rn. 16.

116 LG Berlin, ZEV 2004, 29 (30); LG Mannheim, NZG 1999, 824; *Bayer*, in: Lutter/Hommelhoff, GmbHG, § 15 Rn. 22; *Dörrie*, ZEV 1996, 370 (374); *Lange*, in: FS DNotI, S. 665 (672 f.); *Löbbe*, in: HCL, GmbHG, § 15 Rn. 34; *Lorz*, in: FS Boujong, S. 319 (334); *Pauli*, in: Bengel/Reimann, § 5 Rn. 249; *Philippi*, S. 95; *Reichert/Weller*, in: MüKo-GmbHG, § 15 Rn. 491; *Schäfer*, in: MüKo-BGB, § 705 Rn. 120; *Seibt*, in: Scholz, GmbHG, § 15 Rn. 252; *Todtenhöfer*, RNotZ 2017, 557 (564); *Werner*, ZEV 2018, 252 (253 f.); *Wicke*, ZGR 2015, 161 (178 f.); nunmehr auch *Priester*, in: FS Streck, S. 891 (901).

117 BGH, NJW 2007, 1685 – OTTO.

118 *Pauli*, in: Bengel/Reimann, § 5 Rn. 249.

119 *Lange*, in: FS DNotI, S. 665 (672).

120 *Lange*, in: FS DNotI, S. 665 (672); *Löbbe*, in: HCL, GmbHG, § 15 Rn. 34; ähnlich *Wicke*, ZGR 2015, 161 (178).

121 *Todtenhöfer*, RNotZ 2017, 557 (564).

„kernbereichsrelevanten" Rechte des Gesellschafter-Erben würden durch den Testamentsvollstrecker ausgeübt.[122]

Reimann stellt fest, dass gesellschaftsrechtliche Beschränkungen gegen den Testamentsvollstrecker nur insoweit wirkten, als sie auch gegen den Erben wirkten; weitergehende Beschränkungen aus dem Gesellschaftsrecht ergäben sich für die Amtsausführung des Testamentsvollstreckers nicht.[123]

Ferner wird eingewendet, dass die Rechtsmacht des Testamentsvollstreckers durch Heranziehung der Kernbereichslehre unnötig eingeschränkt werde.[124] Auch bedürfe es eines solchen Rückgriffs zum Schutz des Gesellschafter-Erben nicht, da der Erbe erbrechtlich und damit systemkonform bereits durch die §§ 2205, 2206, 2216, 2218 und 2219 BGB geschützt werde.[125] Würde man gleichwohl die Kernbereichslehre für das Verhältnis zwischen Testamentsvollstrecker und Erbe nutzbar machen wollen, so würde dies nur die Rechtsunsicherheit steigern.[126]

3. Relevanz des Meinungsstreites

Die Bedeutung dieses Streits zeigt sich in seinen Auswirkungen. Folgte man der Mindermeinung ist Gestalt von *Priesters* Ansicht, so müsste der Testamentsvollstrecker im „Kernbereich" *grundsätzlich* die Zustimmung[127] des Erben einholen, damit die durch den Testamentsvollstrecker getroffene Verfügung Wirksamkeit entfalten kann. Folgt man der zweiten, herrschenden Ansicht, muss der Testamentsvollstrecker die Zustimmung[128] des Gesellschafter-Erben insoweit nur *ausnahmsweise* einholen, um wirksam zu verfügen, nämlich dann, wenn die Verfügung unentgeltlich im Sinne von § 2205 Satz 3 BGB ist.[129] Die erste Ansicht ist damit rigider in der Beschränkung der Verfügungsbefugnis des Testamentsvollstreckers.[130]

---

122 *Dörrie*, ZEV 1996, 370 (374); *Lange*, in: FS DNotI, S. 665 (672).

123 *Reimann*, in: Staudinger, BGB, § 2205 Rn. 192.

124 *Dörrie*, ZEV 1996, 370 (374).

125 *Lange*, in: FS DNotI, S. 665 (672); *Dörrie*, ZEV 1996, 370 (374).

126 *Lange*, in: FS DNotI, S. 665 (672 f.).

127 In Gestalt der Zustimmung zum Gesellschafterbeschluss.

128 In Gestalt der Zustimmung durch den Erben zur Zustimmung zum Gesellschafterbeschluss durch den Testamentsvollstrecker.

129 Für Einzelheiten dazu siehe unten: Kapitel 2:E.

130 Ausgeklammert ist hier der Aspekt, ob der Testamentsvollstrecker vor dem Hintergrund der Haftungsvermeidung gemäß §§ 2219, 2216 BGB nicht ohnehin die Einwilligung des Erben anstreben sollte. Auf der anderen Seite muss man sich aber auch die Frage stellen: Was ist, wenn der Erbe nicht zustimmt? – Dann kommt es darauf

4. *Stellungnahme*

Die besseren Argumente sprechen im Einklang mit der herrschenden Meinung gegen die Geltung einer Kernbereichsschranke für die Verwaltungsbefugnis des Testamentsvollstreckers:

Den Befürwortern einer Kernbereichsschranke ist zuzugestehen, dass sie auf personenrechtliche Besonderheiten der Mitgliedschaft Rücksicht nehmen. Auch ist die Erkenntnis richtig, dass die Mitgliedschaft als Verwaltungs- und Verfügungsgegenstand nicht ohne Weiteres in das sachenrechtliche Schema passt, welches der Gesetzgeber bei der Normierung der §§ 2197 ff. BGB offensichtlich vor Augen hatte. Allerdings kann diesen Besonderheiten im Rahmen der erbrechtlichen Schranken, insbesondere im Rahmen des § 2205 Satz 3 BGB, dogmatisch und methodisch konsistent und damit überzeugender Rechnung getragen werden, ohne, dass man eine Schutzlücke ausmachen könnte.

Richtigerweise ist die Aussage, es gäbe den gefestigten gesellschaftsrechtliche Grundsatz, wonach Eingriffe in den „Kernbereich" der Mitgliedschaft nur mit Billigung des betroffenen Gesellschafters vorgenommen werden, so – jedenfalls nicht mehr – haltbar. Mit Urteil vom 21. Oktober 2014 stellte der II. Zivilsenat des Bundesgerichtshofes klar, dass im Rahmen der materiellen Inhaltskontrolle eines Mehrheitsbeschlusses nicht (mehr) darauf abzustellen ist, ob ein Eingriff in den sogenannten „Kernbereich" gegeben ist.[131] Der II. Zivilsenat hat sich also insoweit von der Kernbereichslehre distanziert.

Im Schrifttum ist in der Tat umstritten, ob der Bundesgerichtshof die Kernbereichslehre (auch nach ihrem materiellen Gehalt) vollständig aufgegeben hat oder nicht.[132] Nach zutreffender Ansicht sollte auf den Begriff der Kernbereichslehre verzichtet werden, weil aus dem Kernbereichsbegriff keine konkreten Rechtsfolgen deduziert werden können und auch sonst kein Erkenntnisgewinn mit dem Begriff der Kernbereichslehre verbunden ist.[133]

---

an, ob der Testamentsvollstrecker gegen den Erben einen Anspruch auf Zustimmung hat. Während dies für unentgeltliche Verfügungen der Fall sein kann, ist nicht klar, ob und unter welchen Voraussetzungen die Vertreter der Kernbereichslehre im Testamentsvollstrecker-Erben-Verhältnis, dem Testamentsvollstrecker einen Zustimmungsanspruch zubilligen wollen. Zweifel ergeben sich daraus, dass ihr Institut gesellschaftsrechtlich und das des Zustimmungsanspruches erbrechtlich ist.

131 BGH, NJW 2015, 889 (Rn. 19).

132 *Lieder*, notar 2016, 283 (287) m.w.N. zum Meinungsspektrum.

133 *Lieder*, in: Oetker, HGB, § 119 Rn. 53; ders., notar 2016, 283 (291); ähnlich: *Kleindiek*, GmbHR 2017, 674 (676 f.).

Nichtsdestotrotz sind die Grundsätze für eine materielle Inhaltskontrolle einer Mehrheitsentscheidung im Personengesellschaftsrecht unter Berücksichtigung der neueren Rechtsprechung des Bundgerichtshofes – losgelöst von der Frage, welcher Maßstab im Einzelnen gelten soll[134] und ob man den Inhalt terminologisch unter „Kernbereichslehre" fasst oder nicht – nicht geeignet, eine Schranke für die Befugnisse des Testamentsvollstreckers zu bilden. Dafür gibt es keine dogmatische Rechtfertigung und eine derartige Schranke kann auch methodisch nicht überzeugend hergeleitet werden. Für eine allenfalls in Betracht kommende Übertragung der Grundsätze im Wege einer Analogie fehlt es sowohl an einer Regelungslücke als auch an einer vergleichbaren Interessenlage. Vor Eingriffen in die Mitgliedschaft (inklusive eines „Kernbereiches") ist der Erbe durch § 2205 Satz 3 BGB umfassend geschützt. Die Interessenlage ist nicht vergleichbar, weil sich Testamentsvollstrecker und Gesellschafter-Erbe nicht horizontal gegenüberstehen wie Gesellschaftermehrheit und Gesellschafterminderheit, sondern vertikal, nämlich dergestalt, dass der Testamentsvollstrecker im Verhältnis gegenüber den übrigen Gesellschaftern grundsätzlich vollständig die Gesellschafter-Stellung des Erben einnimmt, aber im Verhältnis zum Erben durch erbrechtliche Vorschriften gebunden ist.

Priesters Argument, Inhaltsänderungen der Mitgliedschaft durch den Testamentsvollstrecker könnten den Erben weit stärker belasten, als die Veräußerung des Anteils gegen angemessenes Entgelt, ist zutreffend. Die Schlussfolgerung, dass derartige Inhaltsänderungen deshalb durch den „Kernbereich" beschränkt sein müssten, vermag hingegen nicht zu überzeugen. Denn für den Erben nachteilige Inhaltsänderungen, auch und gerade solche, welche die personenrechtliche Komponente der Mitgliedschaft betreffen, werden bereits von § 2205 Satz 3 BGB umfassend abgedeckt.[135]

Zudem ist der Erst-Recht-Schluss nicht entkräftet; im Gegenteil: Der Lösungsweg, den *Priester* aufgezeigt hat, führt zu widersprüchlichen Ergebnissen. So könnte der Testamentsvollstrecker bei unbeschränkt angeordneter Testamentsvollstreckung unter den Voraussetzungen des § 2205 Satz 3 BGB von ihm verwaltete, vinkulierte GmbH-Geschäftsanteile veräußern, ohne, dass es dafür der Zustimmung des Gesellschafter-Erben bedürfte. Würde er aber an einem Beschluss über den Formwechsel der betreffenden GmbH in eine Aktiengesellschaft mitwirken, so bräuchte es nach *Priesters* Ansicht der Zustimmung des

134 Zum diesbezüglichen Meinungsstand im Schrifttum: *Lieder*, ZfPW 2016, 205 (215).
135 Für weitere Einzelheiten siehe Kapitel 2 und Kapitel 3.

Erben, sofern die Vinkulierung mit den Aktien des neuen Rechtsträgers nicht fortgesetzt wird (vgl. § 193 Abs. 2 UmwG).[136]

Zwar ist zuzugestehen, dass das Zustimmungserfordernis des Gesellschafters zur Bestimmung des „Kernbereiches" der Mitgliedschaft durchaus praktikabel erscheint und auch nicht, wie *Lange* meint – jedenfalls im GmbH-Recht nicht – zu einer gesteigerten Rechtsunsicherheit führen würde. Im Personengesellschaftsrecht liegen die Dinge freilich anders. Hier wäre nicht rechtsicher zu bestimmen, welche Maßnahme in den „Kernbereich" der Erben-Mitgliedschaft eingreift.[137]

Entscheidend ist, dass die GmbH-Mitgliedschaft grundsätzlich vollumfänglich von dem Testamentsvollstrecker verwaltet wird; das beinhaltet auch die Ausübung des Zustimmungsrechts (gemäß § 53 Abs. 3 GmbHG, § 35 BGB analog, *etc.*) und sonstiger Gesellschafterrechte im „Kernbereich". Auch hier ist der Erbe durch § 2205 Satz 3 BGB umfassend geschützt. Etwaige Schutzlücken sind nicht auszumachen, da – jedenfalls in den untersuchten Konstellationen[138] – in dem Falle, dass die Zustimmung zum Gesellschafterbeschluss durch den Testamentsvollstrecker erforderlich ist, der Anwendungsbereich des § 2205 Satz 3 BGB eröffnet ist.

Weidlich ist insoweit zuzustimmen, als dass sich für den Testamentsvollstrecker aus dem Gesellschaftsrecht eine Schranke ergibt, als dass der Testamentsvollstrecker natürlich nicht kraft seines Amtes über „unentziehbare Gesellschaftsrechte"[139] des Erben verfügen kann. Diese gesellschaftsrechtliche Schranke gilt aber deshalb gegenüber dem Testamentsvollstrecker, weil sie gesellschaftsrechtlich auch gegenüber dem Gesellschafter-Erben gelten würde, dessen Position der Testamentsvollstrecker nur einnimmt. Es besteht also keine gesellschaftsrechtliche Schranke im vertikalen Verhältnis zwischen Testamentsvollstrecker und Gesellschafter-Erben. Abzulehnen ist deshalb *Weidlichs* Ansicht, dass sich neben dem Verbot der unentgeltlichen Verfügungen aus „relativ unentziehbaren" Mitgliedschaftsrechten eine Schranke für die Testamentsvollstreckerbefugnisse ergeben würde. Mangels Existenz im Verhältnis zwischen Testamentsvollstrecker und Erben kann diese „Schranke" auch nicht durch damit korrespondierende erbrechtliche Befugnisse des Erben *überlagert*

---

136 Für weitere Einzelheiten dazu siehe Kapitel 3:E.III.1.

137 Vgl. BGH, NJW 2015, 589 (Rn. 19); *Lieder*, ZfPW 2016, 205 (215 f.).

138 Siehe Kapitel 3.

139 Vgl. aber BGH, NJW 2015, 589 (Rn. 19), der in Frage stellt, ob und in welchem Umfang deren Existenz überhaupt anerkannt werden kann.

werden. – Davon abgesehen, dass bereits kein weitergehendes Schutzbedürfnis des Gesellschafter-Erben besteht, da er erbrechtlich und damit systemkonform bereits durch die §§ 2205, 2206, 2216, 2218 und 2219 geschützt wird.

Die besseren Argumente sprechen daher im Einklang mit der herrschenden Meinung gegen die Geltung einer Kernbereichsschranke für die Verwaltungsbefugnis des Testamentsvollstreckers.

5. *Ergebnis*

Die Verwaltungsbefugnis (insbesondere die Verfügungsbefugnis) des Testamentsvollstreckers unterliegt – neben der Beschränkung aus § 2205 Satz 3 BGB – keiner *gesellschaftsrechtlichen* Schranke in Gestalt eines „Kernbereiches" der Mitgliedschaft des Gesellschafter-Erben.

D. Zusammenfassung

Die Anordnung der Testamentsvollstreckung versetzt den Erblasser in die Lage, seinen Willen auf das weitere Schicksal des Nachlasses über den Tod hinaus fortwirken zu lassen. Im Normalfall bewirkt die Testamentsvollstreckung ein Auseinanderfallen zwischen Inhaberschaft und Herrschaft über den der Testamentsvollstreckung unterliegenden Nachlass. Solange und soweit die Ausübung der Rechte dem Testamentsvollstrecker übertragen sind, ist dem Erben die Ausübung verwehrt.

Nach der herrschenden Amtstheorie hat der Testamentsvollstrecker die Stellung eines Treuhänders; er ist Träger eines privaten Amtes, das ihm vom Erblasser übertragen ist und das er kraft eigenen Rechts, also unabhängig vom Willen der Erben ausübt. Das zeigt sich bereits daran, dass die Kontrolle des Testamentsvollstreckers institutionell limitiert ist.

Man kann prinzipiell zwei Haupterscheinungsformen der Testamentsvollstreckung unterscheiden: (i) die Abwicklungsvollstreckung und (ii) die Verwaltungsvollstreckung. Daneben existieren sonstige Formen der Testamentsvollstreckung wie die beaufsichtigende Testamentsvollstreckung.

Die potenziellen Motive des Erblassers für die Anordnung der Testamentsvollstreckung in Bezug auf Unternehmensbeteiligungen sind mannigfaltig. Relevant sind insbesondere: die Sicherung der Einflussnahme auf das Schicksal des Nachlasses über den Tod hinaus, die Bewahrung des Familienfriedens, die finanzielle Absicherung der Familienmitglieder, die Erhaltung des Unternehmens als Ganzes und die Einsetzung eines Verwalters für einen Interimszeitraum bis der Erbe die Gesellschafterstellung einnehmen soll.

Bei unbeschränkt angeordneter Testamentsvollstreckung und vorbehaltlich etwaiger Einschränkungen durch die Satzung umfasst die Verwaltungsbefugnis des Testamentsvollstreckers im Hinblick auf GmbH-Geschäftsanteile grundsätzlich die Wahrnehmung der Mitgliedschaftsrechte und -pflichten des Gesellschafter-Erben. Aus dieser allgemeinen Verwaltungsbefugnis ergibt sich daher grundsätzlich auch die Befugnis des Testamentsvollstreckers, an Gesellschafterbeschlüssen im Wege der Stimmabgabe und/oder der Zustimmung zu Gesellschafterbeschlüssen mitzuwirken.

Besondere Ausprägungen der Verwaltungsbefugnis, die dem Testamentsvollstrecker ebenfalls grundsätzlich zustehen, sind die Verfügungsbefugnis (§ 2205 Satz 2 BGB), die Verpflichtungsbefugnis (§§ 2206, 2207 BGB) und die Prozessführungsbefugnis (§ 2212 BGB).

Verstößt der Testamentsvollstrecker gegen das Verbot unentgeltlicher Verfügungen gemäß § 2205 Satz 3 BGB ist die betroffene Verfügung grundsätzlich unwirksam. Die Norm entfaltet damit dingliche Wirkung auch gegenüber Dritten. Zudem kann ein Verstoß eine Haftung des Testamentsvollstreckers nach § 2219 Abs. 1 BGB zur Folge haben. Die Schranke des § 2205 Satz 3 BGB wirkt sowohl im Innenverhältnis als auch im Außenverhältnis. Sie ist für den Erblasser indisponibel.

§ 2205 Satz 3 BGB als Schranke für die Verfügungsbefugnis ist eine von mehreren erbrechtlichen Schranken für die Verwaltungsbefugnis des Testamentsvollstreckers. So existieren noch die Schranken für die Verpflichtungsbefugnis aus § 2206 BGB, die des § 2216 BGB sowie diejenige gemäß den Grundsätzen des Missbrauchs der Testamentsvollstreckerbefugnis.

Eine gesellschaftsrechtliche Beschränkung der Verwaltungsbefugnis des Testamentsvollstreckers durch den Kernbereich der Mitgliedschaft des Erben ist abzulehnen.

Kapitel 2. Die Voraussetzungen und Rechtsfolgen des § 2205 Satz 3 BGB

A. Überblick

Im Folgenden gilt es zunächst, die einzelnen Voraussetzungen des § 2205 Satz 3 BGB im Hinblick auf die Mitwirkung des Testamentsvollstreckers an GmbH-Gesellschafterbeschlüssen zu untersuchen: Die Schranke des § 2205 Satz 3 BGB setzt voraus, dass der Testamentsvollstrecker verfügt (dazu sogleich unter B.), die Vergütung unentgeltlich ist (C.) und keine Ausnahme wegen einer sittlichen Pflicht oder von Anstands wegen greift (D.). Anschließend wird im Detail erörtert, welche Rechtsfolgen daraus für die betreffenden Verfügungsgeschäfte resultieren können (E.).

B. Die Verfügung des Testamentsvollstreckers

I. Der Verfügungsbegriff

Von zentraler Bedeutung für die Frage, ob und inwieweit die Verwaltungs- und Verfügungsbefugnis des Testamentsvollstreckers beschränkt ist, ist die Auslegung des gesetzlich nicht definierten Verfügungsbegriffs.

Nach wohl einhelliger Meinung ist der Verfügungsbegriff des § 2205 Satz 3 BGB identisch mit dem allgemeinen, „technischen" Verfügungsbegriff, wie er auch sonst im Zivilrecht verwendet wird.[140] Unter „Verfügung" im Sinne des § 2205 Satz 3 BGB versteht man demgemäß ein Rechtgeschäft, durch das der Verfügende auf ein Recht unmittelbar einwirkt, es also (i) entweder auf einen Dritten überträgt oder (ii) mit einem Recht belastet oder (iii) das Recht aufhebt oder (iv) es anderweitig in seinem Inhalt ändert.[141]

---

140 *Damrau*, in: Soergel, BGB, § 2205 Rn. 64; *Grotheer*, in: BeckOGK-BGB, § 2205 Rn. 68 (1.10.2021); *Reimann*, in: Staudinger, BGB, § 2205 Rn. 59; *Zimmermann*, in: MüKo-BGB, § 2205 Rn. 62; zu § 2113 Abs. 2 BGB: *Lutter*, ZGR 1982, 108 (111).

141 RGZ 90, 395 (399); RGZ 111, 247 (250); RGZ 119, 332 (338); BGHZ 1, 294 (304); BGHZ 75, 221 (226); BGHZ 101, 24; *Damrau*, in: Soergel, BGB, § 2205 Rn. 64; *Reimann*, in: Staudinger, BGB, § 2205 Rn. 59; *Zimmermann*, in: MüKo-BGB, § 2205 Rn. 62.

Nicht unter den Begriff der Verfügung fällt dagegen der Erwerb eines Rechts.[142]

Im Anschluss werden die einzelnen Merkmale des Verfügungsbegriffes im Hinblick auf die Verfügung über einen GmbH-Geschäftsanteil durch Mitwirkung des Testamentsvollstreckers an einem Gesellschafterbeschluss näher erläutert.

II. Die Mitgliedschaft als Verfügungsobjekt

1. Mitgliedschaft als taugliches Verfügungsobjekt

§ 2205 Satz 3 BGB setzt ein Verfügungsobjekt voraus. Das Verbot unentgeltlicher Verfügungen aus § 2205 Satz 3 BGB bezieht sich auf den in § 2205 Satz 2 BGB genannten, der Verwaltung des Testamentsvollstreckers unterliegenden Nachlassgegenstand[143], wie sich aus der Grundsatz-Ausnahme-Systematik der beiden Regelungen ergibt. Der hier interessierende Nachlassgegenstand ist die durch den Geschäftsanteil verkörperte Mitgliedschaft des Gesellschafter-Erben. Auch generell ist die Mitgliedschaft ein tauglicher Gegenstand einer jeden Verfügung. Denn Objekt einer Verfügung kann sowohl ein einzelnes subjektives Recht als auch ein Rechtsverhältnis im Ganzen sein.[144] Die Mitgliedschaft ist nach herrschender Meinung sogar beides: Sie ist ein subjektives Recht und sie ist ein einheitliches, komplexes Rechtsverhältnis[145], ohne dass das Eine das Andere ausschließt.[146] Die Mitgliedschaft kann also Objekt der Verfügung sein, gleichwie man sie insoweit qualifizieren mag.[147]

Umgekehrt heißt das jedoch nicht, dass nicht auch andere Rechte im Rahmen der Verwaltung von Geschäftsanteilen Verfügungsobjekt sein können. Als Beispiel sei nur der gegebenenfalls existierende Gewinnanspruch genannt, über den der Testamentsvollstrecker verfügen könnte. Derartige Gläubiger- beziehungsweise Forderungsrechte und andere von der Mitgliedschaft losgelöste Rechte sind indes nicht Untersuchungsgenstand der vorliegenden Arbeit.

---

142 *Flume*, BGB AT II, S. 140 f.; *Klumpp*, in: Staudinger, BGB, § 185 Rn. 12; *Regenfus*, in: BeckOGK-BGB, § 185 Rn. 6 (1.4.2021).

143 Siehe dazu obige Ausführungen: Kapitel 1:B.II.1.

144 *v. Tuhr*, BGB AT II/1, S. 239 f.; *Haedicke*, JuS 2001, 966 (967); *Leptien*, in: Soergel, BGB § 185 Rn. 7; *Neuner*, BGB AT, § 29 Rn. 32.

145 Grundlegend zur Mitgliedschaft: *v. Tuhr*, BGB AT I, § 38.

146 *Lutter*, AcP 180 (1980), 84 (97 ff.); *K. Schmidt*, GesR, S. 549; *Wiedemann*, S. 39; a.A. *Hadding*, in: FS Steindorff 1990, 31 (37 f.).

147 Im Ergebnis ebenso: *Dörrie*, Testamentsvollstreckung, S. 108, Fn. 61.

Im Ergebnis ist die Mitgliedschaft des Gesellschafter-Erben ein taugliches Verfügungsobjekt im Sinne von § 2205 Satz 3 BGB.[148]

2. Bedeutung und Umfang der Mitgliedschaft als Rechtsverhältnis

Wie bereits erörtert, stellt die Mitgliedschaft (auch) ein Rechtsverhältnis dar. Unter einem Rechtsverhältnis versteht man die rechtlich geregelte Beziehung zwischen Personen.[149] Relevant sind alle in dieser Beziehung existierenden Regelungen, die Rechtsfolgen nach sich ziehen können, ob nun diese Rechtsfolgen in einem subjektiven Recht bestehen oder in der Möglichkeit der Entstehung eines solchen oder in sonstigen Rechtsfolgen.[150]

Die GmbH-Mitgliedschaft als einheitliches Rechtsverhältnis umfasst die (Sonderrechts-)Beziehungen zwischen der GmbH und dem Gesellschafter[151] sowie – soweit vorhanden – zwischen den jeweiligen Gesellschaftern.[152] Geregelt sind diese mitgliedschaftlichen Rechtsbeziehungen im Gesetz und im Gesellschaftsvertrag.[153] Freilich kann es auch daneben Rechtsbeziehungen zwischen Gesellschaft und Gesellschafter und/oder unter den Gesellschaftern geben. Als Beispiele seien Gesellschafter-Darlehensverträge und Gesellschaftervereinbarungen genannt. Indes sollen derartige nicht-mitgliedschaftliche Rechtsverhältnisse hier außer Betracht bleiben.

3. Keine Verfügung über einzelne Mitgliedschaftsrechte

Die Mitgliedschaft ist taugliches Verfügungsobjekt im Sinne des § 2205 Satz 3 BGB. Aber schließt das aus, dass auch einzelne Mitgliedschaftsrechte des Gesellschafter- Erben Objekt einer Verfügung des Testamentsvollstreckers sein könnten, etwa wenn die Änderung eines Sonderrechts des Gesellschafter-Erben im Raume steht? In der Tat ist das so. Zwar könnte man meinen, über einzelne Mitgliedschaftsrechte könne verfügt werden, weil sie schließlich subjektive Rechte

148 Im Ergebnis ebenso: *Lutter*, ZGR 1982, 108 (109 f.); *Michalski*, DB 1987 Beil. 16, 3 (16).

149 *Neuner*, BGB AT, § 19 vor Rn. 1; *Wiedemann*, S. 39.

150 Vgl. *v. Tuhr*, BGB AT I, S. 125.

151 Vgl. grundlegend zur (Vereins-)Mitgliedschaft: *v. Tuhr*, BGB AT I, S. 129.

152 Ganz h.M.: BGHZ 65, 15 (18 f.); *Lutter*, AcP 180 (1980), 84 (120 ff.); *K. Schmidt*, GesR, S. 552; *Altmeppen*, GmbHG, § 13 Rn. 14; *Fastrich*, in: Baumbach/Hueck, GmbHG, § 13 Rn. 19; *Lieder*, in: Michalski, GmbHG, § 13 Rn. 106; *Raiser*, in: HCL, GmbHG, § 13 Rn. 8 ff. A.A. *Flume*, BGB AT I/2, S. 268 ff.

153 *Fastrich*, in: Baumbach/Hueck, GmbHG, § 14 Rn. 11; *Raiser*, in: HCL, GmbHG, § 14 Rn. 22.

seien und auch geändert werden können. Aber diese Perspektive ist zu kurz gegriffen.[154] Verfügt wird nicht über einzelne Mitgliedschaftsrechte, sondern über das Verfügungsobjekt „Mitgliedschaft".[155] Denn die Mitgliedschaft ist eine rechtliche, komplexe Einheit und nur als solche kann über sie verfügt werden.[156] Das zeigt sich bereits darin, dass man einzelne Mitgliedschaftsrechte nicht übertragen kann. Vor allem aber folgt dies daraus, dass man Mitgliedschaftsrechte nicht ändern kann, ohne dass die Mitgliedschaft im Übrigen unverändert bliebe.

III. Die Einwirkung auf die Mitgliedschaft

Gemäß Verfügungsdefinition ist ferner verlangt, dass auf die Mitgliedschaft in Gestalt einer der vier Varianten (Übertragung, Belastung, Aufhebung, Inhaltsänderung) eingewirkt wird. Dazu im Einzelnen:

1. Die Übertragung der Mitgliedschaft

In Bezug auf die Übertragung der Mitgliedschaft des Gesellschafter-Erben kommt die Rechtsnachfolge in die Mitgliedschaft durch Abtretung des Geschäftsanteils (§ 398 BGB) an eine andere Person in Betracht. Was die Verfügung des Testamentsvollstreckers durch Mitwirkung an Gesellschafterbeschlüssen angeht, ist diese Einwirkungsvariante – jedenfalls im direkten Anwendungsbereich des § 2205 Satz 3 BGB – bedeutungslos.[157]

2. Die Belastung der Mitgliedschaft

Unter Belastung versteht man die Begründung eines dinglichen Rechts an einem Gegenstand.[158] Ein Geschäftsanteil respektive die Mitgliedschaft kann durch Verpfändung (§ 1274 BGB) oder Nießbrauchbestellung (§ 1068 Abs. 1 BGB) belastet werden.[159] Auch diese Einwirkungsvariante spielt in Bezug auf die Mitwirkung

---

154 Wenn der Bundesgerichtshof in seiner Entscheidung vom 6. Oktober 1980 über eine Verfügung über „Mitgliedschaftsrechte" sprach, so ist das missverständlich. An anderer Stelle spricht der BGH auch von Mitgliedschaftspflichten, die verändert werden können: BGHZ 78, 177 (183).

155 *Lutter*, ZGR 1982, 108 (109 f.); *Michalski*, DB 1987 Beil. 16, 3 (16).

156 *Raiser*, in: HCL, GmbHG, § 14 Rn. 22; *K. Schmidt*, GesR, S. 549.

157 Zur Frage, ob die Norm analog angewendet werden kann, siehe unten: Kapitel 3:A. III.

158 *Enneccerus/Nipperdey*, BGB AT II/1, S. 593.

159 *Altmeppen*, GmbHG, § 15 Rn. 51; *Raiser*, in: HCL, GmbHG, § 14 Rn. 22.

an Gesellschafterbeschlüssen und die Mitgliedschaft des Gesellschafter-Erben eine untergeordnete Rolle.

3. *Die Aufhebung der Mitgliedschaft*

Eine Einwirkung durch Aufhebung der Mitgliedschaft im Wege der Mitwirkung des Testamentsvollstreckers an GmbH-Gesellschafterbeschlüssen ist im Wesentlichen unter zwei Gesichtspunkten denkbar. Zunächst ist eine Einwirkung auf die Mitgliedschaft durch Aufhebung im Rahmen der freiwilligen Einziehung (Amortisation, § 34 GmbHG) möglich. Indes könnte eine Aufhebung der Mitgliedschaft auch dann vorliegen, wenn das Verfügungsobjekt durch Änderung der beteiligten Personen oder des Inhalts seine Identität verlieren würde.[160] Der letztere Aspekt wird in Bezug auf die Umwandlung durch Formwechsel von Bedeutung sein.[161] Demgegenüber kann eine Änderung im Bestand der Mitgesellschafter für den Gesellschafter-Erben niemals eine Aufhebung seiner Mitgliedschaft (unmittelbar) bewirken, weil die GmbH als juristische Person vom Bestand ihrer Mitglieder unabhängig ist.

4. *Die Änderung des Inhalts der Mitgliedschaft*

Während die Übertragung, Belastung und Aufhebung der Mitgliedschaft im Regelfall als klar feststellbar erscheinen, erschließt sich die Einwirkung durch Inhaltsänderung nicht auf Anhieb. Denn was ist der Inhalt der Mitgliedschaft? Wann kann man von einer Inhalts*änderung* derselben sprechen und genügt jede Inhaltsänderung?

a) Rechtsänderung

Eine Rechtsänderung liegt dann vor, wenn ein Recht beziehungsweise ein Rechtsverhältnis unter Aufrechterhaltung seiner Identität inhaltlich umgestaltet wird. Dagegen kann von einer Rechtsänderung nicht mehr gesprochen werden, sondern nur von Aufhebung (oder Ersetzung durch ein anderes Recht), wenn das Recht in seinem Wesen geändert wird.[162] Die Änderung des Inhalts der Mitgliedschaft meint demnach die Umgestaltung der Mitgliedschaft, ohne sie in ihrem Wesen zu ändern.

---

160 *v. Tuhr*, BGB AT II/1, S. 96.

161 Siehe dazu unten: Kapitel 3:E.

162 *v. Tuhr*, BGB AT II/1, S. 98; *Enneccerus/Nipperdey*, BGB AT I/2, S. 881.

Dabei kann die Mitgliedschaft prinzipiell auf zweierlei Weise inhaltlich geändert werden: (i) die Regelungen der mitgliedschaftlichen Rechtsbeziehungen werden umgestaltet oder (ii) die dadurch verbundenen Rechtssubjekte (*vulgo* die Mitgesellschafter) unterliegen einer Veränderung.

b) Rechtsminderung keine notwendige Voraussetzung

Problematisch ist, ob eine Einwirkung – speziell die Einwirkung durch Inhaltsänderung – eine Rechtsminderung voraussetzt. Allgemeine Ausführungen in der Literatur deuten zumindest darauf hin. So ist verschiedentlich im Zusammenhang mit dem Verfügungsbegriff die Rede von „Rechtsminderung“, „Rechtsverlust“ oder „belastende Rechtsänderung“.[163] Wenn das Verfügungsgeschäft ein Vertrag sei, so würde nur derjenige verfügen, der unmittelbar infolge der vertraglichen Vereinbarungen selbst eine Einbuße an Rechten erleiden würde. Dagegen wäre der Vertragsteil, auf den solches nicht zuträfe, nicht Verfügender, sondern vielmehr Begünstigter. Für letzteren soll die fragliche Verfügung ein Erwerbsgeschäft darstellen.[164] Teilweise werden auch explizit „vermögensrechtliche beeinträchtigende Wirkungen“ für ein allgemeines Erfordernis einer jeden Verfügung – einschließlich derjenigen durch Inhaltsänderung – gehalten.[165]

Dem ist zu widersprechen. Es ist zwar richtig, dass eine Rechtsminderung in den meisten Fällen tatsächlich die Folge der Verfügung ist. Das ist aber dann nur ein Reflex. Eine Rechtsminderung liegt bei den Einwirkungsvarianten Übertragung, Aufhebung und Belastung auch auf der Hand: Entweder scheidet der Verfügungsgegenstand aus dem Vermögen des Inhabers aus oder der Gegenstand wird zumindest in seinem Vermögenswert gemindert. Wenn der Testamentsvollstrecker den verwalteten Geschäftsanteil an einen Käufer veräußert, ist die Abtretung aus Sicht des Gesellschafter-Erben eine Verfügung, aus Sicht des Käufers ein Erwerbsgeschäft. Auf der Veräußererseite kommt es zu einer Rechtsminderung, auf der Käuferseite zu einer Rechtsmehrung. Aber wie ist eine Änderung des GmbH-Gesellschaftsvertrages durch Beschluss zu beurteilen, dem beide, der Gesellschafter-Erbe und sein Mitgesellschafter, zugestimmt haben? Ist es aus Sicht des Gesellschafter-Erben nur dann eine Verfügung, wenn die Änderungen für ihn nachteilig sind und dadurch sein Geschäftsanteil im

---

163 *Brox/Walker*, BGB AT, § 5 Rn. 2; *Enneccerus/Nipperdey*, BGB AT I/2, S. 591 f.; *Flume*, BGB AT II, S. 141 f.; *Regenfus*, in: BeckOGK-BGB, § 185 Rn. 6 (1.4.2021).

164 Zum Ganzen: *Bayreuther*, in: MüKo-BGB, § 185 Rn. 3; *Regenfus*, in: BeckOGK-BGB, § 185 Rn. 6 (1.4.2021).

165 *Thiele*, S. 40; *Thiele*, in: Staudinger, BGB, § 1365 Rn. 36.

Wert beeinträchtigt wird, zum Beispiel, wenn der Gesellschafter-Erbe ein Sonderrecht verliert? Die Antwort muss ‚nein' lauten. Richtigerweise stellt die Änderung des Gesellschaftsvertrages für beide Gesellschafter eine Verfügung dar, gleichgültig ob der eine oder der andere oder niemand eine Rechtsminderung oder -mehrung erfährt.

Die Abgrenzung zwischen Verfügungsgeschäft und Erwerbsgeschäft hat ihren Sinn in der Unterscheidung zwischen der Ausübung der Verfügungsmacht und der Ausübung der Erwerbsmacht.[166] Die Verfügungsmacht ist eine Befugnis, die vom Grundsatz her – wobei die Testamentsvollstreckung eine Ausnahme bildet – aus der Inhaberschaft des Rechts folgt.[167] Es geht hier um Rechtszuständigkeit.[168] Der Gesellschafter kann seinen Geschäftsanteil übertragen, weil er Gesellschafter – also Inhaber des Geschäftsanteils – ist. Jemand, der nicht Gesellschafter ist, ist grundsätzlich nicht befugt, über den Geschäftsanteil zu verfügen. Er ist dann nicht rechtszuständig, er ist Nichtberechtigter. Demgegenüber versteht man unter Erwerbsmacht die Befugnis, ein Recht (das heißt einen Verfügungsgegenstand) zu erwerben. Diese Befugnis leitet sich nicht aus der Inhaberschaft eines Rechts ab, sondern aus der Rechtsfähigkeit.[169] Der Käufer kann den Geschäftsanteil erwerben, weil er rechtsfähig ist, nicht weil er Inhaber eines bestimmten Gegenstandes ist. Gesellschafter können den Gesellschaftsvertrag durch Beschluss ändern, weil sie Gesellschafter sind. Sie sind prinzipiell allesamt rechtszuständig. Dagegen erwirbt in diesem Fall niemand den Gegenstand „Mitgliedschaft".

Deswegen setzt die Einwirkung, einschließlich diejenige durch Inhaltsänderung, keine Rechtsminderung voraus.[170] Die Rechtsminderung ist oft Reflex, aber keine Voraussetzung der Verfügung.

c) Daher auch „Eingriff" keine Voraussetzung für Verfügung

Soweit der Bundesgerichtshof in seiner Entscheidung vom 6. Oktober 1980 von „Eingriff" oder „Beeinträchtigung" des Gesellschaftsanteils spricht[171], tut er das im Kontext der Frage, ob die Verfügung unentgeltlich ist. Daraus kann aber nicht

166 Vgl. *Enneccerus/Nipperdey*, BGB AT I/2, S. 601; *Flume*, BGT AT II, S. 142.
167 Vgl. *Neuner*, BGB AT, § 29 Rn. 34, 36.
168 Vgl. BGHZ 75, 221 (226 f.).
169 *Enneccerus/Nipperdey*, BGB AT I/2, S. 601.
170 Im Ergebnis ebenso: *Hau*, S. 41; wohl auch schon *v. Tuhr*, BGB AT II/1, S. 98, S. 238 Fn. 7.
171 BGHZ 78, 177 (183).

der Schluss gezogen werden, dass eine Verfügung über einen Geschäftsanteil nur möglich ist, wenn ein Eingriff oder eine Beeinträchtigung der Mitgliedschaft vorliegt.[172]

d) Jede inhaltliche Änderung des Gesellschaftsvertrags ist Inhaltsänderung der Mitgliedschaft

Der Klärung bedarf, ab wann man eine Inhaltsänderung der Mitgliedschaft durch Änderung des Gesellschaftsvertrages annehmen kann.

Lutter verneint eine Verfügung durch Änderung des Inhalts der Mitgliedschaft, wenn etwa nur die Modalitäten für die Einberufung der Gesellschafterversammlung neu festgelegt oder Vertretungsregelungen geändert werden, ohne dass davon der Gesellschafter selbst und direkt betroffen wäre.[173]

Richtigerweise stellt aber jede inhaltliche Änderung des Gesellschaftsvertrages eine Einwirkung auf die Mitgliedschaft dar.[174] Entscheidend ist nur, dass Regelungen betroffen sind, die zumindest Rechtsfolgen nach sich ziehen können. *Lutters* Sichtweise liefe darauf hinaus, dass eine Verfügung über die Mitgliedschaft des Gesellschafter-Erben nur möglich wäre, wenn seine – ökonomisch relevanten – Mitgliedschaftsrechte oder -pflichten nachteilig geändert würden. Ein solcher Standpunkt verkennt jedoch den Umfang der Mitgliedschaft als Rechtsverhältnis[175] und lässt außer Acht, dass die Änderung des Gesellschaftsvertrages auch bei diesen genannten Fällen gleichwohl in der prinzipiellen Rechtszuständigkeit aller Gesellschafter liegt. – Dass eine Vermögensbeeinträchtigung keine Voraussetzung für eine Verfügung ist, wurde bereits oben dargestellt.

Auch der Rechtsprechung des Bundesgerichtshofes[176] ist nichts anderes zu entnehmen. Soweit das Gericht auf Mitgliedschaftsrechte (und -pflichten) rekurriert, denen – isoliert betrachtet – ein wirtschaftlicher Wert zukommt (wie zum Beispiel in Bezug auf Nachfolge, Gewinnverteilung und Abfindung), ist dies im Kontext der Unentgeltlichkeit zu sehen und nicht im Kontext der Verfügung.

---

172 Missverständlich daher: *Ebbing*, in: Michalski, GmbHG, § 15 Rn. 47, 51.

173 *Lutter*, ZGR 1982, 108 (112 f.); zustimmend: *Priester*, in: FS Stimpel 1985, 463 (475) Fn. 74; ähnlich *Budzikiewicz*, in: Erman, BGB, § 1365 Rn. 25, der jedenfalls im Kontext des § 1365 BGB eine Verfügung bei Änderung eines Gesellschaftsvertrages verneint, wenn nur personenrechtliche Bestimmungen und nicht vermögensrechtliche Bestimmungen geändert werden.

174 Ebenso: *Scheller*, in: BeckOK-BGB, § 1365 Rn. 29; *Sandrock*, in: FS Duden, 513 (527).

175 Dazu bereits oben: Kapitel 2:B.II.2.

176 BGHZ 78, 177 (183); BGH, NJW 1981, 1560 (1562).

Deswegen stellt jede inhaltliche Änderung des Gesellschaftsvertrages eine Einwirkung auf die Mitgliedschaft des Gesellschafter-Erben dar.

e) *Keine teleologische Reduzierung des Verfügungsbegriffs*

Die weite Auslegung des Verfügungsbegriffs ist unter Hinweis auf die damit einhergehende entsprechend weite Verpflichtungsbefugnis (vgl. § 2206 Abs. 1 Satz 2 BGB) bisweilen auf Kritik gestoßen.[177] In diesem Zusammenhang stellt sich die Frage, ob der weiten Auslegung durch eine modifizierte Auslegung Rechnung zu tragen ist. Denkbar ist, die Norm des § 2205 Satz 3 BGB dergestalt teleologisch zu reduzieren, dass nur solche Rechtsgeschäfte erfasst werden, die sich unmittelbar zulasten des Vermögenswertes des Nachlasses, insbesondere der Beteiligung, auswirken. Denn die Vorschrift des § 2205 Satz 3 BGB bezweckt den Schutz des Erben nur insofern, als der Nachlass durch Verfügung des Testamentsvollstreckers nicht in seinem Bestand oder Wert gemindert werden soll.[178] Aber nicht jede Verfügung, insbesondere nicht jede Änderung des Gesellschaftsvertrages, mindert den Vermögenswert des Geschäftsanteils.

Dies liefe jedoch darauf hinaus, dass an die Stelle des allgemeinen, rechtlich-technischen Verfügungsbegriffes ein „wirtschaftlicher Verfügungsbegriff" treten würde.[179] Vorzugswürdiger ist, es bei dem technisch-rechtlichen Verfügungsbegriff zu belassen. Denn praktisch würde ein wirtschaftlicher Verfügungsbegriff wohl mehr Verwirrung als Klarheit stiften.[180] Zudem besteht in dogmatischer Hinsicht auch kein Anlass dazu. Denn dem Sinn und Zweck der Norm um die Erhaltung wertmäßigen Bestands des Nachlassvermögens kann auf Ebene des Tatbestandsmerkmals „Unentgeltlichkeit" ausreichend Rechnung getragen werden, ohne dass eine teleologische Reduktion notwendig wäre. Deswegen ist die angesprochene teleologische Reduktion des § 2205 Satz 3 BGB abzulehnen.

---

177 *Mayer*, ZEV 2002, 209 (212) in Bezug auf § 2205 Satz 3 BGB.

178 Zum Zweck der Norm: BGH, ZEV 2016, 202 (Rn. 9); *Grotheer*, in: BeckOGK-BGB, § 2205 Rn. 75 (1.10.2021); *Zimmermann*, in: MüKo-BGB, § 2205 Rn. 73.

179 In diese Richtung für § 1365 BGB plädierend: *Thiele*, in: Staudinger, BGB, § 1365 Rn. 36 ff.

180 So für § 1365 BGB auch: *Szalai*, in: BeckOGK-BGB, § 1365 Rn. 15 (1.5.2021).

f) *Maßstab des § 2205 Satz 3 BGB auch bei Begründung oder Erweiterung von mitgliedschaftlichen Pflichten*

(1) Problemstellung

Vor allem im Wege der Satzungsänderung kann eine mitgliedschaftliche Pflicht, insbesondere eine Nebenleistungspflicht gemäß § 3 Abs. 2 GmbHG, zulasten des Gesellschafter-Erben begründet oder erweitert werden. Als Beispiele seien die Begründung eines Wettbewerbsverbotes oder die Begründung der Pflicht zur Zahlung eines einmaligen Zuschusses genannt. Fraglich ist, welcher Maßstab für die Begrenzung der Rechtsmacht des Testamentsvollstreckers anzuwenden ist, wenn durch Begründung oder Erweiterung von mitgliedschaftlichen Pflichten unmittelbar auf die bestehende Mitgliedschaft des Gesellschafter-Erben eingewirkt wird. In Betracht kommt der Maßstab der §§ 2206, 2207 BGB oder des § 2205 Satz 3 BGB.

(2) Herrschende Meinung wendet Maßstab der §§ 2206, 2207 BGB an

Die herrschende Meinung möchte die Begründung oder Erweiterung von mitgliedschaftlichen Pflichten nach §§ 2206, 2207 BGB unter dem Gesichtspunkt des Verbots der persönlichen Erbenverpflichtung beurteilen. Danach wäre eine Beschlussmitwirkung des Testamentsvollstreckers, die zu einer persönlichen Verpflichtung des Erben oder seines Eigenvermögens führt, nicht von der Amtsbefugnis des Testamentsvollstreckers gedeckt. Erbrechtlich ginge es um die Verpflichtungsbefugnis des Testamentsvollstreckers, welche auf die Eingehung von Verbindlichkeiten „für den Nachlass" (§§ 2206, 2207 BGB) beschränkt sei.[181]

(3) Mindermeinung wendet Maßstab des § 2205 Satz 3 BGB an

Dagegen wendet *Reimann* jedenfalls im Hinblick auf die Erweiterung von mitgliedschaftlichen Pflichten den Maßstab des Verbots unentgeltlicher Verfügungen an. Aus § 2205 Satz 3 BGB folge, dass der Testamentsvollstrecker im Rahmen seiner Gesellschaftsrechtsausübung einer Erweiterung der Gesellschafterpflichten nicht zustimmen könne, wenn damit keine Entschädigung verbunden sei.[182]

---

181 *Priester*, in: FS Stimpel, S. 463 (477 ff.); *Fastrich*, in: Baumbach/Hueck, GmbHG, § 1 Rn. 45; *Groß*, GmbHR 1994, 596 (598); *Mayer*, ZEV 2002, 202 (211); *Seibt*, in: Scholz, GmbHG, § 15 Rn. 252; *Zimmermann*, in: MüKo-BGB, § 2205 Rn. 53.

182 *Reimann*, in: Staudinger, BGB, § 2205 Rn. 205.

(4) *Stellungnahme*

Die besseren Argumente sprechen für *Reinmanns* Ansicht; die herrschende Meinung vermag nicht zu überzeugen. Richtigerweise greift bei unmittelbarer Einwirkung auf die bestehende Mitgliedschaft nur der Maßstab des § 2205 Satz 3 BGB.

Soweit die herrschende Meinung auf den Wortlaut des § 2206 Abs. 1 Satz 1 BGB abstellt, der besagt, dass der Testamentsvollstrecker (nur) berechtigt ist, „Verbindlichkeiten für den Nachlass einzugehen", so kann dagegen nichts eingewendet werden. Auch ist richtig, dass damit die *Verpflichtungsbefugnis* des Testamentsvollstreckers beschänkt wird.

Zuzugeben ist ferner, dass der Gesetzgeber mit dem sogenannten Verbot der persönlichen Erbenverpflichtung in § 2206 Abs. 1 Satz 1 BGB einen Grundsatz aufgestellt hat, der ebenfalls für die Begründung oder Erweiterung von mitgliedschaftlichen Pflichten eine Rolle spielt. Allerdings übersieht die herrschende Meinung, dass dieser Grundsatz parallel auch im Rahmen des § 2205 Satz 3 BGB zum Tragen kommt.[183] Insofern gibt es also kein Bedürfnis, den Maßstab der §§ 2206, 2207 BGB anzuwenden.

Entscheidend ist, dass §§ 2206, 2206 BGB nicht Platz greifen können, weil bei bestehender Mitgliedschaft und der Begründung oder Erweiterung von mitgliedschaftlichen Pflichten kein Verpflichtungs-, sondern ein Verfügungsgeschäft vorliegt. Die herrschende Meinung verkennt, dass das Gesetz strikt zwischen Verpflichtungs- (§§ 2206, 2207 BGB) und Verfügungsgeschäft (§ 2205 Satz 1, Satz 3 BGB) unterscheidet. Die Beschränkungen der Verpflichtungs- und Verfügungsbefugnis haben jeweils unterschiedliche Voraussetzungen und Rechtsfolgen;[184] beide Befugnisse (und entsprechend ihre Beschränkungen) stehen in einem Alternativverhältnis zu einander. Entweder es liegt eine Verfügung oder eine Verpflichtung vor. Insbesondere im Falle einer Erweiterung oder Begründung einer mitgliedschaftlichen Pflicht im Wege der Satzungsänderung ist eine Verfügung zu bejahen.[185] Das zeigt auch das Beispiel eines Änderungsvertrages im Sinne des § 311 Abs. 1 BGB, der neue verpflichtende Elemente beinhaltet und trotzdem als Verfügungsgeschäft qualifiziert wird.[186] Deswegen kann es hier nur auf den Maßstab des § 2205 Satz 3 BGB ankommen.

---

183 Siehe unten: Kapitel 2:C.II.1.a).

184 Vgl. nur oben: Kapitel 1:C.II.1.

185 Vgl. auch BGHZ 78, 177 (183), der eine (unentgeltliche) Verfügung bei Erweiterung der mitgliedschaftlichen Pflichten in Betracht zieht.

186 *Emmerich*, in: MüKo-BGB, § 311 Rn. 5; *Herresthal*, in: BeckOGK-BGB, § 311 Rn. 134 (1.1.2021).

(5) Ergebnis

Als Ergebnis ist festzuhalten: Wenn durch Begründung oder Erweiterung mitgliedschaftlicher Pflichten unmittelbar auf die bestehende Mitgliedschaft des Gesellschafter-Erben eingewirkt wird, gilt der Maßstab des § 2205 Satz 3 BGB und nicht derjenige der §§ 2206, 2207 BGB.

g) Einwirkung auch bei Veränderungen im Bestand der Mitgesellschafter

Neben einer inhaltlichen Umgestaltung der Regelungen im mitgliedschaftlichen Rechtsverhältnis kommt eine Einwirkung durch Inhaltsänderung auch bei einer Veränderung im Bestand der Mitgesellschafter des Gesellschafter-Erben in Betracht. Veränderungen im Bestand der Mitgesellschafter können sich unter den folgenden Gesichtspunkten ergeben: (i) Verlust der Mitgliedschaft eines Mitgesellschafters, (ii) Erwerb der Mitgliedschaft durch einen neuen Mitgesellschafter sowie (iii) die Kombination aus den ersten beiden Punkten (also der Wechsel eines Mitgesellschafters). Letzterer Aspekt spielt eine Rolle in Bezug auf die Mitwirkung des Testamentsvollstreckers am Zustimmungsbeschluss im Falle der Vinkulierung von Geschäftsanteilen.[187]

Bei diesen Vorgängen werden die Regelungen im mitgliedschaftlichen Rechtsverhältnis nicht – jedenfalls nicht zwangsläufig – inhaltlich umgestaltet. Trotzdem wird hier die Mitgliedschaft als Rechtsverhältnis inhaltlich geändert. Denn die Regelungen aus dem Rechtsverhältnis bestehen nicht im luftleeren Raum, sondern vielmehr zwischen Rechtssubjekten. Indem eine horizontale Rechtsbeziehung zu einem Mitgesellschafter beendet und/oder begründet wird, wird auf die Mitgliedschaft des Gesellschafter-Erben als einheitliches Rechtsverhältnis eingewirkt. Das Verfügungsobjekt Mitgliedschaft wird damit „sonst wie in seinem Inhalt"[188] geändert. Das zeigt auch ein Blick auf die ähnliche Situation eines schuldrechtlichen Änderungsvertrages, durch den eine Änderung in der Person des Gläubigers oder des Schuldners herbeigeführt wird (zum Beispiel im Wege eines Vertragsbeitritts oder einer Vertragsübernahme).[189] Ein derartiger Änderungsvertrag wird als Verfügungsgeschäft qualifiziert, weil er unmittelbar auf ein bestehendes Rechtsverhältnis einwirkt.[190]

---

187 Siehe dazu unten: Kapitel 3:G.

188 BHGZ 75, 221 (226).

189 Dagegen ist ein Ausscheiden des Gläubigers oder Schuldners aus einem zweiseitigen Vertrag als Inhaltsänderung des Rechtsverhältnisses natürlich nicht denkbar.

190 *Emmerich*, in: MüKo-BGB, § 311 Rn. 18; *Herresthal*, in: BeckOGK-BGB, § 311 Rn. 147 (1.1.2021).

IV. Durch Rechtsgeschäft

1. Das Rechtsgeschäft

Die Einwirkung durch den Testamentsvollstrecker auf die Mitgliedschaft des Gesellschafter-Erben muss gemäß Verfügungsdefinition durch Rechtsgeschäft erfolgen. Ein Rechtsgeschäft ist ein Tatbestand, der sich aus mindestens einer Willenserklärung, also einer privaten, auf Herbeiführung einer Rechtsfolge gerichteten Willensäußerung zusammensetzt.[191] Eine Verfügung über die Mitgliedschaft in Gestalt eines bloß tatsächlichen, nicht rechtsgeschäftlichen Handelns scheidet damit aus. Auch ein Unterlassen kann regelmäßig schon mangels Willenserklärungsqualität keine Verfügung konstituieren.[192]

Das BGB kennt prinzipiell nur einseitige oder mehrseitige beziehungsweise vertragliche Verfügungsgeschäfte.[193] Auch § 2205 Satz 3 BGB erfasst nur derartige Rechtsgeschäfte.[194] Die Unterscheidung ist nicht nur eine theoretische, sondern wirkt sich auf der Rechtsfolgenseite aus.[195]

2. Die Stimmabgabe als Verfügungsgeschäft

a) Problemstellung

Wirkt der Testamentsvollstrecker im Wege der Stimmabgabe an Gesellschafterbeschlüssen mit, stellt sich die Frage, ob ein Verfügungsgeschäft vorliegt und wenn ja, welches Element als solches qualifiziert werden kann. In Betracht kommen die Stimmabgabe des Testamentsvollstreckers oder der Gesellschafterbeschluss. Problematisch ist, dass die Stimmabgabe eine einfache Willenserklärung, nicht aber ein Rechtsgeschäft darstellt;[196] wohingegen der Gesellschafterbeschluss ein Rechtsgeschäft *sui generis* ist.[197] Qualifizierte

---

191 *Mansel*, in: Jauernig, BGB, vor § 104 Rn. 1; *Neuner*, BGB AT, § 29 Rn. 2.

192 A.A.: *Lorz*, S. 204 f., Fn. 186.

193 Vgl. *Klumpp*, in: Staudinger, BGB, § 185 Rn. 13; *Regenfus*, in: BeckOGK-BGB, § 185 Rn. 6 (1.4.2021).

194 So wohl auch: *Weidlich*, in: *Palandt*, BGB, § 2205 Rn. 27.

195 Dazu später mehr unter Kapitel 2:E.

196 BGHZ 14, 264 (267); BGHZ 48, 163 (173); *Drescher*, in: MüKo-GmbHG, § 47 Rn. 31; *Zöllner/Noack*, in: Baumbach/Hueck, GmbHG, § 47 Rn. 7.

197 Ganz H.M.: Für KG: *Freitag*, in: EBJS, HGB, § 119 Rn. 8; *Lieder*, in: Oetker, HGB, § 119 Rn. 35; für GmbH: *Drescher*, in: MüKo-GmbHG, § 47 Rn. 8; *Zöllner/Noack*, in: Baumbach/Hueck, GmbHG, § 47 Rn. 4; allgemein: *K. Schmidt*, GesR, S. 436 f. A.A.: *Ernst*, in: FS Leenen, S. 1 (5 ff.); *Altmeppen*, GmbHG, § 47 Rn. 3.

man jedoch den Gesellschafterbeschluss als Verfügungsgeschäft, müsste man ihn streng genommen auch der Unwirksamkeitsfolge des § 2205 Satz 3 BGB unterwerfen.

b) Meinungsstand in Rechtsprechung und Literatur

Hierzu werden in Rechtsprechung und Literatur die folgenden divergierenden Ansichten vertreten:

(1) Lehre von der gänzlichen Negation der Verfügungsqualität

Teile der Literatur negieren die Verfügungsqualität der Stimmabgabe.[198] Die Vertreter dieser Ansicht ziehen auch nicht den Gesellschafterbeschluss als Verfügung in Betracht und verneinen insgesamt eine Verfügung.[199] Es wird argumentiert, die Stimmabgabe könne bereits mangels Rechtsgeschäftsqualität keine Verfügung sein. Auch eine analoge Anwendung des Verbots der unentgeltlichen Verfügung auf die Stimmabgabe solle ausscheiden.[200] Hiernach könnte weder die Stimmabgabe noch der Gesellschafterbeschluss jemals gemäß § 2205 Satz 3 BGB unwirksam sein.

(2) Lehre von der Verfügungsqualität des Gesellschafterbeschlusses

Dagegen ordnen wenige Stimmen in der Literatur den Gesellschafterbeschluss als Verfügung ein.[201] Über die Mitgliedschaft verfüge bei einer GmbH nicht der Gesellschafter, sondern die Gesellschafterversammlung durch Beschluss. Betreffend die Mitwirkung am Gesellschafterbeschluss durch Stimmabgabe sei eine Verfügung im Grunde nur dann gegeben, wenn der Erbe Alleingesellschafter sei.[202] Demzufolge müsste die grundsätzliche Unwirksamkeitsfolge des § 2205 Satz 3 BGB den Gesellschafterbeschluss und nicht die Stimmabgabe treffen.

(3) Ansichten zur Qualifizierung der Stimmabgabe als Verfügung

Die herrschende Meinung behandelt die Stimmabgabe als Verfügungsgeschäft. Dazu ist zunächst als Ausgangspunkt die Rechtsprechung des

---

198 *Banck*, S. 88; *Peters*, S. 37 ff. Zur davon zu unterscheidenen Frage der Qualifizierung der Zustimmung siehe unten: Kapitel 2:B.IV.3.

199 *Banck*, S. 93 f., S. 105; *Peters*, S. 44.

200 *Banck*, S. 91 ff.

201 *Müller-Christmann*, in: BeckOGK-BGB § 2113 Rn. 87 (1.4.2021); *Reimann*, in: Staudinger, BGB, § 2205 Rn. 204.

202 *Reimann*, in: Staudinger, BGB, § 2205 Rn. 204.

Bundesgerichtshofes zu beleuchten, bevor die Ansicht der herrschenden Lehre dargestellt wird:

aa) Ausgangspunkt: Urteil des Bundesgerichtshofes vom 6. Oktober 1980

Den Ausgangspunkt für die Qualifizierung der Stimmabgabe als Verfügung bildet ein Urteil des II. Zivilsenats des Bundesgerichtshofes vom 6. Oktober 1980. Der Senat entschied, dass die Mitwirkung eines Vorerben bei einer Änderung eines KG-Gesellschaftsvertrages eine unentgeltliche Verfügung im Sinne von § 2113 Abs. 2 BGB darstellen kann.[203] Der erkennende II. Zivilsenat sah dort in der „Zustimmung" des Vorerben zu der Änderung des Gesellschaftsvertrags die Verfügung.[204] Derselbe Senat hat diese Ansicht mit Urteil vom 9. März 1981 bestätigt.[205]

Zwar benannte der Senat nicht ausdrücklich die Stimmabgabe als Verfügungsgeschäft. Allerdings lässt das Urteil vom 6. Oktober 1980 eine solche Interpretation zu. Denn in den Entscheidungsgründen wurde auf die Änderung des Gesellschaftsvertrages im Beschlusswege rekurriert.[206] Unter Zugrundelegung des im Personengesellschaftsrecht grundsätzlich geltenden Einstimmigkeitsprinzips kann meines Erachtens mit „Zustimmung" zu einer Änderung des Gesellschaftsvertrages nur eine solche im Sinne des § 119 Abs. 1 HGB gemeint sein. Technisch kann hier also unter dem verwendeten Zustimmungsbegriff auch die (auf Grund des Einstimmigkeitsprinzips erforderliche) positive Stimmabgabe verstanden werden.

Die Grundsätze dieser Entscheidung lassen sich in der Tat auf die Situation der Testamentsvollstreckung und der GmbH übertragen. Dafür sprechen die nachstehenden Punkte: Zunächst setzen beide relevanten Vorschriften (§ 2205

---

203 BGHZ 78, 177.

204 Schon im amtlichen Leitsatz ist die Rede davon, dass die *Zustimmung* des Vorerben zur Änderung des Gesellschaftsvertrages keine unentgeltliche Verfügung sei, BGHZ 78, 177. Ferner heißt es in den Entscheidungsgründen, dass die *Zustimmung* des Vorerben zu einer inhaltlichen Veränderung seiner Mitgliedschaftsrechte *wie jede andere Verfügung* über einen zur Erbschaft gehörenden Gegenstand möglich sei, BGHZ 78, 177 (182).

205 BGH NJW 1981, 1560.

206 BGHZ 78, 177 (182). Der vom Gesetz vorgesehene Modus ist, dass die Parteien einen Änderungsvertrag gemäß § 311 Abs. 1 BGB abschließen, der von jeder einzelnen Partei und unabhängig von den anderen Parteien ratifiziert wird. Die Änderung im Beschlusswege ist aber unstreitig mit § 311 BGB vereinbar. Siehe dazu: *Freitag*, in: EBJS, HGB § 119 Rn. 6; *Schneider*, ZGR 1972, 357 (361 ff.).

Satz 3 BGB in Bezug auf die Testamentsvollstreckung und § 2113 Abs. 2 BGB in Bezug auf die Vorerbschaft) jeweils eine unentgeltliche Verfügung und damit – was hier entscheidend ist – den allgemeinen Verfügungsbegriff voraus. Ferner hat sich der historische Gesetzgeber bewusst bei der Schaffung der Vorschrift des § 2205 Satz 3 BGB an der Regelung des § 2213 Abs. 2 BGB orientiert.[207] Auch der gleiche Zweck der Vorschriften, nämlich der Schutz vor Wertminderung des Nachlassvermögens,[208] streitet für eine Übertragbarkeit der Grundsätze. Schließlich stellt die Änderung eines Gesellschaftsvertrages eine Einwirkung auf die Mitgliedschaft dar, gleichgültig ob es dabei um eine Mitgliedschaft in einer Kommanditgesellschaft oder in der Gesellschaft mit beschränkter Haftung geht.

Infolgedessen lässt sich aus den Grundsätzen der Rechtsprechung des Bundesgerichtshofes ableiten, dass die Stimmabgabe des Testamentsvollstreckers eine Verfügung im Sinne des § 2205 Satz 3 BGB darstellen kann.

bb) Lehre von der kausalen Stimmabgabe

Nach der herrschenden Lehre kann nur die Stimmabgabe als eine Verfügung qualifiziert oder ihr zumindest „verfügende Wirkung“ beziehungsweise „Verfügungscharakter“ zugeschrieben werden.[209]

Die Stimmabgabe sei nicht nur eine Willenserklärung, sondern sie könne sich darüber hinaus unmittelbar auf die Mitgliedschaft auswirken und daher eine Verfügung über selbige beinhalten.[210] Werde der Beschluss durch mehrere Gesellschafter gefasst, so sei der Beschluss ein Zusammenwirken mehrerer rechtsgeschäftlicher Erklärungen an einem Verfügungstatbestand.[211] Der Beschluss als Rechtsgeschäft enthalte eine Mehrzahl von Verfügungen der ihn bejahenden Gesellschafter.[212]

---

207 Prot. V, S. 280; *Damrau*, in: Soergel, BGB, § 2205 Rn. 74; *Grotheer*, in: BeckOGK-BGB, § 2205 Rn. 75 (1.10.2021).

208 BGHZ 78, 177 (183) in Bezug auf § 2113 Abs. 2 BGB; *Damrau*, in: Soergel, BGB, § 2205 Rn. 74.

209 *Dörrie*, ZEV 1996, 370 (371); *Feller*, S. 195 ff.; *Groß*, GmbHR 1994, 596 (598); *Lorz*, S. 204 f.; *Lutter*, ZGR 1982, 108 (119); *Priester*, in: FS Stimpel, S. 463 (475); *Ebbing*, in: Michalski, GmbHG § 15 Rn. 47; *Löbbe*, in: HCL, GmbHG, § 15 Rn. 34; *M. Schmidt*, in: *Erman*, BGB, § 2113 Rn. 6; *Seibt*, in: Scholz, GmbHG, § 15 Rn. 42; *Unsöld*, S. 35; ähnlich *Michalski*, DB 1987 Beil. 16, 3 (16), Fn. 161b, der es daneben für möglich hält, dass bereits die durch Beschlussfassung bedingte Teilnahme an der Beschlussfassung als Verfügung genügt.

210 *Dörrie*, ZEV 1996, 370 (371).

211 *Lutter*, ZGR 1982, 108 (119).

212 *Feller*, S. 197.

Indes knüpft die herrschende Lehre die Qualifizierung der Stimmabgabe als Verfügung an die Bedingung, dass die Stimmabgabe aufgrund des zustehenden Stimmpotenzials den Ausschlag für die erforderliche Beschlussmehrheit gibt.[213] Gefordert wird insoweit mithin eine Kausalität im Sinne einer *conditio sine qua non* für das Zustandekommen des betreffenden Gesellschafterbeschlusses. Begründet wird dies mit dem Verweis auf das im GmbH-Recht grundsätzlich geltende Mehrheitsprinzip (vgl. § 47 Abs. 1 GmbHG).[214] Denn die Sachverhalte der genannten Urteile des Bundesgerichtshofes betrafen Personenhandelsgesellschaften, bei denen für Gesellschafterbeschlüsse das Einstimmigkeitsprinzip (vgl. § 119 Abs. 1 HGB) galt. Insofern versucht die herrschende Lehre, dieser Besonderheit mit dem Kausalitätskriterium Rechnung zu tragen und aufzuzeigen, inwiefern eine Stimmabgabe als Verfügung qualifiziert werden kann, wenn die betreffenden Gesellschafterbeschlüsse auf dem Mehrheitsprinzip beruhen.

c) Stellungnahme

Die überzeugenderen Argumente sprechen mit der herrschenden Meinung für die Qualifizierung der Stimmabgabe als Verfügungsgeschäft. Entgegen der herrschenden Lehre setzt dies jedoch nicht voraus, dass die Stimmabgabe kausal für den Gesellschafterbeschluss war. Dies ergibt sich aus den folgenden Überlegungen:

(1) Eine Verfügung liegt vor

Der Lehre von der gänzlichen Negation der Verfügungsqualität ist zwar zugute zu halten, dass sie betreffend die Stimmabgabe konsequent ist und sich im Rahmen dessen hält, was der technische, allgemeine Verfügungsbegriff vorgibt.

Denn streng genommen ist die Stimmabgabe kein Rechtsgeschäft. Sie ist auch keine „rechtgeschäftliche Erklärung", sondern sie ist lediglich eine einfache Willenserklärung. Erneut: Ein Rechtsgeschäft ist ein Tatbestand, der sich aus mindestens einer Willenserklärung, also einer privaten, auf Herbeiführung einer Rechtsfolge gerichteten Willensäußerung zusammensetzt.[215] Besagter Tatbestand ist der Gesellschafterbeschluss. Ausgehend vom Beschluss mehrerer

213 *Lutter*, ZGR 1982, 108 (119); *Priester*, in: FS Stimpel, S. 463 (475); *Dörrie*, ZEV 1996, 370 (371); *Groß*, GmbHR 1994, 596 (598); *Lorz*, S. 204; wohl auch *Seibt*, in: Scholz, GmbHG, § 15 Rn. 42.

214 *Priester*, in: FS Stimpel, S. 463 (475); *Lutter*, ZGR 1982, 108 (118 f.).

215 *Mansel*, in: Jauernig, BGB, vor § 104 Rn. 1; *Neuner*, BGB AT, § 29 Rn. 2.

Gesellschafter setzt sich dieser Tatbestand aus den einzelnen Stimmabgaben zusammen.

Mehr noch: Würde man die einzelne Stimmabgabe als Verfügungsgeschäft im rechtstechnischen Sinne qualifizieren, fehlte es auch an der Unmittelbarkeit der Einwirkung. Denn die Stimmabgabe vermag eine Einwirkung nicht alleine herbeizuführen, sondern – ähnlich wie Angebot und Annahme beim (Änderungs-) Vertrag – nur zusammen mit anderen Willenserklärungen, mit denen die einzelne Stimmabgabe den Tatbestand des Rechtsgeschäfts bildet.[216] So kann eine einzelne Stimmabgabe alleine noch nicht direkt eine Satzungsänderung herbeiführen; es muss erst ein positiver Beschluss zustande kommen.

Auf der anderen Seite kann man nicht ignorieren, dass schließlich mit dem Gesellschafterbeschluss in Übereinstimmung mit dem allgemeinen Verfügungsbegriff ein Rechtsgeschäft vorliegt, das im Übrigen auch unmittelbar auf die Mitgliedschaft der Gesellschafter-Erben einwirken würde. Dieser Punkt spricht im Übrigen zugleich für die Qualifizierung des Gesellschafterbeschlusses als Verfügungsgeschäft.

Man kommt deswegen nicht umhin zu konstatieren, dass bei Mitwirkung des Testamentsvollstreckers an einem Gesellschafterbeschluss im Wege der Stimmabgabe eine Verfügung im Sinne von § 2205 Satz 3 BGB vorliegen kann.

(2) Gesellschafterbeschluss kann kein Verfügungsgeschäft sein

Für die Qualifizierung des Gesellschafterbeschlusses als Verfügungsgeschäft spricht zunächst, dass er – im Gegensatz zur Stimmabgabe – ein Rechtsgeschäft (wenn auch *sui generis*) ist und nur der Gesellschafterbeschluss unmittelbar auf die Mitgliedschaft einwirken kann.

Auch spricht dafür ein Blick auf das Objekt der Verfügung und die Verfügungsmacht. Objekt der Verfügung ist nicht ein einzelnes Mitgliedschaftsrecht, auf das durch Inhaltsänderung eingewirkt wird und das etwa in der alleinigen Verfügungsmacht eines Gesellschafters stünde, sondern – wie oben bereits ausgeführt – die Mitgliedschaft selbst. Im Gegensatz zur Aufgabe der Mitgliedschaft (beispielsweise durch Kündigung) steht die Änderung des im Gesellschaftsvertrag verankerten Inhalts der Mitgliedschaft jedoch nicht in der alleinigen Verfügungsmacht des Testamentsvollstreckers, sondern als Rechtsverhältnis grundsätzlich in der gemeinsamen Verfügungsmacht aller (stimmberechtigten) Gesellschafter der GmbH. Nur diese Gesellschafter zusammen sind prinzipiell

216 Vgl. *K. Schmidt*, GesR, § 15 I 2b; *Lieder*, in: Oetker, HGB § 119 Rn. 12.

rechtszuständig und nur sie können über ihre jeweilige Mitgliedschaft durch Inhaltsänderung zusammen verfügen.

Auf der anderen Seite kann der Gesellschafterbeschluss nicht als Verfügungsgeschäft qualifiziert werden, weil die für das Verfügungsgeschäft vorgesehene Unwirksamkeitsfolge den Gesellschafterbeschluss nicht treffen kann. Denn insoweit wird § 2205 Satz 3 BGB durch die Spezialregeln der §§ 241 ff. AktG verdrängt, welche die Rechtsfolgenseite für fehlerhafte Beschlüsse vorrangig regeln. Gleiches ist zum Beispiel auch für die §§ 125, 134, 138 BGB anerkannt, deren Nichtigkeitsfolge zwar generell für Rechtsgeschäfte gilt, aber nicht für Gesellschafterbeschlüsse.[217]

Dieses Ergebnis wird unterstützt durch teleologische Überlegungen. Bei einem vertraglichen Verfügungsgeschäft (Beispiel: Änderungsvertrag) ist es sachgerecht, dass der Vertrag insgesamt gemäß § 2205 Satz 3 BGB grundsätzlich unwirksam ist. Denn ein wirksamer Vertrag ist ohne wirksame Willenserklärung jeder Seite prinzipiell nicht denkbar. Das ist bei einem Gesellschafterbeschluss und dem geltenden Mehrheitsprinzip anders. Hier ist vielmehr denkbar, dass ein wirksamer Beschluss auch gänzlich ohne (oder mit einer unwirksamen) Willenserklärung eines von mehreren berufenen Gesellschaftern zustande kommt. Deswegen ist es nicht sachgerecht, dieselbe Rechtsfolge, die für mehrseitige, vertragliche Verfügungsgeschäfte vorgesehen ist, auf den Gesellschafterbeschluss als prinzipiell mehrseitiges Rechtsgeschäft *sui generis* zu übertragen.

(3) Nur die Stimmabgabe kann als Verfügungsgeschäft qualifiziert werden

Im Ergebnis kann hier nur die Stimmabgabe anstatt des Gesellschafterbeschlusses und nicht neben demselben als Verfügungsgeschäft qualifiziert werden.

Diese Auslegung lässt der Wortlaut des § 2205 Satz 3 BGB[218] beziehungsweise der Verfügungsbegriff zu und sie ist auch unter teleologischen Gesichtspunkten geboten. Ausgangspunkt muss sein, dass § 2205 Satz 3 BGB den Gesellschafter-Erben dinglich schützen will, wenn der Testamentsvollstrecker seine Verfügungsbefugnis überschreitet. Dieser dingliche Schutz kann dem Gesellschafter-Erben auch zuteil werden, wenn man grundsätzlich der Stimmabgabe die Wirksamkeit versagt. Ein derartiger Schutz ist auch demjenigen zumindest ebenbürtig,

217 *K. Schmidt*, GesR, S. 436; *Wolff*, in: MüHdB GesR III, § 40 Rn. 1; *Zöllner/Noack*, in: Baumbach/Hueck, GmbHG, § 47 Rn. 5.

218 § 2213 Abs. 2 BGB müsste dagegen teleologisch reduziert werden.

den der Erbe erfahren würde, wenn einem mehrseitigen Verfügungsgeschäft die Wirksamkeit genommen wird.

Diese Auslegung wird darüber hinaus von der Kontrollüberlegung gestützt, dass das Gesetz bei Vorliegen einer mehrseitigen Verfügung (Beispiel: Änderungsvertrag) genauso gut auch der einzelnen Willenserklärung bei Überschreitung der Verfügungsmacht die Wirksamkeit entziehen könnte.

Entscheidend ist, dass der Testamentsvollstrecker mit der Stimmabgabe seine Verfügungsmacht ausübt und er es abgesehen von der Stimmabgabe nicht in der Hand hat, ob ein Gesellschafterbeschluss zustande kommt oder nicht. Wenn man das wesentliche Merkmal des Rechtsgeschäfts darin sieht, dass es ein Mittel zur Verwirklichung der Privatautonomie darstellt, mit deren Hilfe der Einzelne Rechtsverhältnisse gestalten kann[219], dann kann man mit guten Gründen die Stimmabgabe, ersatzweise für den Gesellschafterbeschluss, als Rechtsgeschäft im Sinne des allgemeinen Verfügungsbegriffes behandeln.

Für die Unterwerfung der Stimmabgabe unter die prinzipielle Unwirksamkeitsfolge des § 2205 Satz 3 BGB bei fehlender Verfügungsmacht streitet zudem die Parallele zur Situation der Stimmabgabe ohne Vertretungsmacht.[220]

Schließlich spricht für die Qualifizierung der Stimmabgabe als Verfügungsgeschäft, dass es im anderen Zusammenhang – beispielsweise für die Zwecke des § 180 BGB – bereits anerkannt ist, die Stimmabgabe dem einseitigen Rechtsgeschäft zumindest gleichzusetzen.[221]

Damit ist festzuhalten, dass bei Mitwirkung an einem Gesellschafterbeschluss die Stimmabgabe des Testamentsvollstreckers als Verfügung behandelt werden kann.

(4) Auf Kausalität kommt es nicht an

Entgegen der herrschenden Lehre kann die Qualifizierung der Stimmabgabe als Verfügung nicht davon abhängig gemacht werden, ob die Stimmabgabe für den Gesellschafterbeschluss kausal war.

Zwar ließe sich ins Feld führen, dass dieses Kriterium das gemeinsame Merkmal zwischen Einstimmigkeitsprinzip und Mehrheitsprinzip bildet. Darauf kommt es aber nicht an. Entscheidend ist, dass bei einer Entscheidungsfindung im Beschlusswege nur die Stimmabgabe als Verfügung qualifiziert werden kann, gleichgültig ob das Einstimmigkeits- oder Mehrheitsprinzip gilt.

---

219 *Mansel*, in: Jauernig, BGB, vor § 104 Rn. 1; *Neuner*, BGB AT, § 10 Rn. 28, 32.

220 Siehe dazu unten: Kapitel 2:E.III.3.

221 Vgl. OLG Frankfurt a.M., DNotZ 2003, 459 (460); *Hartmann*, DNotZ 2002, 153 (257).

Gegen ein Erfordernis der Kausalität sprechen schon Gesichtspunkte der Rechtssicherheit und des Verkehrsschutzes. Die Gesellschaft als Adressatin der Stimmabgabe muss bereits *bei Vornahme* – das heißt spätestens im Zeitpunkt des Zugangs der Stimmabgabe – wissen, ob der Testamentsvollstrecker als Nichtberechtigter handelt und ob sie auf eine (schriftliche) Einwilligung seitens des Gesellschafter-Erben besteht oder ob sie sich auf die schwebende Unwirksamkeit der Stimmabgabe nebst der Chance einer späteren Genehmigung einlassen möchte.[222] Ob die Stimme für den Beschluss entscheidungserheblich gewesen sein wird, steht aber zum Zeitpunkt der Stimmabgabe in der Regel noch nicht fest. Diesem Bedürfnis nach Rechtssicherheit und Verkehrsschutz steht das geringfügigere Interesse gegenüber, zunächst wirksam eine Stimme abzugeben, welche sich am Ende in aller Regel ohnehin als nicht ausschlaggebend erweisen würde. Es dürfte auf der Hand liegen, dass den gewichtigeren Interessen an Rechtsicherheit und Verkehrsschutz der Vorzug einzuräumen ist.

Schließlich spricht noch ein weiterer Aspekt gegen ein Kausalitätserfordernis. Die Vorschrift des § 2205 Satz 3 BGB setzt die äußerste Grenze von dem, was nach § 2216 Abs. 1 BGB als nicht mehr ordnungsgemäße Verwaltung anzusehen ist.[223] Ein ordnungsgemäß handelnder Testamentsvollstrecker würde schon keine Ja-Stimme zu einem Beschlussantrag abgeben, wenn schon nur ein positiver Beschluss zustande kommen könnte, der sich für den Gesellschafter-Erben als eine unentgeltliche, unmittelbare Einwirkung auf die Mitgliedschaft darstellen würde.

(5) Ausreichend, wenn Stimmabgabe auf Herbeiführung eines verfügungsrelevanten Gesellschafterbeschlusses gerichtet ist

Aus den genannten Gründen kann es für die Anforderungen an die Qualifizierung der Stimmabgabe als Verfügung nur darauf ankommen, ob die Stimmabgabe auf Herbeiführung eines verfügungsrelevanten Gesellschafterbeschlusses gerichtet ist. Verfügungsrelevant kann wegen der Ersatzfunktion der Stimmabgabe nur ein Gesellschafterbeschluss sein, der sich als unmittelbare Einwirkung auf die Mitgliedschaft des Gesellschafter-Erben darstellen würde. Dabei kommt eine Einwirkung lediglich durch positiven Beschluss in Betracht. Denn eine Einwirkung durch negativen Beschluss, also bei Ablehnung des Beschlussantrages, ist quasi nicht denkbar. Infolgedessen kann nur eine Ja-Stimme des

222 Für weitere Einzelheiten siehe oben: Kapitel 2:E.III.4.
223 Vgl. BGH, NJW 1987, 1070 (1071); *Lutter*, ZGR 1982, 108 (110 f.).

Testamentsvollstreckers als Verfügung qualifiziert werden, weil nur eine Ja-Stimme zu einem positiven Beschluss führen kann.

d) Fazit und eigene Ansicht

Im Ergebnis ist nach hier vertretener Ansicht jede Ja-Stimme des Testamentsvollstreckers, die auf Herbeiführung eines verfügungsrelevanten Gesellschafterbeschlusses gerichtet ist, als Verfügungsgeschäft zu behandeln.[224] Verfügungsrelevant ist der Gesellschafterbeschluss, wenn er sich als unmittelbare Einwirkung auf die Mitgliedschaft des Gesellschafter-Erben darstellen würde.

3. Die Zustimmung des Testamentsvollstreckers als Verfügungsgeschäft

Zu klären ist außerdem, ob insoweit eine Verfügung vorliegen kann, als die Wirksamkeit eines Gesellschafterbeschlusses von der *Zustimmung* bestimmter Gesellschafter beziehungsweise des Testamentsvollstreckers abhängt. Das ist etwa nach § 53 Abs. 3 GmbHG der Fall, wenn die nach dem Gesellschaftsvertrag obliegenden Leistungen des Gesellschafter-Erben durch Satzungsänderung vermehrt werden sollen, oder analog § 35 BGB, weil Sonderrechte des Gesellschafter-Erben entzogen werden sollen. Ein Zustimmungserfordernis kann aber auch in der Satzung vorgesehen sein.[225]

Einer *gesonderten* Zustimmung bedarf es jedoch nur dann, wenn der betreffende Gesellschafter beziehungsweise der Testamentsvollstrecker nicht bereits an der Beschlussfassung mitgewirkt und für den betreffenden Beschlussantrag gestimmt hat.[226] Dann ist darin zugleich auch eine Zustimmung zu sehen. Dabei

---

224 Jedenfalls in diese Richtung tendieren auch *Lutter*, ZGR 1982, 108 (119); *Dörrie*, ZEV 1996, 370 (371), Fn. 24; *Unsöld*, S. 35: wenn sie erwägen, jede (positive) Stimmabgabe – isoliert von der Frage ihrer Entscheidungserheblichkeit – am Verfügungsverbot des § 2205 Satz 3 BGB zu messen, oder *Michalski*, DB 1987 Beil. 16, 3 (16), Fn. 161b, der es möglich hält, dass die durch die Stimmabgabe bedingte Teilhabe an der Beschlussfassung als Verfügung genügt. Allerdings gehen die Autoren dann nicht so weit und qualifizieren die Stimmabgabe unabhängig von der Entscheidungserheblichkeit definitiv als Verfügung.

225 Vgl. zum Ganzen: *Römermann*, in: Michalski, GmbHG, § 47 Rn. 603; *Ulmer/Casper*, in: UHL, GmbHG, § 53 Rn. 88; *Zöllner/Noack*, in: Baumbach/Hueck, GmbHG, § 47 Rn. 29 f.

226 Vgl. *Harbarth*, in: MüKo-GmbHG, § 53 Rn. 66; *Ulmer/Casper*, in: UHL, GmbHG, § 53 Rn. 47.

kann eine gesonderte Zustimmung dem Beschluss sowohl vorausgehen als auch nachfolgen.[227]

Parallel zur ähnlich gelagerten Problematik der Stimmabgabe stellt sich im Hinblick auf die Zustimmung die Frage, ob die Zustimmung als Verfügungsgeschäft behandelt werden kann. Denn auch die Zustimmung ist wie die Stimmabgabe lediglich eine einfache, empfangsbedürftige Willenserklärung[228] und kein Rechtsgeschäft, wie es der allgemeine Verfügungsbegriff verlangt.

Die absolut herrschende Meinung sieht in den Fällen, in denen ein Eingriff in die Mitgliedschaft den Gesellschafter-Erben vorliegt beziehungsweise dessen Mitgliedschaft beeinträchtigt wird, in der erforderlichen Zustimmung zum Gesellschafterbeschluss durch den Testamentsvollstrecker eine Verfügung im Sinne des § 2205 Satz 3 BGB.[229]

Lutter begründet dies damit, dass die erforderliche Zustimmung zum Gesellschafterbeschluss eine Zustimmung zur Verfügung sei und daher die Vorschriften über die Verfügung auf die Zustimmung anzuwenden seien.[230] Daneben vertritt *Banck* den Standpunkt, dass sowohl die Zustimmung als auch der Gesellschafterbeschluss Verfügungen im technischen Sinne seien, weil erst die Zustimmung dem Beschluss die rechtliche Wirkung verleihe.[231]

Der herrschenden Meinung ist insoweit zuzustimmen, dass im Ergebnis die Zustimmung des Testamentsvollstreckers zu einem Gesellschafterbeschluss als eine Verfügung im Sinne des § 2205 Satz 3 BGB behandelt werden kann.

Wenn die herrschende Meinung die Behandlung der Zustimmung an die Prämisse eines Eingriffs in die Mitgliedschaft beziehungsweise deren Beeinträchtigung knüpft, so bedarf dies einer Klarstellung. Wie bereits aufgezeigt wurde, ist für die Frage, ob ein Verfügungsgeschäft vorliegt, allein entscheidend, ob eine Einwirkung auf die Mitgliedschaft gegeben ist.[232] Indes ist zu konstatieren,

227 Vgl. RGZ 136, 195 (189); *Harbarth*, in: MüKo-GmbHG, § 53 Rn. 66; *Ulmer/Casper*, in: UHL, GmbHG, § 53 Rn. 47.

228 Vgl. *Schnorbus*, in: Rowedder/Schmidt-Leithoff, GmbHG, § 53 Rn. 79; *Zöllner/Noack*, in: Baumbach/Hueck, GmbHG, § 53 Rn. 78.

229 Vgl. nachfolgend jeweils zum Teil im Hinblick auf § 2113 Abs. 2 BGB und die Zustimmung des Vorerben: *Banck*, S. 84 f.; *Dörrie*, ZEV 1996, 370 (371); *Feller*, S. 205 ff.; *Lutter*, ZGR 1982, 108 (120); *Michalski*, DB 1987 Beil. 16, 3 (16), Fn. 161b; *Unsöld*, S. 35; *Ebbing*, in: Michalski, GmbHG, § 15 Rn. 47; *Löbbe*, in: HCL, GmbHG, § 15 Rn. 34; *Seibt*, in: Scholz, GmbHG, § 15 Rn. 252, Rn. 42.

230 *Lutter*, ZGR 1982, 108 (120); ähnlich *Feller*, S. 207, Fn. 1.

231 *Banck*, S. 85; ähnlich *Feller*, S. 207 Fn. 1.

232 Siehe dazu oben: Kapitel 2:B.III.4.b).

dass dieses begriffliche Detail im praktischen Ergebnis wohl keinen großen Unterschied machen wird, weil jedenfalls in den Fällen, in denen das Gesetz ein Zustimmungserfordernis aufstellt, in aller Regel ein Eingriff in die Mitgliedschaft und damit auch eine Einwirkung zu bejahen ist.

Aber auch, wenn das Ergebnis der herrschenden Meinung Zustimmung verdient, vermag doch ihre Begründung nicht zu überzeugen. Ausgehend von dem gemäß Verfügungsbegriff verlangten Rechtsgeschäft, könnte man hier zwar von einer Zustimmung zu einer Verfügung (das heißt zum Gesellschafterbeschluss) sprechen. Der Unterschied zur Situation der Zustimmung zu einer Verfügung ist hier jedoch, dass das Rechtsgeschäft, welches technisch eigentlich als Verfügung zu behandeln wäre, nämlich der Gesellschafterbeschluss, selbst die Unwirksamkeitsfolge des § 2205 Satz 3 BGB nicht treffen kann.[233] Wie bei der Stimmabgabe kommt der Zustimmung also gewissermaßen eine Ersatzfunktion für das eigentliche, technische Verfügungsgeschäft zu.[234] Die Zustimmung kann also die Unwirksamkeitsfolge des § 2205 Satz 3 BGB treffen. Dass der betreffende Gesellschafterbeschluss nicht auch Verfügungsgeschäft sein kann, wurde bereits oben in Bezug auf die Stimmabgabe dargelegt.

Im Ergebnis ist nach hier vertretener Ansicht – und in weitgehender Deckung mit der herrschenden Meinung – jede Zustimmung des Testamentsvollstreckers zu einem verfügungsrelevanten Gesellschafterbeschluss als Verfügungsgeschäft zu behandeln. Verfügungsrelevant ist der Gesellschafterbeschluss, wenn er sich als unmittelbare Einwirkung auf die Mitgliedschaft des Gesellschafter-Erben darstellen würde.

4. *Das Verhältnis zwischen Stimmabgabe und Zustimmung*

Klärungsbedürftig ist, wie es sich verhält, wenn – isoliert betrachtet – sowohl die Stimmabgabe als auch die Zustimmung des Testamentsvollstreckers in Bezug auf denselben Gesellschafterbeschluss als unentgeltliche Verfügung qualifiziert werden können. Denn man könnte argumentieren: wenn die Stimmabgabe beziehungsweise die Zustimmung denselben Gesellschafterbeschluss und dasselbe Verfügungsobjekt betreffen, könne es nur ein Verfügungsgeschäft geben, weil

---

233 Siehe dazu bereits oben Kapitel 2:B.IV.2.c)(2).

234 Deswegen kommt es nicht auf die streitige Frage an, ob man die – insbesondere die nachträgliche – Zustimmung zu einer Verfügung selbst als Verfügung behandelt. Zu dem diesbezüglichen Meinungsspektrum: *Regenfus*, in: BeckOGK-BGB, § 182 Rn. 70 ff. (1.4.2021).

beide Willenserklärungen technisch-funktional den Gesellschafterbeschluss als Verfügungsgeschäft ersetzen.

Diese Sichtweise würde jedoch verkennen, dass es sich nichtsdestotrotz um zwei verschiedene Verfügungsgeschäfte handelt. Denn zwischen Stimmabgabe und Zustimmung ist streng zu unterscheiden.[235] Ihre jeweilige Unwirksamkeit zeitigt betreffend den Gesellschafterbeschluss unterschiedliche Rechtsfolgen.[236] Hinzu kommt, dass es zwar auch stimmrechtslose Geschäftsanteile geben kann, aber selbst dort Zustimmungserfordernisse bestehen bleiben.[237] Richtigerweise stellen beide Willenserklärungen jeweils die Ausübung von Verfügungsmacht dar. Wenn und soweit der Testamentsvollstrecker wegen § 2205 Satz 3 BGB ohne Verfügungsmacht, also ohne Rechtsmacht handelt, ist es nur konsequent, beiden Willenserklärungen die Wirksamkeit zu versagen. Im Ergebnis können daher die Stimmabgabe und/oder die Zustimmung des Testamentsvollstreckers in Bezug auf denselben Gesellschafterbeschluss wegen § 2205 Satz 3 BGB unwirksam sein.

5. *Ergebnis*

Festzuhalten ist, dass bei Mitwirkung des Testamentsvollstreckers an GmbH-Gesellschafterbeschlüssen dessen Stimmabgabe und/oder dessen Zustimmung unter den genannten Voraussetzungen als Verfügungsgeschäfte zu behandeln sind und somit der Unwirksamkeitsfolge des § 2205 Satz 3 BGB unterliegen können.

V. Unmittelbarkeit

Der Verfügungsbegriff setzt ferner voraus, dass unmittelbar auf das Verfügungsobjekt durch Rechtsgeschäft eingewirkt wird. Hierfür kommt es, wie aufgezeigt, technisch auf das Rechtsgeschäft des Gesellschafterbeschlusses an. Mittelbare Einwirkungen auf die Mitgliedschaft fallen mithin von vornherein aus dem direkten Anwendungsbereich des § 2205 Satz 3 BGB heraus; hier käme nur eine analoge Anwendung der Vorschrift in Betracht.[238] Als diskutabel wird sich dieser Punkt noch erweisen, wenn später die Mitwirkung des Testamentsvollstreckers

---

235 *Drescher*, in: MüKo-GmbHG, § 47 Rn. 62; *Römermann*, in: Michalski, GmbHG, § 47 Rn. 612.

236 Siehe dazu unten: Kapitel 4.

237 *Altmeppen*, GmbHG, § 47 Rn. 36; *Hüffer/Schäfer*, in: HCL, GmbHG, § 47 Rn. 58; *Zöllner/Noack*, in: Baumbach/Hueck, GmbHG, § 47 Rn. 70.

238 *Leptien*, in: Soergel, BGB, § 185 Rn. 7.

am Zustimmungsbeschluss bei Veräußerung des gesamten Gesellschaftsvermögens untersucht wird.[239]

VI. Verfügung des Testamentsvollstreckers

Die Vorschrift des § 2205 Satz 3 BGB setzt ferner voraus, dass es sich bei der Verfügung um eine solche *des* Testamentsvollstreckers handelt. Zwar spricht die Vorschrift nicht ausdrücklich von einer „Verfügung des Testamentsvollstreckers". Allerdings muss zweifelsohne geklärt werden, ob *der Testamentsvollstrecker* verfügt (vgl. § 2205 Satz 2 BGB).[240]

Eine Verfügung des Testamentsvollstreckers liegt nicht vor, wenn der Testamentsvollstrecker in trans- oder postmortaler Vollmacht des Erblassers handelt. Denn wenn der Erblasser dem Testamentsvollstrecker zusätzlich zu diesem Amt eine derartige Vollmacht erteilt hat – was *in praxi* nicht selten vorkommt –, greifen insoweit die gesetzlichen Beschränkungen für Testamentsvollstrecker zumindest im Außenverhältnis nicht.[241] Schließt der Testamentsvollstrecker ein Verfügungsgeschäft in Vollmacht ab, handelt es sich daher nicht um eine Verfügung des Testamentsvollstreckers, sondern um eine Verfügung des Erben, dem dann gemäß § 164 Abs. 1 Satz 1 BGB das rechtsgeschäftliche Handeln des Vertreters zugerechnet wird.[242]

C. Die Unentgeltlichkeit

Die Beschränkung der Verfügungsmacht des Testamentsvollstreckers nach § 2205 Satz 3 BGB setzt zudem die Unentgeltlichkeit der Verfügung voraus. Nachdem zunächst die Definition nebst den allgemeinen Anforderungen an die Entgeltlichkeit in den Blick genommen wird (dazu sogleich I.), werden die objektive (dazu II.) und die subjektive Unentgeltlichkeit (dazu III.) untersucht.

---

239 Siehe dazu unten: Kapitel 3:A.

240 Zudem ergibt sich dies aus einem Vergleich mit der Parallelvorschrift des § 2113 Abs. 2 i.V.m. Abs. 1 BGB. Stattdessen könnte man auch genauso gut fragen, ob der Testamentsvollstrecker „Verfügender" sei.

241 BGH, NJW 1962, 1718; *Weidlich*, in: Palandt, BGB, vor § 2197 Rn. 12; *Werkmüller*, ZEV 2000, 305 (307).

242 Dabei folgt die prinzipielle Zulässigkeit der Stellvertretung bei der Stimmrechtsausübung aus dem Gesetz (vgl. § 47 Abs. 3 GmbHG). Auch wenn die Schranke des § 2205 Satz 3 BGB in diesen Fällen nicht greift, steht der Gesellschafter-Erbe nicht gänzlich schutzlos dar. Denn er hat die Möglichkeit, die vom Erblasser erteilte Vollmacht zu widerrufen: *Schaub*, in: Bengel/Reimann, § 4 Rn. 145.

I. Definition und allgemeine Anforderungen an die Entgeltlichkeit

Der Begriff der Unentgeltlichkeit ist zweigeteilt. Unentgeltlichkeit im Sinne des § 2205 Satz 3 BGB setzt *objektiv* voraus, dass aus dem Nachlass ein Wert hingegeben wird, ohne dass die dadurch eingetretene Verringerung des Nachlasses durch Zuführung eines entsprechenden Vermögensvorteils ausgeglichen wird. In *subjektiver* Hinsicht muss hinzukommen, dass der Testamentsvollstrecker weiß oder bei ordnungsgemäßer Verwaltung hätte erkennen müssen, dass die Leistung der Gegenseite unzulänglich war.[243] Das bedeutet, eine subjektive Entgeltlichkeit kann einer objektiv unentgeltlichen Verfügung zur Wirksamkeit verhelfen.

Unter Berücksichtigung vom Sinn und Zweck des § 2205 Satz 3 BGB, den Erben vor einer Wertminderung des Nachlasses zu schützen, ist bei der Frage, ob eine unentgeltliche Verfügung vorliegt, ein strenger Maßstab anzulegen.[244] Das äußert sich insbesondere darin, dass § 2205 Satz 3 BGB schon teilweise unentgeltliche Verfügungen erfasst.[245] Ferner setzt der Begriff nicht voraus, dass die Parteien sich über die Unentgeltlichkeit geeinigt haben, wie dies bei einer Schenkung sein müsste (vgl. § 516 BGB).[246] § 2205 Satz 3 BGB geht damit über ein bloßes Schenkungsverbot hinaus. Ebenso wenig erforderlich ist, dass dem Empfänger der unentgeltlichen Leistung die Pflichtverletzung des Testamentsvollstreckers erkennbar war.[247] Indes wird aus Verkehrsschutzgründen teilweise gefordert, dass eine objektive Ungleichwertigkeit für den Testamentsvollstrecker deutlich ersichtlich sein müsse.[248] Dem ist jedoch entgegenzuhalten, dass der Gesetzgeber den Verkehrsschutz aufgrund des Fehlens von Regelungen zum gutgläubigen Erwerb vom Testamentsvollstrecker bewusst hintangestellt hat. Ferner liefe das Erfordernis der deutlichen Erkennbarkeit auf die Anwendung des Maßstabes einer groben Pflichtverletzung hinaus. Dafür fehlt aber eine gesetzliche Grundlage (*argumentum ex* § 2227 BGB).

---

243 H.M.: BGHZ 57, 84 (89 f.); BGH, NJW 1991, 842 f.; BGH, ZEV 2016, 202; *Weidlich*, in: Palandt, BGB, § 2205 Rn. 28; *Zimmermann*, in: MüKo-BGB, § 2205 Rn. 75. A.A.: *Pyszka*, S. 111.

244 BGH, ZEV 2016, 202 (204).

245 BGH, NJW 1963, 1613 (1614); BGH, ZEV 2016, 202 (203).

246 BGH, NJW 1991, 842.

247 BGH, NJW 1963, 1613 (1614); *Weidlich*, in: Palandt, BGB, § 2205 Rn. 28; *Zimmermann*, in: MüKo-BGB, § 2205 Rn. 75.

248 *Lange*, in: BeckOK-BGB, § 2205 Rn. 25; *Weidlich*, in: Palandt, BGB, § 2205 Rn. 28.

Maßgebender Zeitpunkt für das Vorliegen der objektiven und subjektiven Voraussetzungen der Unentgeltlichkeit ist derjenige der Vornahme der Verfügung.[249] Es gilt also eine *ex-ante*-Betrachtung. Im Fall der Verfügung durch Stimmabgabe oder Zustimmung kommt es demnach jeweils auf den Zeitpunkt ihres Zugangs an.

Gemäß § 2203 BGB hat der Testamentsvollstrecker die letztwilligen Verfügungen des Erblassers zur Ausführung zu bringen. Insofern ist jedenfalls nicht unentgeltlich der ordnungsgemäße Vollzug einer letztwilligen Verfügung des Erblassers, insbesondere eines Vermächtnisses (§ 2147 BGB), einer Teilungsanordnung (§ 2048 Satz 1 BGB) oder einer Auflage (§ 2192 BGB). Ebenso wenig unentgeltlich ist die Erfüllung einer rechtsbeständigen Nachlassverbindlichkeit.[250] Demgegenüber werden rechtsgrundlose Verfügungen als unentgeltlich angesehen.[251] Dazu zählt beispielsweise die Erfüllung eines wegen Testierunfähigkeit unwirksamen Vermächtnisses.[252] Zu beachten ist, dass nicht jedes Verfügungsgeschäft, vor allem die Stimmabgabe und die Zustimmung zum Gesellschafterbeschluss nicht, eines schuldrechtlichen Rechtsgrundes bedarf.

II. Schematische Grundsätze für die Beurteilung der Unentgeltlichkeit

Problematisch ist, dass der eingangs zitierte Unentgeltlichkeitsbegriff für Austauschverträge entwickelt worden ist, was seine Handhabung und die Abgrenzung zwischen entgeltlicher und unentgeltlicher Verfügung im Hinblick auf die Mitwirkung an Gesellschafterbeschlüssen mitunter schwierig macht.[253]

Im Folgenden werden schematisch Grundsätze aufgezeigt, die es praktikabel erlauben, die (Un-)Entgeltlichkeit von Verfügungen über die Mitgliedschaft bei Mitwirkung an Gesellschafterbeschlüssen zu beurteilen. Im Fokus steht dabei die Auslegung des Unentgeltlichkeitsbegriffs gemäß seiner Ratio, den Erben vor einer Wertminderung des Nachlasses zu schützen. Entsprechend dem

249 BGH, BeckRS 1970, 00209; *Zimmermann*, in: MüKo-BGB, § 2205 Rn. 76.

250 BayObLG, NJW-RR 1989, 587; OLG Düsseldorf, NJW-RR 1991, 1056; KG, OLGZ 1992, 139; *Zimmermann*, in: MüKo-BGB, § 2205 Rn. 77.

251 H.M.: RGZ 105, 246 (248); RGZ 163, 348 (357); OLG München, ZEV 2011, 195; *Heckschen*, in: Burandt/Rojahn, BGB, § 2205 Rn. 9; *Weidlich*, in: Palandt, BGB, § 2205 Rn. 28; *Zimmermann*, in: MüKo-BGB, § 2205 Rn. 79. A.A.: *Spellenberg*, FamRZ 1974, 350 (353); *Müller*, WM 1982, 466 (473).

252 OLG München, ZEV 2011, 195 (196).

253 Vgl. *Reimann*, in: Staudinger, BGB, § 2205 BGB Rn. 78.

Unentgeltlichkeitsbegriff ist zwischen objektiver (dazu unter 1.) und subjektiver (dazu unter 2.) Unentgeltlichkeit zu unterscheiden.

1. Objektive Unentgeltlichkeit

Gemäß dem zweigeteilten Unentgeltlichkeitsbegriff ist zunächst danach zu fragen, ob die Verfügung objektiv entgeltlich ist.

a) Wertminderung des Nachlasses: keine Entgeltlichkeit bei fehlender Erfüllbarkeit aus dem Nachlassvermögen

Die Unentgeltlichkeitsdefinition setzt in objektiver Hinsicht zunächst voraus, dass ein Wert *aus dem Nachlass* hingegeben wird, die Wertminderung durch die Verfügung also wirtschaftlich das Nachlassvermögen betrifft. Das wird besonders relevant, wenn mitgliedschaftliche Pflichten begründet oder erweitert werden sollen und diese Pflichten gar nicht oder nicht vollständig aus dem Nachlassvermögen erfüllt werden können.[254]

Um diese Problematik unter dem Stichwort des sogenannten Verbots persönlicher Verpflichtung des Erben zu verdeutlichen, ist zunächst unter (1) ein Exkurs zu den Normen der §§ 2205, 2206 BGB (Beschränkung der Verpflichtungsbefugnis) notwendig. Anschließend soll unter (2) gezeigt werden, dass dieser Gesichtspunkt auch der Verfügungsbeschränkung nach § 2205 Satz 3 BGB immanent ist. Sodann wird unter (3) dargestellt, wann von einer fehlenden Erfüllbarkeit aus dem Nachlassvermögen ausgegangen werden kann. Schließlich wenden wir uns unter (4) dem Zusammenhang zwischen der fehlenden Erfüllbarkeit und der Unentgeltlichkeit der Verfügung im Sinne des § 2205 Satz 3 BGB zu.

(1) Exkurs: Das sogenannte Verbot der persönlichen Verpflichtung gemäß §§ 2206, 2207 BGB

Gemäß §§ 2206 Abs. 1 Satz 1, 2207 Satz 1 BGB ist der Testamentsvollstrecker lediglich berechtigt Verbindlichkeiten „für den Nachlass" einzugehen. Teile der Literatur sehen darin ein „Verbot der persönlichen Erbenverpflichtung".[255] Kraft seines Amtes könne der Testamentsvollstrecker den Erben demzufolge über die

254 Relevant kann dies insbesondere bei einer Satzungsänderung oder einer Umwandlung durch Formwechsel werden. Für Einzelheiten dazu siehe unten in Kapitel 3.

255 *Priester*, in: FS Stimpel, S. 463 (477 f.); *Dörrie*, ZEV 1996, 370 (372); *Groß*, GmbHR 1994, 596 (598); *Pauli*, in: Bengel/Reimann, § 5 Rn. 245; *Wicke*, ZGR 2015, 161 (177).

Mittel des Nachlasses hinaus nicht verpflichten.[256] Eine Überschreitung dieser Beschränkung wirke sich nicht nur auf das Innenverhältnis zwischen Testamentsvollstrecker und Erben aus, sondern auch gegenüber Dritten.[257]

Die Formulierung „Verbot der persönlichen Erbenverpflichtung" kann zu Missverständnissen führen. Der Testamentsvollstrecker hat sehr wohl grundsätzlich die Befugnis Geschäfte einzugehen, die den Erben persönlich mit seinem Vermögen verpflichten. Denn aus Geschäften, die der Testamentsvollstrecker innerhalb seiner Verpflichtungsmacht nach §§ 2206, 2207 BGB eingeht, werden die Erben verpflichtet. Es handelt sich dann um Nachlassverbindlichkeiten im Sinne von § 1967 BGB. Das heißt, der Erbe haftet insoweit grundsätzlich unbeschränkt persönlich, auch wenn ihm ausnahmsweise die Möglichkeit zusteht, die Beschränkung seiner Haftung geltend zu machen (vgl. auch § 2206 Abs. 2 BGB).[258]

Im Kern geht es vielmehr um folgendes: Die Verpflichtungsmacht des Testamentsvollstreckers nach §§ 2206, 2207 BGB ist insoweit beschränkt, als er nur solche Verbindlichkeiten eingehen darf, deren Erfüllung aus dem Nachlassvermögen gesichert ist.[259]

(2) Gesichtspunkt der Erfüllbarkeit aus dem Nachlassvermögen ist auch § 2205 Satz 3 BGB immanent

Der Gesichtspunkt der Erfüllbarkeit aus dem Nachlassvermögen ist jedoch kein Spezifikum der §§ 2206, 2207 BGB, sondern er ist auch § 2205 Satz 3 BGB immanent und kann sogar so weit verallgemeinert werden, dass er als Grundsatz der ordnungsgemäßen Verwaltung nach § 2216 Abs. 1 BGB zu betrachten ist.[260] Denn § 2205 Satz 3 BGB liegt der Gedanke zugrunde, dass sich Vermögensverschiebungen aus dem Nachlass durch Vermögensverschiebungen in den Nachlass – im Sinne eines Aktivtausches – wertmäßig zu entsprechen haben.[261] Diese

---

256 *Priester*, in: FS Stimpel, S. 463 (477 f.); *Pauli*, in: Bengel/Reimann, § 5 Rn. 245.

257 *Priester*, in: FS Stimpel, S. 463 (477 f.).

258 *Schaub*, in: Bengel/Reimann, § 4 Rn. 116; *Zimmermann*, in: MüKo-BGB, § 2206 Rn. 14.

259 *Priester*, in: FS Stimpel, S. 463 (479); *Groß*, GmbHR 1994, 596 (598); *Seibt*, in: Scholz, GmbHG, § 15 Rn. 252; *Todtenhöfer*, RNotZ 2017, 557 (576); *Wicke*, ZGR 2015, 161 (177); ähnlich *Dörrie*, ZEV 1996, 370 (372).

260 Auf letzteren Aspekt kommen wir später zurück, wenn die Haftungsproblematik des § 24 GmbHG erörtert wird, siehe Kapitel 3:D.I.2.

261 Entsprechend geht das Gesetz gemäß §§ 2206, 2207 BGB von der Erfüllbarkeit der Verbindlichkeit (Passiv-Seite) aus dem Nachlassvermögen (der Aktiv-Seite), also gewissermaßen von der Möglichkeit einer „Bilanzverkürzung", aus.

Gleichung ist gestört, wenn der wertmäßige Erhalt oder die wertmäßige Steigerung der Beteiligung durch eine wirtschaftliche Belastung nicht des Nachlassvermögens, sondern der Person des Erben oder dessen nicht der Verwaltung des Testamentsvollstreckers unterliegenden Vermögens „erkauft" wurde, es also zu einer Durchbrechung der Sphäre des Nachlassvermögens hinein in die Sphäre des Erben kommt.

(3) Fehlende Erfüllbarkeit von mitgliedschaftlichen Pflichten

Wie erwähnt, kann die Erfüllbarkeit zu verneinen sein, wenn mitgliedschaftliche Pflichten begründet oder erweitert werden sollen.[262] Eine Rolle spielt dies vor allem bei Satzungsänderungen und der Umwandlung durch Formwechsel. Die entscheidende Frage ist dann, ob die unmittelbar durch die Verfügung bewirkte Wertminderung wirtschaftlich den Erben persönlich oder dessen nicht vom Testamentsvollstrecker verwaltetes (Nicht-Nachlass-)Vermögen belasten würde, wäre die Verwaltung des Geschäftsanteils durch den Testamentsvollstrecker beendet.[263] Hier ist meines Erachtens wie folgt zu differenzieren:

aa) Fehlende Erfüllbarkeit aus Nachlassvermögen bei Verwaltungspflichten

Würden Verwaltungspflichten (auch Verhaltenspflichten genannt)[264] begründet oder erweitert werden, könnten diese *per se* nicht aus dem Nachlassvermögen erfüllt werden. Sie würden den Erben *persönlich* wirtschaftlich belasten. Als Beispiele für derartige Verwaltungspflichten seien die Geschäftsführungspflicht oder die Unterlassungspflicht in Gestalt eines Wettbewerbsverbots genannt.

bb) Fehlende Erfüllbarkeit aus Nachlassvermögen bei Vermögenspflichten

Würden dagegen Vermögenspflichten begründet oder erweitert – wie zum Beispiel im Falle einer einmaligen Nachschusspflicht – so wäre es nicht *per se* unmöglich, dass sie aus dem Nachlassvermögen erfüllt werden können. Eine Erfüllbarkeit der Vermögenspflicht aus dem Nachlassvermögen würde natürlich

---

262 Nach hier vertretener Auffassung handelt es dabei um eine Verfügung im Sinne des § 2205 Satz 3 BGB und nicht um ein Verpflichtungsgeschäft im Sinne der §§ 2206, 2207 BGB, siehe oben Kapitel 2:B.III.4.f).

263 Denn eine begründete oder erweiterte mitgliedschaftliche Pflicht würde den Erben erst bei Beendigung der Testamentsvollstreckung wirtschaftlich treffen

264 *Ebbing*, in: Michalski, GmbHG § 14 Rn. 5; *Raiser*, in: HCL, GmbHG, § 14 Rn. 25.

dann scheitern, wenn der Umfang des Nachlassvermögens in Gänze nicht ausreichte, um die Vermögenspflicht zu bedienen. Denn dann würde wirtschaftlich das Erbenvermögen belastet werden.

(4) Als Gesichtspunkt der Entgeltlichkeit zu berücksichtigen

Ferner ist meines Erachtens die Frage der Erfüllbarkeit aus dem Nachlassvermögen – was die Begründung oder Erweiterung von mitgliedschaftlichen Pflichten durch Verfügung angeht – bei der Beurteilung der objektiven Unentgeltlichkeit der Verfügung gemäß § 2205 Satz 3 BGB zu beachten. Denn selbst wenn der Begründung oder Erweiterung einer Pflicht objektive Vermögensvorteile gegenüberstehen, können die Vermögensvorteile nicht wettmachen, dass der Vermögensnachteil in der Sphäre des Erben eintritt. Deswegen ist eine solche Verfügung objektiv unentgeltlich.

(5) Ergebnis

Im Ergebnis ist die objektive Entgeltlichkeit zu verneinen, wenn mitgliedschaftliche Pflichten durch die Verfügung begründet oder erweitert werden und die Erfüllung dieser Pflichten gar nicht oder nicht vollständig aus dem Nachlass gesichert ist. Begründete oder erweiterte Verwaltungspflichten können *per se* nicht aus dem Nachlass erfüllt werden, Vermögenpflichten im Einzelfall dagegen schon.

b) Unmittelbarkeit der Wertminderung

Begrifflich sowie nach dem Sinn und Zweck der Vorschrift setzt die Unentgeltlichkeit in objektiver Hinsicht eine Wertminderung des Nachlasses *durch die Verfügung* voraus.[265] Wie bereits oben[266] festgestellt wurde, ist die Rechtsbeziehungsweise Wertminderung nicht schon Voraussetzung für die Annahme einer Verfügung. Dass der Wert des Nachlasses durch Übertragung, Aufhebung und Belastung von Geschäftsanteilen gemindert wird, liegt auf der Hand. Im Falle einer Inhaltsänderung der Mitgliedschaft ist eine Wertminderung indes nicht stets ohne Weiteres zu bejahen, bedarf also im Einzelfall einer besonderen Feststellung.[267]

Problematisch ist, dass es in Bezug auf Einwirkungen durch Inhaltsänderung auch Wertminderungen geben kann, welche nicht unmittelbar in der

---

265 Vgl. BGHZ 78, 177 (183).

266 Kapitel 2:B.III.4.b).

267 Für weitere Einzelheiten siehe Kapitel 3:C.II.2.

Einwirkung auf die Mitgliedschaft begründet liegen, sondern mittelbarer Natur sind, selbst wenn die Wertminderung am Ende den Nachlass trifft. So kann beispielsweise im Falle von vinkulierten Geschäftsanteilen der Zustimmungsbeschluss den Nachlass auch mittelbar in seinem Wert verringern, indem ein besonders versierter und für das Unternehmen wichtiger Mitgesellschafter aus der Gesellschaft ausscheidet. Mittelbar durch Rechtsgeschäft verursachte Wertminderungen der Mitgliedschaft müssen indes für Zwecke des § 2205 Satz 3 BGB außer Betracht bleiben.

Zwar könnte man argumentieren, der Schutz des Erben und des Nachlasses vor Wertminderungen gebiete eine weite Auslegung des Entgeltlichkeitsbegriffs unter Einschluss von mittelbaren Wertminderungen. Ein solcher Standpunkt würde aber folgende Punkte übersehen:

Begrifflich kann man das Unmittelbarkeitserfordernis in Bezug auf die Wertminderung des Nachlasses bereits daran festmachen, dass in diesem Fall nicht von einer *dadurch* beziehungsweise *durch Rechtsgeschäft* eingetretenen Schmälerung des Nachlasses gesprochen werden kann.[268] Ferner folgt dies aus systematischen Erwägungen. Denn den übrigen Einwirkungsformen, insbesondere der paradigmatischen Übertragung von Nachlassgegenständen, ist eine unmittelbare Wertminderung durch Rechtsgeschäft immanent. Insofern ist ein Gleichlauf der Behandlung der Einwirkung durch Inhaltsänderung und der übrigen Einwirkungsformen geboten.

Deswegen muss meines Erachtens der Gesellschafterbeschluss, auf dessen Herbeiführung die Stimmabgabe oder auf dessen Wirksamwerden die Zustimmung gerichtet ist, den Nachlass auch bei Inhaltsänderungen *unmittelbar* in seinem Wert mindern.

c) *Vermögensvorteil*

Objektiv setzt die Entgeltlichkeit weiter voraus, dass dem Nachlass ein Vermögensvorteil zugeführt wird. Als Vermögensvorteile kommen etwa in Betracht: die Erlangung von Eigentum (insbesondere an Geld), Ansprüche auf Auszahlung gegen ein Kreditinstitut beziehungsweise allgemein die Erlangung von Liquidität[269], die Befreiung von einer Verbindlichkeit[270], die Beseitigung eines Rechtstreits oder der Ungewissheit über ein Rechtsverhältnis[271], oder auch

268 Vgl. BGH, NJW 1991, 842.

269 Insbesondere bei Kreditaufnahme, siehe BGH, BeckRS 1970, 00209.

270 BGH, NJW 1963, 1613 (1614); BayObLGZ 1986, 208 (210); *Weidlich*, in: Palandt, BGB, § 2205 Rn. 29.

271 Vgl. BGH, NJW 1991, 842 in Bezug auf einen Vergleich (§ 779 Abs. 1 BGB).

Leistungen, die der Erhaltung oder Steigerung des Wertes des Geschäftsanteils und/oder anderer Nachlassgegenstände dienen[272] (zum Beispiel Investitionen oder Arbeitsleistungen der Mitgesellschafter)[273], ferner auch Rationalisierungs- und Kooperationsvorteile bei Engagement in mehreren Unternehmen[274].

Zur Annahme der Entgeltlichkeit ist dabei nicht erforderlich, dass die Gegenleistung beziehungsweise der Vermögensvorteil besonders festgesetzt oder ersichtlich gemacht wird.[275] Ferner muss der Vermögensvorteil nicht direkt in einer Zuwendung von Seiten der neben dem Testamentsvollstrecker am Rechtsgeschäft Beteiligten liegen.[276] Es reicht vielmehr aus, wenn der Vermögensvorteil unter wirtschaftlichen Gesichtspunkten mit dem Vermögensnachteil korrespondiert.[277]

Meines Erachtens muss der „Vermögensvorteil" weit verstanden werden, will man nicht jede Initiative des am Leitbild des dynamischen Geschäftsführers orientierten Testamentsvollstreckers im Keim ersticken. Entscheidend ist, was der Testamentsvollstrecker mit der Verfügung wirtschaftlich bezweckt.[278] Dementsprechend müssen auch – unter Umständen mittelbare – wirtschaftliche Vorteile für das Nachlassvermögen berücksichtigt werden, wenn diese einen Vermögensvorteil darstellen und dem Nachlass zugutekommen.

In diese Richtung ging auch der Bundesgerichtshof, als er entschied, dass Verfügungen über die Mitgliedschaft, die – allein oder im Zusammenhang mit anderen Maßnahmen – dem Erhalt und der Stärkung des Unternehmens dienen und damit im Ergebnis wirtschaftlich dem Nachlass zugutekommen, zu einer Entgeltlichkeit führen können.[279]

Was ist nämlich, wenn feststeht, dass die Abfindung für den Geschäftsanteil hinter dem Verkehrswert zurückbleibt? Ist die Verfügung dann zwangsläufig objektiv unentgeltlich? – Dies ist zu verneinen, wenn man zulässt, dass auch wirtschaftliche Vorteile, die neben dem Vermögensvorteil der Abfindung treten

272 Vgl. BGHZ 78, 177.

273 BGHZ 78, 177 (185); *Lieder*, in: MüKo-BGB, § 2113 Rn. 45 m.w.N.

274 *Paschke*, ZIP 1985, 129 (134), Fn. 66.

275 RGZ 105, 246.

276 So, wenn der Gegenwert in der Rechtswirkung der Verfügung selbst liegt, etwa bei Erfüllung einer rechtsbeständigen Schuld. Dann liegt der Vermögensvorteil in der Befreiung von der Schuld: RGZ 105, 246 (248); BGH, NJW 1984, 366 (367).

277 *Schaub*, ZEV 2001, 257 (258); *Weidlich*, in: Palandt, BGB, § 2205 Rn. 29.

278 Vgl. RG, DR 1939, 635; teilweise klarstellend: BGHZ 7, 274 (277).

279 BGHZ 78, 177 (183) in Bezug auf die Änderung eines Gesellschaftsvertrages.

können, eine Entgeltlichkeit herbeiführen können. Als solche Vorteile kommen auch unternehmensstrategische Erwägungen in Betracht.

So ist denkbar, dass ein Testamentsvollstrecker, der Geschäftsanteile verschiedener Gesellschaften verwaltet, die betreffenden Anteile nicht an den einzigen Kaufinteressenten veräußern möchte, weil dieser ein Unternehmen betreibt, das in Konkurrenz zu einem Gesellschaftsunternehmen steht, dessen Anteile sich weiterhin im Nachlass befinden. Die Akzeptanz einer Abfindung unterhalb des Verkehrswertes würde dann Nachlasswert erhaltenden oder sogar erhöhenden Zwecken dienen, die im Ergebnis wirtschaftlich dem Nachlass zugutekommen. Denkbar ist auch, dass der Testamentsvollstrecker aus Zeitknappheit beziehungsweise wegen fehlender Liquidität eine Abfindung unter dem (mutmaßlichen) Verkehrswert akzeptiert, um die Abfindung für eine sich auftuende günstige Geschäftschance wie den profitablen Erwerb von unterbewerteten Unternehmensanteilen zu verwenden.[280] Deswegen können auch mittelbare wirtschaftliche Vermögensvorteile Berücksichtigung finden.

Von grundlegender Bedeutung für die Entgeltlichkeit ist, dass der Vermögensvorteil in den vom Testamentsvollstrecker verwalteten Nachlass gelangen muss[281], beziehungsweise dem Nachlass zumindest wirtschaftlich zugutekommen muss.[282] Ist das nicht der Fall – zum Beispiel weil der Nachlass nicht von einer Verbindlichkeit befreit werden kann, die in Wahrheit nicht besteht – kann auch eine subjektive Entgeltlichkeit nicht über die Unwirksamkeit der Verfügung hinweghelfen.[283]

d) Ausgleich der Wertminderung durch den Vermögensvorteil

Schließlich wird für eine Entgeltlichkeit in objektiver Hinsicht vorausgesetzt, dass die Wertminderung des Nachlasses durch Zuführung eines entsprechenden Vermögensvorteils ausgeglichen wird. Ob Wertminderung und Vermögensvorteil sich ausgleichen, ist nach objektiv-wirtschaftlichen Bewertungsgesichtspunkten zu beurteilen.[284]

Bei Austauschverträgen, für die der Unentgeltlichkeitsbegriff entwickelt worden ist, lässt sich im Allgemeinen unschwer feststellen, ob der Wert der Leistung dem der Gegenleistung entspricht.[285] Davon zu unterscheiden sind Fälle, bei

280 Ähnlich *Lorz*, S. 203; *Schaub*, in: Bengel/Reimann, § 4 Rn. 24.
281 OLG München, DNotZ 2013, 873 (875); *Zimmermann*, in: MüKo-BGB, § 2205 Rn. 78.
282 BGHZ 78, 177 (183); *Lange*, in: BeckOK-BGB, § 2205 Rn. 27.
283 RGZ 105, 246 (249); vgl. OLG München ZEV 2011, 195 (196).
284 *Lange*, in: BeckOK-BGB, § 2205 Rn. 25; *Zimmermann*, in: MüKo-BGB, § 2205 Rn. 77.
285 Vgl. *Reimann*, in: Staudinger, BGB, § 2205 BGB Rn. 78.

denen Markt- und Austauschelemente in aller Regel fehlen; dort ist die Feststellung des Ausgleichs zwischen Wertminderung und Vermögensvorteil anhand eines Wertvergleichs, das heißt durch Anlegung eines brauchbaren Wertmaßstabes, nicht möglich.[286] Es bedarf hier also eines anderen Maßstabes. Letztere Fälle haben eine besondere Relevanz in Bezug auf die Mitwirkung des Testamentsvollstreckers an Gesellschafterbeschlüssen.

Entsprechend der soeben genannten Differenzierung werden nachfolgend drei Fallgruppen gebildet und aufgezeigt, wann welcher Maßstab zur Ermittlung des Ausgleichs zwischen Wertminderung und Vermögensvorteil zum Tragen kommt, nämlich: Austauschverhältnisse (dazu sogleich unter (1)), Nicht-Austauschverhältnisse (dazu (2)) sowie eine Kombination zwischen diesen beiden (dazu (3)).

(1) Austauschverhältnis

Nicht nur in Bezug auf Austauschverträge, sondern allgemein im Falle von Austauschverhältnissen, in denen ein Wirtschaftsgut gegen ein anderes (oft Geld) ausgetauscht wird, ist in aller Regel ein brauchbarer Wertmaßstab vorhanden. Als Beispiel sei die Einziehung des Geschäftsanteils gegen Abfindung genannt. Hier liegt auf der Hand, dass – wie bei der wirtschaftlich vergleichbaren Situation eines Anteilskauf- und Abtretungsvertrages (= Austauschvertrag) – mit dem Marktwert beziehungsweise dem Verkehrswert ein brauchbarer Wertmaßstab zur Beurteilung des Ausgleichs existiert.

(2) Kein Austauschverhältnis

Liegt kein solches Austauschverhältnis vor, weil kein Wirtschaftsgut gegen ein anderes ausgetauscht wird, ist die Beurteilung des Ausgleichs durch Wertvergleich in aller Regel nicht möglich. Das betrifft insbesondere die Belastung oder Inhaltsänderung von Geschäftsanteilen. Denn dort existieren grundsätzlich keine brauchbaren Wertmaßstäbe, insbesondere kein Marktwert. Daraus folgt, dass – anders als bei Austauschverhältnissen – die Wertminderung für den Nachlass nicht quantifizierbar ist und eine Prüfung des Ausgleichs im Wege eines Wertvergleichs (zum Beispiel Abfindung in Euro zu Marktwert der Geschäftsanteile in Euro) nicht erfolgen kann.

Insoweit kommt jedoch dem Gedanken besondere Bedeutung zu, dass im Rahmen des § 2205 Satz 3 BGB die Entgeltlichkeit nicht verneint werden kann,

286 Vgl. BGHZ 78, 177 (182); *Reimann*, in: Staudinger, BGB, § 2205 Rn. 78.

wenn der Testamentsvollstrecker von ihr nach Lage der Dinge unter Berücksichtigung seiner Pflicht, den Nachlass ordnungsgemäß zu verwalten, überzeugt sein durfte.[287]

Das bedeutet: im Falle eines Nicht-Austauschverhältnisses wird im Rahmen der Prüfung des Ausgleichs zwischen Wertminderung und Vermögensvorteil der objektive Wertvergleich mangels brauchbaren Wertmaßstabes durch den objektiven Maßstab der ordnungsgemäßen Verwaltung (vgl. § 2216 Abs. 1 BGB) ersetzt.[288]

In der Literatur wird zum Teil ein derartiger Rückgriff auf die Pflicht zur ordnungsgemäßen Verwaltung kritisiert. Begründet wird dies damit, dass dieser Maßstab so über die Wirksamkeit im Außenverhältnis entscheidet, obwohl er nur das Innenverhältnis zwischen Erben und Testamentsvollstrecker bestimmen dürfe.[289]

Diese Ansicht übersieht, dass es dem Zivilrecht nicht fremd ist, wenn das Innenverhältnis über die Wirksamkeit im Außenverhältnis entscheidet (möglich zum Beispiel bei Stellvertretung und wie gerade auch im Falle der Testamentsvollstreckung gemäß § 2206 Abs. 1 Satz 1 BGB). Zwar ist zuzugeben, dass es für die am Verfügungsgeschäft weiteren Beteiligten schwierig ist, zu beurteilen, ob der Testamentsvollstrecker den Anforderungen der ordnungsgemäßen Verwaltung gerecht geworden ist. Allerdings kommt es nach herrschender Meinung auf die Erkennbarkeit der Unentgeltlichkeit im Rahmen von § 2205 Satz 3 BGB nicht an. Insoweit überwiegt der Schutz des Nachlassvermögens den Verkehrsschutz. Deswegen ist der Rückgriff auf den Maßstab der ordnungsgemäßen Verwaltung zulässig. Abgesehen davon ist er auch der einzig praktikable Ansatz, um den Gegebenheiten Herr zu werden, für die kein anderer brauchbarer Maßstab zur Beurteilung der wertmäßigen Gleichheit vorhanden ist.[290]

Deswegen lässt sich festhalten, dass es im Rahmen der objektiven Entgeltlichkeit bei Vorliegen eines Nicht-Austauschverhältnisses für die Frage nach dem Ausgleich zwischen Wertminderung und Vermögensvorteil auf den Maßstab der ordnungsgemäßen Verwaltung ankommt.[291]

---

287 Vgl. BGHZ 78, 177 (184); BGH, NJW 1981, 1560 (1562) jeweils in Bezug auf den vergleichbaren Fall des § 2113 Abs. 2 BGB.

288 Vgl. BGHZ 78, 177 (186 f.); *Lutter*, ZGR 1982, 108 (113 f.); *Reimann*, in: Staudinger, BGB, § 2205 Rn. 78.

289 In Bezug auf Änderungen des Gesellschaftsvertrages: *Paschke*, ZIP 1985, 129 (133); *Spellenberg*, FamRZ 1974, 350 (351 ff.).

290 Vgl. *Lutter*, ZGR 1982, 108 (114).

291 Dazu im Einzelnen unter Kapitel 2:C.II.2.a).

(3) Kombination von Austausch- und Nicht-Austauschverhältnissen

Es kann freilich auch zu einer Kombination von Austausch- und Nicht-Austauschverhältnissen kommen. Das betrifft insbesondere Fälle, in denen ein Austauschverhältnis vorliegt und insoweit die Beurteilung des Ausgleichs im Wege eines Wertvergleichs gelingen kann, der Vermögensvorteil aber alleine nicht ausreicht, um die Wertminderung für den Nachlass auszugleichen. Betrachtet man das Austauschverhältnis also isoliert, liegt kein Ausgleich vor, sondern der Wertvergleich ergibt einen negativen Saldo (das Delta).

Als Beispiel sei der Fall genannt, in dem der Testamentsvollstrecker einer Einziehung der Geschäftsanteile gegen Abfindung unter Marktwert zustimmt, um daneben wirtschaftliche Vorteile zu erzielen, die außerhalb der Zahlung der Abfindung liegen, sich der Vorgang also – bilanziell betrachtet – nicht in einem Aktivtausch erschöpft.[292]

Ein Ausgleich zwischen Wertminderung und Vermögensvorteilen muss hier holistisch betrachtet werden. Dafür kann nur auf den Maßstab der ordnungsgemäßen Verwaltung zurückgegriffen werden. Dabei gilt zu beachten: je größer das Delta ist, desto höher sind die Anforderungen, welche an die Begründung der ordnungsgemäßen Verwaltung, insbesondere an die Nachvollziehbarkeit der weiteren bezweckten Vermögensvorteile, zu stellen sind.[293]

2. Subjektive Unentgeltlichkeit

Wie bereits erwähnt, ist die objektive Gleichwertigkeit von Wertminderung und Vermögensvorteil keine zwingende Voraussetzung für die Entgeltlichkeit der Verfügung.

Nach der „klassischen" Definition genügt für die Entgeltlichkeit, wenn die beiden Leistungen von den Beteiligten für die von ihnen verfolgten Zwecke einander gleichgestellt werden und von dem beteiligten Testamentsvollstrecker nach dem Maßstab der ordnungsgemäßen Verwaltung einander gleichgestellt werden dürfen.[294] Da diese Formel offensichtlich nur sehr bedingt auf Nicht-Austauschverträge angewendet werden kann, hat der Bundesgerichtshof die Formel diesbezüglich modifiziert: Danach kann die Entgeltlichkeit nicht verneint werden, wenn der Testamentsvollstrecker von ihr nach der Lage der Dinge unter Berücksichtigung seiner Pflicht, den Nachlass ordnungsgemäß zu

292 Im Einzelnen zu diesem Fall: Kapitel 3:B.

293 Ähnlich: *Lorz*, S. 204.

294 RGZ 105, 246 (249); *Reimann*, in: Staudinger, BGB, § 2205 Rn. 81.

verwalten, überzeugt sein durfte.[295] Dabei kommt dem Testamentsvollstrecker in Bezug auf die Beurteilung des Ausgleichs zwischen Wertminderung und Vermögensvorteil ein Ermessensspielraum zu.[296]

a) *Die Pflicht zur ordnungsgemäßen Verwaltung*

Die Pflicht des Testamentsvollstreckers zur ordnungsgemäßen Verwaltung ergibt sich aus § 2216 Abs. 1 BGB. An sie sind strenge Anforderungen zu stellen.[297] Die Pflicht beurteilt sich nicht nach den subjektiven Fähigkeiten des Testamentsvollstreckers, sondern nach objektiven Gesichtspunkten.[298] Allerdings kann eine besondere persönliche Qualifikation die Anforderungen anheben.[299] Der Testamentsvollstrecker ist angehalten, besondere Gewissenhaftigkeit und Sorgfalt walten zu lassen.[300]

Dabei werden Inhalt und Umfang dieser Pflicht durch die dem Testamentsvollstrecker vom Erblasser übertragene Aufgabe und etwaige Verwaltungsanordnungen des Erblassers bestimmt.[301] Die ordnungsmäßige Verwaltung ist bei der regelmäßigen Abwicklungsvollstreckung nach §§ 2203 ff. BGB eine andere als bei der Dauervollstreckung nach § 2209 BGB. Das gilt umso mehr, wenn die Testamentsvollstreckung inhaltlich oder gegenständlich nach § 2208 BGB beschränkt ist.[302] Innerhalb dieses vom Erblasser geschaffenen Bindungsrahmens wird die Verwaltungspflicht inhaltlich durch das objektive Nachlassinteresse und besonders durch die allgemeinen Regeln der Wirtschaftlichkeit determiniert.[303] Der Testamentsvollstrecker hat die Verwaltung an dem Ziel auszurichten, das Vermögen zu erhalten und zu mehren, Verluste zu verhindern, Nutzungen zu gewährleisten, und alles zu unterlassen, was sich für Erben und Vermächtnisnehmer nachteilig auswirken kann.[304] Wie der Testamentsvollstrecker diese

---

295 Vgl. BGHZ 78, 177 (184); BGH, NJW 1981, 1560 (1562). Wurde oben im Rahmen der Prüfung des Ausgleichs von Wertminderung und Vermögensvorteil die ordnungsgemäße Verwaltung bejaht, bleibt freilich an dieser Stelle nichts weiter zu prüfen.

296 BGH, NJW 1991, 842 (843); *Damrau*, in: Soergel, BGB, § 2205 Rn. 83.

297 BGH, NJW 1959, 1820 (1822); *Weidlich*, in: Palandt, BGB, § 2216 Rn. 2.

298 BGH, NJW 1957, 1916; *Weidlich*, in: Palandt, BGB, § 2216 Rn. 2.

299 BGH, WM 1967, 25 (27); *Weidlich*, in: Palandt, BGB, § 2216 Rn. 2.

300 BGH, NJW, 1987, 1070 (1071); *Weidlich*, in: Palandt, BGB, § 2216 Rn. 2.

301 BayObLG, BeckRS 1998, 1299 (Rn. 43); *Zimmermann*, in: MüKo-BGB, § 2216 Rn. 2.

302 *Weidlich*, in: Palandt, BGB, § 2216 Rn. 1; *Zimmermann*, in: MüKo-BGB, § 2216 Rn. 2.

303 BayObLG, BeckRS 1998, 1299 (Rn. 43); *Zimmermann*, in: MüKo-BGB, § 2216 Rn. 4.

304 *Weidlich*, in: Palandt, BGB, § 2216 Rn. 2; *Zimmermann*, in: MüKo-BGB, § 2216 Rn. 4.

allgemeine Richtlinie im Einzelfall auszufüllen hat, lässt sich nur anhand der jeweiligen konkreten Umstände beurteilen.[305]

Von zentraler Bedeutung für die Beurteilung der Entgeltlichkeit nach Maßgabe der Pflicht zur ordnungsgemäßen Verwaltung ist die Frage, ob eine Verfügung (beziehungsweise die betreffende unmittelbare Wertminderung) gegebenenfalls im Zusammenhang mit weiteren Maßnahmen wirtschaftlich geboten (also notwendig oder zweckmäßig) war und dem Nachlass in Gestalt des angestrebten Vermögenvorteils letztlich zugutekommt.[306]

In Betreff des Aspekts der Erfüllbarkeit[307] aus dem Nachlassvermögen ist meines Erachtens in subjektiver Hinsicht zu verlangen, dass der Testamentsvollstrecker weiß oder bei ordnungsgemäßer Verwaltung hätte erkennen müssen, dass die verfügungsbedingte Wertminderung nicht oder nicht vollständig aus dem Nachlassvermögen ausgeglichen werden kann. Dabei dürfte dem Testamentsvollstrecker bei der Beurteilung der Erfüllbarkeit von *Vermögenspflichten* aus dem Nachlassvermögen ein Ermessensspielraum zukommen. Demgegenüber würde der Testamentsvollstrecker ermessensfehlerhaft handeln, wenn *Verwaltungspflichten* begründet oder erweitert werden sollen.[308]

b) Das Ermessen

In Rechtsprechung und Schrifttum ist anerkannt, dass dem Testamentsvollstrecker, der bei der Verwaltung des Nachlasses (§ 2216 Abs. 1 BGB) in eigener Verantwortung selbständig entscheidet, ein angemessener, nicht engherzig zu bemessender Ermessensspielraum zuzubilligen ist, der genügend Raum für wirtschaftlich sinnvolle Eigeninitiative lässt und der auch die Eingehung eines wirtschaftlich kalkulierten geschäftlichen Risikos nicht ausschließt.[309]

Nur wenn der Testamentsvollstrecker diesen Ermessensspielraum überschreitet, handelt er pflichtwidrig.[310] Erst dann kann die Verfügung unentgeltlich sein. Im Rahmen dieses Ermessensspielraumes hat der Testamentsvollstrecker in eigener Verantwortung zu entscheiden, ob eine Maßnahme (Verfügung)

---

305 BGH, NJW 1959, 1820 (1822); *Zimmermann*, in: MüKo-BGB, § 2216 Rn. 4.

306 Vgl. BGHZ 78, 177 (184).

307 Siehe dazu oben Kapitel 2:C.II.1.a)(2).

308 Für weitere Einzelheiten zum Ermessen siehe sogleich.

309 BayObLG, BeckRS 1998, 1299 (Rn. 43) m.w.N.; *Zimmermann*, in: MüKo-BGB, § 2216 Rn. 4.

310 BGH, NJW 1987, 1070 (1071); BayObLG, BeckRS 1998, 1299 (Rn. 43); OLG Hamm, ZEV 2013, 140 (144); *Reimann*, in: Staudinger, BGB, § 2216 Rn. 12.

wirtschaftlich geboten und für den Nachlass vorteilhaft ist.[311] Die wirtschaftliche Gebotenheit ist, wie zuvor unter a) gesehen, zentral für die Beurteilung der (subjektiven) Entgeltlichkeit.

c) Die Grenzen des Ermessens

Die Grenze des Ermessens wird durch allgemeine Grundsätze der Wirtschaftlichkeit gezogen.[312] Auf der anderen Seite erfordert die Verwaltung eines GmbH-Geschäftsanteils eine besondere Eigeninitiative des Testamentsvollstreckers.[313] Die Grundsätze der Wirtschaftlichkeit legen bei Entscheidungen im Rahmen dieser Verwaltung aber gerade nicht stets den vorsichtigen beziehungsweise sichersten Weg nahe; damit wäre die Initiative des Testamentsvollstreckers zu sehr eingeengt.[314] Hier kann sich der Testamentsvollstrecker an dem vom Bundesgerichtshof entworfenen Leitbild eines zwar umsichtigen und soliden, aber „dynamischen" Geschäftsführers orientieren, der die Risiken und Chancen kalkuliert und dann eingeht beziehungsweise nutzt oder nicht.[315] Demzufolge ist der Testamentsvollstrecker berechtigt, wirtschaftlich kalkulierbare Risiken einzugehen.

Jedenfalls ermessenwidrig und damit unentgeltlich dürften Verfügungen über Geschäftsanteile sein, wenn

- absehbar ist, dass der Vermögensvorteil ausbleiben wird;[316] oder
- das Risiko, dass der Vermögensvorteil ausbleibt, nicht kalkulierbar ist;[317] oder
- ein nennenswertes, nicht behebbares (Rest-)Risiko besteht, dass der Vermögensvorteil ausbleibt und bei Ausbleiben den gesamten Nachlass oder zumindest einen sehr hohen Teil davon gefährden könnte.[318]

---

311 Vgl. BayObLGZ 1990, 177 (182); BayObLG NJW 1976, 1692 (1693).

312 BGH, WM 1967, 25; BayObLG, BeckRS 1998, 1299 (Rn. 44); *Weidlich*, in: Palandt, BGB, § 2216 Rn. 2.

313 Vgl. BayObLG, BeckRS 1998, 1299 (Rn. 43); *Reimann*, in: Staudinger, BGB, § 2216 Rn. 12.

314 BGH, NJW, 1987, 1070 (1071).

315 Vgl. BGH, NJW 1987, 1070 (1071); BayObLGZ, 1990, 177 (182 f.); *Schaub*, in: Bengel/Reimann, § 4 Rn. 27.

316 Vgl. BGH, NJW 1987, 1070 (1071); *Reimann*, in: Staudinger, BGB, § 2216 Rn. 12.

317 Vgl. BGH, NJW 1987, 1070 (1071); *Reimann*, in: Staudinger, BGB, § 2216 Rn. 12.

318 Vgl. BGH, NJW 1987, 1070 (1071); BayObLG, BeckRS 1998, 1299 (Rn. 44); *Reimann*, in: Staudinger, BGB, § 2216 Rn. 12.

d) *Nicht justiziabler Ermessensspielraum bei unternehmerischen Entscheidungen*

Nachfolgend ist zu untersuchen, ob und inwieweit dem Testamentsvollstrecker bei der Beurteilung der Entgeltlichkeit gemäß seiner Pflicht zur ordnungsgemäßen Verwaltung bei unternehmerischen Entscheidungen ein nicht justiziabler Ermessensspielraum einzuräumen ist.

(1) *Die Entscheidung des Bayerischen Obersten Landesgerichtes im Nachlassverfahren*

Nach einer Entscheidung des Bayerischen Obersten Landesgerichtes im Rahmen des Entlassungsverfahrens nach § 2227 Abs. 1 BGB sollen unternehmerische Entscheidungen des Testamentsvollstreckers, dem die Verwaltung eines nachlasszugehörigen Unternehmens obliegt, nur eingeschränkt gerichtlich nachprüfbar sein.[319] Im Endeffekt wurde dem Testamentsvollstrecker damit bei unternehmerischen Entscheidungen ein nicht justiziabler Ermessenspielraum[320] eingeräumt.

Das Gericht begründete dies mit der Stellung des Testamentsvollstreckers, welche es rechtfertige, seine unternehmerischen Entscheidungen im Entlassungsverfahren nur in eingeschränktem Umfang nachzuprüfen. Denn: erstrecke sich die Verwaltertätigkeit auf ein Unternehmen, so stehe im Vordergrund das Bild eines zwar umsichtigen und soliden, gleichwohl aber „dynamischen" Geschäftsführers, der Risiken und Chancen kalkuliert und erst dann entscheidet, ob er sie eingeht beziehungsweise nutzt.

(2) *Übertragbarkeit der Grundsätze der Gerichtsentscheidung auf § 2205 Satz 3 BGB*

Es sprechen gute Gründe dafür, dem Testamentsvollstrecker auch im Rahmen von § 2205 Satz 3 BGB für die Beurteilung der Entgeltlichkeit bei unternehmerischen Entscheidungen einen gerichtlich nur eingeschränkt nachprüfbaren Ermessensspielraum einzuräumen. Das betrifft insbesondere nicht bloße Austauschverhältnisse[321], bei denen eine Wertminderung und/oder ein Vermögensvorteil nicht quantifizierbar sind. Zwar betraf die Entscheidung des Bayerischen Obersten Landesgerichtes das Entlassungsverfahren nach § 2227 Abs. 1 BGB,

---

319 Vgl. BayObLGZ 1990, 177 (182 f.); *Reimann*, in: Staudinger, BGB, § 2216 Rn. 12.
320 In Bezug auf den Inhalt des Ermessenspielraums siehe oben: Kapitel 2:C.II.2.b).
321 Siehe dazu oben unter Kapitel 2:C.II.1.d).

das bereits mit dem Maßstab der groben Pflichtverletzung gebietet, den jeweiligen Fall nur auf besonders schwerwiegende Verstöße hin zu untersuchen. Indes sprechen für die Übertragung der Grundsätze auf die Situation des § 2205 Satz 3 BGB mehrere Argumente:

Zum einen hat das Gericht die eingeschränkte Überprüfbarkeit nicht aus dem Maßstab der groben Pflichtwidrigkeit hergeleitet, sondern aus der Stellung des Testamentsvollstreckers gemäß dem Leitbild des dynamischen Geschäftsführers.[322] Letztere Aspekte spielen aber im Rahmen der Pflicht zur ordnungsgemäßen Verwaltung eine Rolle und sind damit auch für die Beurteilung der Entgeltlichkeit relevant.

Zum anderen müsste man auch bei Anlegung des Maßstabes der groben Pflichtverletzung denklogisch zunächst prüfen, ob überhaupt eine Pflichtverletzung vorliegt, bevor man beurteilt, ob die Pflichtverletzung als grob eingestuft wird. Die eingeschränkte Nachprüfbarkeit kann aber nur Bedeutung für die erste Prüfungsstufe haben und spielt deswegen ebenfalls eine Rolle im Hinblick auf die Beurteilung des Entgeltlichkeit gemäß § 2205 Satz 3 BGB.

Aus diesen Gründen ist dem Testamentsvollstrecker auch im Rahmen von § 2205 Satz 3 BGB für die Beurteilung der Entgeltlichkeit bei unternehmerischen Entscheidungen ein gerichtlich nur eingeschränkt nachprüfbarer Ermessensspielraum einzuräumen.

(3) Umfang der gerichtlichen Nachprüfbarkeit

Hingegen hat das Bayerische Oberste Landesgericht in seiner Entscheidung nicht explizit ausgeführt, inwieweit die unternehmerische Ermessensentscheidung des Testamentsvollstreckers im gerichtlichen Verfahren nachgeprüft werden kann.

Meines Erachtens betrifft die eingeschränkte gerichtliche Überprüfbarkeit die Entscheidung des Testamentsvollstreckers, ob eine Maßnahme (hier: die Verfügung) wirtschaftlich geboten und für den Nachlass vorteilhaft ist,[323] also das zentrale Element zur Beurteilung der subjektiven Entgeltlichkeit.[324]

Will man die Orientierung am Leitbild des dynamischen Geschäftsführers ernst nehmen und nicht eine unternehmerische Eigeninitiative des Testamentsvollstreckers im Keim ersticken, muss es meines Erachtens ausreichen, wenn der Testamentsvollstrecker im gerichtlichen Verfahren zur Beurteilung der

322 Vgl. BayObLGZ 1990, 177 (182 f.).

323 Dafür spricht die Abfolge und Herleitung der gerichtlichen Argumentation in BayObLGZ 1990, 177 (182 f.).

324 Siehe dazu oben Kapitel 2:C.II.2.a).

subjektiven Entgeltlichkeit plausibel anhand objektiver Gesichtspunkte darlegen kann, dass die Verfügung wirtschaftlich notwendig oder zweckmäßig ist und dem Nachlass wirtschaftlich zugutekommt. Denn die Entgeltlichkeit darf nicht allein deshalb verneint werden, weil es objektiv günstigere Maßnahmen gab.[325] Anderenfalls liefe man Gefahr, dass der Testamentsvollstrecker wichtige, unter Umständen existenzielle, unternehmerische Entscheidungen schlichtweg nicht trifft, weil er sich unter dem Damoklesschwert der Haftung nach § 2219 Abs. 1 BGB sieht.

e) Ergebnis

Als Zwischenergebnis ist festzuhalten: Im Rahmen der Beurteilung der subjektiven Entgeltlichkeit kommt es auf den Maßstab der Pflicht zur ordnungsgemäßen Verwaltung an. Von zentraler Bedeutung ist dort, ob die Verfügung (gegebenenfalls im Zusammenhang mit weiteren Maßnahmen) wirtschaftlich geboten ist und dem Nachlass wirtschaftlich zugutekommt. Diesbezüglich ist dem Testamentsvollstrecker ein Ermessensspielraum einzuräumen. Unternehmerische (Ermessens-)Entscheidungen dürfen nur in eingeschränktem Umfang gerichtlich nachgeprüft werden.

III. Besonderheiten bei der Mitwirkung an Gesellschafterbeschlüssen

Im Folgenden gilt es aufzuzeigen, ob und bejahendenfalls inwieweit Besonderheiten gelten, wenn es darum geht, die Entgeltlichkeit von Verfügungen im Wege der Mitwirkung an Gesellschafterbeschlüssen zu beurteilen.

1. In der Regel keine Unentgeltlichkeit bei gleichmäßiger Belastung aller Gesellschafter?

Im Falle von Mehrpersonengesellschaften stellt sich die Frage, ob im Hinblick auf die Belastung der Mitgesellschafter durch die Verfügung eine Aussage über ihre Unentgeltlichkeit getroffen werden kann.

a) Bejahende Ansicht der herrschenden Meinung

Der Bundesgerichthof urteilte im Hinblick auf die Mitwirkung an einem Gesellschafterbeschluss, dass eine Verfügung, welche in die Mitgliedschaftsrechte des

---

325 Vgl. OLG Hamm, ZEV 2013, 140 (144); *Reimann*, in: Staudinger, BGB, 2216 Rn. 12.

Erben eingreife, in der Regel nicht unentgeltlich sei, wenn die Maßnahme alle Gesellschafter gleichmäßig betreffe.[326]

Die wohl absolut herrschende Lehre ist dem Bundesgerichtshof insoweit gefolgt.[327] Begründet wird dies teilweise damit, dass die Unentgeltlichkeit deswegen zu verneinen sei, weil im betreffenden Fall die Rechtseinschränkung des Gesellschafter-Erben durch eine entsprechende Rechtseinschränkung bei den Mitgesellschaftern ausgeglichen werde.[328]

b) *Kritik*

Die Ansicht der herrschenden Meinung vermag nicht zu überzeugen. Gegen sie sprechen folgende Argumente:

(1) Keine zwangsläufige Werterhaltung oder -Steigerung

Der teilweise angeführten Begründung, die Rechtseinschränkung des Gesellschafter-Erben werde durch eine Rechtseinschränkung bei den Mitgesellschaftern ausgeglichen, ist – in dieser Pauschalität – zu widersprechen. Nur weil der Geschäftsanteil eines Mitgesellschafters im Wert gemindert ist, steigt nicht zwangsläufig der Wert des vom Gesellschafter-Erben gehaltenen Anteils.

(2) Zweifel an einer realitätsbezogenen Typik

Vielmehr beruht die vom Bundesgerichtshof aufgestellte Regel auf einer Reihe von impliziten Annahmen: Wenn sämtliche Gesellschafter einer Maßnahme zustimmen und die Maßnahme sämtliche Gesellschafter (formal und faktisch)[329] gleichmäßig belastet, dann sei (i) diese Maßnahme im Gesellschaftsinteresse geboten und daher müsse (ii) ein Vermögensvorteil (zum Beispiel finanzielle Stabilität des Gesellschaftsunternehmens) für den Geschäftsanteil des Gesellschafter-Erben vorliegen, der (iii) den Vermögensnachteil ausgleiche.[330]

---

326 Vgl. BGHZ 78, 177 in Bezug auf Änderung eines KG-Gesellschaftsvertrages bei Vorerbschaft.

327 *Dörrie*, ZEV 1996, 370 (371); *Lange*, in: FS DNotI, S. 665 (672); *Mayer*, ZEV 2002, 209 (212); *Paschke*, ZIP 1985, 129 (135); *Priester*, in: FS Stimpel, S. 463 (475 f.); *Todtenhöfer*, RNotZ 2017, 557 (565); *Unsöld*, S. 35; *Zimmermann*, in: MüKo-BGB, § 2205 Rn. 78.

328 *Mayer*, ZEV 2002, 209 (212); *Priester*, in: FS Stimpel, S. 475 f.; *Todtenhöfer*, RNotZ 2017, 557 (565); *Unsöld*, 35.

329 Vgl. dazu BGHZ 78, 177 (186 f.); *Paschke*, ZIP 1985, 129 (135).

330 Vgl. BGHZ 78, 177 (183).

Es ist sehr zweifelhaft, ob es die Realität rechtfertigt, eine solche Typik anzunehmen. Schließlich existiert kein Naturgesetz, das besagt, dass, wenn sämtliche Gesellschafter einer gleichmäßig belastenden Verfügung zustimmen, die Maßnahme im Gesellschaftsinteresse geboten ist. – Ja, die Verfügung dürfte meist im (verstandenen) Interesse der einzelnen Gesellschafter liegen. Aber nur weil ein Interessengleichlauf zwischen den Gesellschaftern besteht, kann noch lange nicht pauschal davon ausgegangen werden, dass die Verfügung auch im Interesse der Gesellschaft beziehungsweise des Gesellschaftsunternehmens getroffen wurde. Das mag im vom Bundesgerichtshof entschiedenen Fall so gewesen sein, kann aber nicht verallgemeinert werden. Wenn überhaupt, kann die gleichmäßige Belastung sämtlicher Gesellschafter nur ein gewisses Indiz für die Gebotenheit im Gesellschaftsinteresse darstellen, mehr jedoch nicht.

(3) Keine Beseitigung der Rechtsunsicherheit

Aber selbst wenn man dem Bundesgerichtshof in Bezug auf die angereihten, impliziten Annahmen folgte, stellt sich doch die Frage: Wenn das der typische Fall ist, was ist dann der atypische? – Doch nur der, in denen zumindest eine der Annahmen nicht den Tatsachen entspricht?! Das heißt indes, man müsste die allgemeinen Voraussetzungen für die Entgeltlichkeit ohnehin prüfen, sodass sich kein Mehrwert für den Rechtsanwender ergäbe. Klare, explizite Kriterien dafür, wann ein atypischer Fall vorliegt, lässt die Entscheidung des Bundesgerichtshofs leider vermissen. Für eine gesteigerte Rechtssicherheit hinsichtlich der Beurteilung der Entgeltlichkeit sorgt das nicht. Die aufgestellte Regel bietet daher für die Beurteilung der Entgeltlichkeit durch den Testamentsvollstrecker keine verlässliche Orientierung.

Schon gar nicht kann sich der Testamentsvollstrecker darauf verlassen, dass ein typischer Fall gegeben ist, weil sämtliche Mitgesellschafter für den Beschlussantrag stimmen. In den Annahmen, die der Regel des Bundesgerichtshofes implizit zugrunde liegen, sind dafür zu viele Variablen enthalten. Schlimmer noch: Würde der Testamentsvollstrecker die aufgestellte Regel buchstabengetreu ernst nehmen, liefe er Gefahr, seitens der Mitgesellschafter des Erben unter Druck zu geraten, zustimmen zu müssen, nur weil die Mitgesellschafter ebenfalls zugestimmt haben.

c) Fazit und eigene Ansicht

Die von der herrschenden Meinung vertretene Ansicht, eine in die Mitgliedschaftsrechte des Erben eingreifende Verfügung sei in der Regel nicht unentgeltlich, wenn die Verfügung alle Gesellschafter gleichmäßig betreffe, ist aus den genannten Gründen abzulehnen. In einem solchen Fall kann lediglich ein gewisses Indiz für die Gebotenheit im Gesellschaftsinteresse gesehen werden. Vielmehr sollte der Testamentsvollstrecker einzelfallbezogen mit Hilfe der oben entwickelten schematischen Grundsätze überprüfen, ob die Wertminderung für den Nachlass durch einen oder mehrere Vermögensvorteile ausgeglichen wird.

2. *Keine Unentgeltlichkeit bei Stimmpflicht / Zustimmungspflicht aus dem Gesellschaftsverhältnis oder Stimmbindungsvertrag*

Gesellschafter sind nicht gänzlich frei in ihrer Entscheidung, ob sie ihr Stimmrecht und/oder Zustimmungsrecht ausüben oder nicht. Ausnahmsweise sind sie verpflichtet, positiv abzustimmen und damit unter Umständen über den Geschäftsanteil zu verfügen. Eine solche Pflicht kann sich aus dem Gesellschaftsverhältnis ergeben. So kann der Gesellschafter wegen Bindung an den Gesellschaftszweck oder wegen Treubindung gehalten sein, durch positive Abstimmung das Gesellschaftsinteresse zu fördern, etwa indem er an einer Ausschließung eines schädigenden Mitgesellschafters oder einer Anpassung der Satzung an veränderte Umstände mitwirkt.[331] Ebenfalls denkbar ist eine körperschaftsrechtliche Verpflichtung zur positiven Stimmabgabe aus der Satzung selbst.[332] Schließlich kann sich eine derartige Pflicht auch aus Stimmbindungsverträgen (zum Beispiel in Konsortial- oder Poolverträgen) ergeben, wie sie nicht selten bei Familiengesellschaften zu finden sind.[333]

Kommt der Testamentsvollstrecker einer solchen (wirksamen) Stimmpflicht und/oder Zustimmungspflicht nach und mündet dies in einer Verfügung, so ist die Verfügung voll entgeltlich. Denn dem etwaigen Vermögensnachteil steht dann jedenfalls die Befreiung von einer gesetzlichen oder vertraglichen Schuld gegenüber.[334]

331 *Bayer*, in: Lutter/Hommelhoff, GmbH, § 47 Rn. 17; *Zöller/Noack*, in: Baumbach/Hueck, GmbHG, § 47 Rn. 111.

332 *Drescher*, in: MüKo-GmbHG, GmbHG § 47 Rn. 231; *Zöller/Noack*, in: Baumbach/Hueck, GmbHG, § 47 Rn. 112.

333 *Bayer*, in: Lutter/Hommelhoff, GmbH, § 47 Rn. 19; *Zöller/Noack*, in: Baumbach/Hueck, GmbHG, § 53 Rn. 86.

334 Siehe dazu bereit oben: Kapitel 2:C.II.1.c).

D. Keine Ausnahme wegen sittlicher Pflicht oder wegen Anstands

Gemäß § 2205 Satz 3 BGB ist der Testamentsvollstrecker zu unentgeltlichen Verfügungen nur berechtigt, soweit sie einer sittlichen Pflicht oder einer auf den Anstand zu nehmenden Rücksicht entsprechen. Diese Tatbestandsmerkmale entsprechen denen nach §§ 534, 2113 Abs. 2 BGB.[335] Das bedeutet, die Befugnis des Testamentsvollstreckers kann ausnahmsweise unentgeltliche Verfügungen über GmbH-Geschäftsanteile umfassen, wenn es sich um schenkungsweise Zuwendungen im Sinne der §§ 516, 534 BGB handelt. Indes ist bereits eine schenkungsweise Zuwendung bei Mitwirkung des Testamentsvollstreckers an Gesellschafterbeschlüssen eher fernliegend.

Auch sind Anwendungsfälle im Hinblick auf die beiden Varianten der Schenkung vor diesem Hintergrund kaum vorstellbar.[336] Denn unter sittlicher Pflicht im Sinne des § 2205 Satz 3 BGB ist eine aus den konkreten Umständen des Einzelfalls erwachsene, in den Geboten der Sittlichkeit wurzelnde Verpflichtung, nicht aber die Ausübung allgemeiner Nächstenliebe zu verstehen. Einer Anstandspflicht im Sinne der Vorschrift entspricht eine Schenkung, wenn ihr Unterbleiben gegen die Empfindung der sozial Gleichgestellten verstoßen und der Handelnde dadurch eine Einbuße an Achtung und Anerkennung erleiden würde.[337]

Die Ausnahme von der Beschränkung der Verfügungsbefugnis wegen Pflicht- und Anstandsschenkung nach § 2205 Satz 3 BGB ist im Hinblick auf die Mitwirkung des Testamentsvollstreckers an GmbH-Gesellschafterbeschlüssen somit eher fernliegend und kann deswegen vernachlässigt werden.

E. Rechtsfolgen für Stimmabgabe und Zustimmung

Im Nachgang wird am Beispiel der Stimmabgabe[338] verdeutlicht, welche Rechtsfolgen aus § 2205 Satz 3 BGB resultieren.

---

335 *Grotheer*, in: BeckOGK-BGB, § 2205 Rn. 82 (1.10.2021); *Zimmermann*, in: MüKo-BGB, § 2205 Rn. 81.

336 Im Ergebnis ähnlich: *Priester*, in: FS Stimpel, S. 463 (474), Fn. 65.

337 Zum Ganzen: *Damrau*, in: Soergel, BGB, § 2205 Rn. 86; *Müller-Christmann*, in: BeckOGK-BGB, § 2113 Rn. 126, 132 (1.4.2021).

338 Die nachfolgenden Ausführungen dürften im Wesentlichen entsprechend für die Zustimmung des Testamentsvollstreckers zum Gesellschafterbeschluss gelten.

I. Grundsatz: Unwirksamkeit der Stimmabgabe und/oder der Zustimmung

Wie oben bereits ausgeführt wurde, ist die Stimmabgabe des Testamentsvollstreckers grundsätzlich unwirksam, wenn deren Vornahme die Grenzen seiner Verfügungsmacht gemäß § 2205 Satz 3 BGB überschreitet. Indes ist eine unentgeltliche Verfügung des Testamentsvollstreckers (über Pflicht- und Anstandsschenkungen hinaus) ausnahmsweise wirksam, wenn die Verfügung mit Zustimmung aller durch § 2205 Satz 3 geschützten Personen erfolgt. Zu dem Kreis der geschützten Personen zählen je nach Fall der Erbe (bei Vorhandensein einer Mehrheit von Erben alle Erben einschließlich aller Nacherben, ohne Ersatznacherben), aber auch Vermächtnisnehmer.[339] Ein etwaiger entgegenstehender Wille des Erblassers ist diesbezüglich unbeachtlich.[340]

Das Gesetz verwendet den Terminus der Zustimmung als Oberbegriff für die Einwilligung und die Genehmigung. Demnach wird die vor oder auch gleichzeitig mit der Vornahme des Rechtsgeschäfts erteilte Zustimmung als Einwilligung (§ 183 BGB), die nachträglich erteilte Zustimmung als Genehmigung (§ 184 BGB) bezeichnet.[341] Nachfolgend wird auf zwei verschiedene Szenarien eingegangen, nämlich erstens, der Gesellschafter-Erbe hat eingewilligt oder wird einwilligen (dazu II.), und zweitens, der Gesellschafter-Erbe hat nicht eingewilligt (dazu III.).

II. Einwilligung durch den Gesellschafter-Erben

1. Einwilligungsfähigkeit bei einseitigen Verfügungen

Die Stimmabgabe, die der wegen § 2205 Satz 3 BGB nichtberechtigte Testamentsvollstrecker über die Mitgliedschaft des Erben trifft, ist ausnahmsweise wirksam, wenn sie mit Einwilligung des Erben erfolgt. Denn auch einseitige[342]

---

339 H.M.: BGHZ 57, 84 (94); BGH, NJW 1984, 2464 (2465); BGH, NJW 1991, 842 (843); *Grotheer*, in: BeckOGK-BGB, § 2205 Rn. 86 (1.10.2021); *Heckschen*, in: Burandt/Rojahn, BGB, § 2205 Rn. 18; *Weidlich*, in: Palandt, BGB, § 2205 Rn. 30. Ablehnend im Hinblick auf das Erfordernis der Zustimmung des Vermächtnisnehmers: *Damrau*, in: Soergel, BGB, § 2205 Rn. 79 m.w.N.

340 BGHZ 57, 84 (92); *Grotheer*, in: BeckOGK-BGB, § 2205 Rn. 86 (1.10.2021).

341 *Bayreuther*, in: MüKo-BGB, vor § 182 Rn. 2; *Regenfus*, in: BeckOGK-BGB, § 182 Rn. 11 (1.4.2021).

342 Die Stimmabgabe ist als einseitige Verfügung zu behandeln. Denn die Alternative, nämlich die Behandlung als mehrseitige, vertragliche Verfügung, scheidet aus.

Verfügungen sind einwilligungsfähig. Dies folgt aus § 185 Abs. 1 BGB und § 182 Abs. 3 BGB. Denn § 185 Abs. 1 BGB ist (neben mehrseitigen, vertraglichen) auch auf einseitige Verfügungsgeschäfte anwendbar. Zwar gelten bei einseitigen Rechtsgeschäften Besonderheiten, weil das Gesetz (vgl. §§ 111, 180 BGB) davon ausgeht, dass bei ihnen der Rechtssicherheit willen grundsätzlich ein Schwebezustand nicht tragbar ist.[343] Der Anwendbarkeit des § 185 Abs. 1 BGB steht jedoch bei einseitigen Verfügungserklärungen nichts entgegen.[344] Denn die Vorschrift vermeidet gerade einen Schwebezustand.[345]

2. *Erteilung der Einwilligung*

Die Einwilligung ist eine empfangsbedürftige Willenserklärung.[346] Sie muss vor oder spätestens gleichzeitig mit Zugang der Stimmabgabe erteilt werden.[347] Der Gesellschafter-Erbe kann die Einwilligung entweder gegenüber dem Testamentsvollstrecker oder dem Adressaten der Stimmabgabe abgeben (vgl. § 182 Abs. 1 BGB).[348] Adressat der Stimmabgabe ist die Gesellschaft. In der Gesellschafterversammlung wird die Gesellschaft durch den Versammlungsleiter, bei dessen Fehlen durch die übrigen Gesellschafter vertreten. Bei Abstimmung in Textform gemäß § 48 Abs. 2 GmbHG kann die Gesellschaft durch den Geschäftsführer vertreten werden.[349]

3. *Kein Formerfordernis für die Wirksamkeit der Einwilligung*

Die Einwilligung des Gesellschafter-Erben bedarf zu ihrer Wirksamkeit grundsätzlich keiner bestimmten Form. Das folgt aus dem allgemeinen Grundsatz des § 182 Abs. 2 BGB.[350] Fraglich ist, ob sich aus § 47 Abs. 3 GmbHG etwas anderes

---

343 Vgl. *Leptien*, in: Soergel, BGB, § 185 Rn. 4.

344 H.M.: RG, Recht 1924 Nr. 1319; implizit: BGH, NJW 1991, 2552 (2553); *Ellenberger*, in: Palandt, BGB, § 185 Rn. 2; *Klumpp*, in: Staudinger, BGB, § 185 Rn. 15; *Leptien*, in: Soergel, BGB, § 185 Rn. 4; *Mansel*, in: Jauernig, BGB, § 185 Rn. 2. Wohl a.A.: BGH, NJW 1962, 1344 (1345).

345 *Leptien*, in: Soergel, BGB, § 185 Rn. 4.

346 *Bub*, in: BeckOK-BGB, § 182 Rn. 16; *Ellenberger*, in: Palandt, BGB, vor § 182 Rn. 3.

347 Vgl. *Bayreuther*, in: MüKo-BGB, § 185 Rn. 21, in Bezug auf die Verfügungserklärung.

348 Vgl. *Leptien*, in: Soergel, BGB, § 185 Rn. 22.

349 *Drescher*, in: MüKo-GmbHG, § 47 Rn. 35; *Zöllner/Noack*, in: Baumbach/Hueck, GmbHG, § 47 Rn. 7.

350 Vgl. *Schaub*, in: Bengel/Reimann, § 4 Rn. 181; *Weidlich*, in: Palandt, BGB, § 2205 Rn. 30.

ergibt. Nach dieser Vorschrift bedarf die Vollmacht für die Stimmabgabe zu ihrer Gültigkeit der Textform (§ 126b BGB). Die herrschende Meinung erblickt darin eine Wirksamkeitsvoraussetzung.[351] Die Stimmabgabe durch den Testamentsvollstrecker ohne Verfügungsmacht ähnelt einer Stimmabgabe ohne Vertretungsmacht. Deswegen stellt sich die Frage, ob das Formerfordernis gemäß § 47 Abs. 3 GmbHG in Bezug auf die Einwilligung des Gesellschafter-Erben Platz greift. Da die Zustimmung zur Verfügung keine durch Rechtsgeschäft ersteilte Vertretungsmacht (Bevollmächtigung gemäß § 166 Abs. 2) darstellt, käme nur eine analoge Anwendung in Betracht. Allerdings scheitert diese bereits an einer Regelungslücke. Zweck der Formvorschrift des § 47 Abs. 3 GmbHG ist es, die Gesellschafterversammlung in die Lage zu versetzen, die Bevollmächtigung zu prüfen.[352] Dagegen kann die Gesellschafterversammlung die Einwilligung bereits nach § 182 Abs. 3 BGB i.V.m. § 111 Satz 2 und 3 BGB überprüfen, indem sie auf die Vorlage einer entsprechenden Urkunde besteht. Deswegen bleibt es bei der allgemeineren Vorschrift des § 182 Abs. 2 BGB. Die Einwilligung braucht mithin zu ihrer Wirksamkeit keiner bestimmten Form zu genügen.[353]

4. *Zurückweisung der Stimmabgabe ohne Vorlage der Einwilligungsurkunde*

Von der formlosen Wirksamkeit der Einwilligung aufgrund der Anwendung des § 182 Abs. 2 BGB zu unterscheiden ist die Frage, ob sich der Testamentsvollstrecker für die Stimmabgabe[354] auch legitimieren muss. Bei der Stimmabgabe, die keine unentgeltliche Verfügung darstellt, genügt es grundsätzlich zur

---

351 H.M.: vgl. nur BGHZ 49, 183 (194); *Bayer*, in: Lutter/Hommelhoff, GmbHG, § 47 Rn. 29; *Hüffer/Schäfer*, in: HCL, GmbHG, § 47 Rn. 105; *Zöllner/Noack*, in: Baumbach/Hueck, GmbHG, § 47 Rn. 51. A.A.: *K. Schmidt*, in: Scholz, GmbHG, § 47 Rn. 85.

352 BGH, NJW 1968, 743 (745); *Hüffer/Schürnbrand*, in: UHL, GmbHG, § 47 Rn. 105.

353 In der Praxis würde es nur dann zu Auswirkungen kommen, wenn der Gesellschafter-Erbe dem Testamentsvollstrecker die Einwilligung nicht ohnehin in Schriftform erteilt und der Testamentsvollstrecker die entsprechende Urkunde bei Abstimmung trotz Verlangen nicht vorlegen kann.

354 Davon zu unterscheiden ist die Legitimation für die *Teilnahme* an der Gesellschafterversammlung; sie erfolgt (auf Verlangen) durch Vorlage des Testamentsvollstreckerzeugnisses: vgl. *K. Schmidt*, in: Scholz, GmbHG, § 47 Rn. 77, 89. Auch in dieser Hinsicht gilt § 47 Abs. 3 GmbHG nicht. Selbst wenn der Testamentsvollstrecker gemäß § 2205 Satz 3 BGB keine Ja-Stimme abgeben darf, bleibt sein Teilnahmerecht davon unberührt.

Legitimation schon, wenn der Testamentsvollstrecker auf Verlangen das Testamentsvollstreckerzeugnis vorlegt.[355]

Für eine Stimmabgabe, die eine unentgeltliche Verfügung darstellt und mit Einwilligung des Erben wirksam sein kann, gilt gemäß § 182 Abs. 3 BGB i.V.m. § 111 Satz 2 und 3 BGB Folgendes: Übt der Testamentsvollstrecker das Stimmrecht mit Einwilligung aus, so ist die Stimmabgabe trotzdem *ex tunc*[356] unwirksam, wenn der Testamentsvollstrecker die Einwilligung nicht in schriftlicher Form (§ 126 Abs. 1 BGB) vorlegt und die Gesellschaft die Stimmabgabe aus diesem Grunde unverzüglich zurückweist. Die Zurückweisung ist ausgeschlossen, wenn der Gesellschafter-Erbe die Gesellschaft von der Einwilligung in Kenntnis gesetzt hatte. Die Textform für die Legitimation zur Stimmabgabe genügt nicht. Denn auch insoweit greift § 47 Abs. 3 GmbHG analog mangels Regelungslücke nicht.

5. *Widerruf der Einwilligung*

Der Gesellschafter-Erbe kann die zunächst erteilte Einwilligung bis zum Zugang der Stimmabgabe bei der Gesellschaft[357] widerrufen. Dies ergibt sich aus § 183 Satz 1 BGB. Danach ist die Einwilligung bis zur Vornahme des Rechtsgeschäfts widerruflich. Für die Vornahme kommt es bei empfangsbedürftigen Willenserklärungen auf den Zugang an.[358] Der Widerruf kann sowohl dem Testamentsvollstrecker als auch der Gesellschaft gegenüber erklärt werden (vgl. § 183 Satz 2 BGB).

III. Keine Einwilligung durch den Gesellschafter-Erben

Im Nachgang soll sich dem möglichen rechtlichen Schicksal der unentgeltlichen Verfügung in Gestalt der Stimmabgabe zugewandt werden, wenn keine Einwilligung des Erben vorliegt.

---

355 Vgl. allgemein zur Legitimation des Testamentsvollstreckers gegenüber der Gesellschaft: *K. Schmidt*, in: Scholz, GmbHG, § 47 Rn. 77.

356 Vgl. *Duden*, in: BeckOGK-BGB, § 111 Rn. 22 (1.4.2021); *Spickhoff*, in: MüKo-BGB, § 111 Rn. 19.

357 Zur Vertretung der Gesellschaft in diesem Fall, siehe oben Kapitel 2:E.II.2.

358 *Bub*, in: BeckOK-BGB, § 183 Rn. 3; *Regenfus*, in: BeckOGK-BGB, § 183 Rn. 12 (1.4.2021).

1. *Anspruch auf Einwilligung analog §§ 2206 Abs. 2, 2120 BGB?*

Liegt keine Einwilligung des Erben zu der Verfügung vor, stellt sich zunächst die Frage, ob der Testamentsvollstrecker einen Einspruch gegen den Erben auf Erteilung einer Einwilligung hat. Denn: Ob die Voraussetzungen, unter denen eine Stimmabgabe des Testamentsvollstreckers noch als voll entgeltliche Verfügung anzusehen ist, erfüllt sind, ist mitunter nicht eindeutig. Diese Rechtsunsicherheit ist problematisch, weil dem Testamentsvollstrecker nach der gesetzlichen Grundkonzeption sowie regelmäßig nach dem Willen des Erblassers eine freie und unabhängige Stellung eingeräumt sein soll, ohne dass der Testamentsvollstrecker grundsätzlich auf die Einwilligung des Erben angewiesen ist. Natürlich wird sich ein Testamentsvollstrecker regelmäßig mit dem Erben ins Benehmen setzen und darauf hinwirken, dessen Einwilligung zu erhalten. Dies wird der Testamentsvollstrecker schon aus Gründen der Haftungsvermeidung versuchen. Was ist aber, wenn der Erbe seine Einwilligung verweigert? – Dann ist die Gefahr groß, dass der Testamentsvollstrecker für die Gesellschaft und das Unternehmen wichtige, womöglich existenzielle Entscheidungen nicht treffen und dem Leitbild des dynamischen Geschäftsführers nicht gerecht werden kann.

Hier würde eine Regelung helfen, wie sie im Vorerbschaftsrecht mit § 2120 Satz 1 BGB existiert, aber im Recht der Testamentsvollstreckung fehlt. Gemäß dieser Norm ist der Nacherbe zur Erteilung der Einwilligung verpflichtet, wenn die Verfügung zur ordnungsgemäßen Verwaltung erforderlich ist. Im Testamentsvollstreckungsrecht existiert lediglich mit § 2206 Abs. 2 BGB eine Norm, der gemäß der Erbe verpflichtet ist, zur Eingehung einer *Verbindlichkeit*, die zur ordnungsmäßigen Verwaltung erforderlich ist, seine Einwilligung zu erteilen.

Zutreffenderweise muss der Erbe dem Testamentsvollstrecker auch verpflichtet sein, zur Eingehung einer *Verfügung*, die zur ordnungsmäßigen Verwaltung erforderlich ist, seine Einwilligung zu erteilen.[359] Das folgt aus einer entsprechenden Anwendung der §§ 2206 Abs. 2, 2120 Satz 1 BGB. Die Voraussetzungen einer Analogie sind erfüllt.

Dass eine planwidrige Regelungslücke vorliegt, ergibt sich schon aus folgender Überlegung: Der Testamentsvollstrecker könnte sich gegenüber der Gesellschaft und den Mitgesellschaftern im Wege einer Vereinbarung verpflichten, im Hinblick auf einen bestimmen Beschlussantrag mit Ja zu stimmen. Ist die Stimmabgabe eine entgeltliche Verfügung, ist der Testamentsvollstrecker gemäß

359 Im Ergebnis ebenso: *Dörrie*, GmbHR 1996, 245 (251), Fn. 63, der für eine analoge Anwendung des § 2120 Satz 1 BGB im Recht der Testamentsvollstreckung plädiert.

§ 2206 Abs. 1 Satz 2 BGB zur Eingehung einer solchen Verbindlichkeit berechtigt. Zudem ist der Erbe gemäß § 2206 Abs. 2 BGB verpflichtet, zur Eingehung einer derartigen Verbindlichkeit seine Einwilligung zu erteilen, wenn – und das muss hinzukommen – die Eingehung der Verbindlichkeit *zur ordnungsmäßigen Verwaltung erforderlich* ist.[360] Umgekehrt bedeutet das: Der Erbe kann die Einwilligung auch verweigern, wenn die Eingehung der Verbindlichkeit zu einer Verfügung der ordnungsgemäßen Verwaltung widerspricht.[361] Notfalls kann der Testamentsvollstrecker den Anspruch auf Einwilligung gegen den Erben durch Klage (auf Einwilligung in eine konkrete Maßnahme) geltend machen.[362]

Es liegt auf der Hand, dass dieser Weg für den Testamentsvollstrecker zwar die notwendige Rechtsicherheit garantiert, aber unnötig kompliziert ist. Der historische Gesetzgeber ist offensichtlich von klassischen Austauschgeschäften ausgegangen, bei denen das Verpflichtungsgeschäft abgeschlossen wird und das Verfügungsgeschäft der Erfüllung des Verpflichtungsgeschäftes dient. Dass es „Nur-Verfügungsgeschäfte" ohne notwendiges (eine *Causa* bildendes) schuldrechtliches Geschäft geben kann, hat der Gesetzgeber offensichtlich übersehen. Deswegen liegt eine planwidrige Regelungslücke vor.

Die Interessenlage ist auch vergleichbar. Mit der Einwilligung des Erben will das Gesetz insbesondere in Zweifelsfällen die Verpflichtungsbefugnis des Testamentsvollstreckers schon vor dem Abschluss des Rechtsgeschäfts klarstellen und den Testamentsvollstrecker vor einer Haftung aus § 2219 BGB, den Geschäftspartner vor dem Einwand des Mangels der Verpflichtungsbefugnis des Testamentsvollstreckers schützen.[363] Dieses Bedürfnis nach Klarheit besteht auch im Vorfeld der Vornahme von Nur-Verfügungsgeschäften; auch hier muss der Testamentsvollstrecker vor einer Haftung aus § 2219 BGB geschützt werden. Insbesondere bei einseitigen Verfügungsgeschäften wie der Stimmabgabe muss der Adressat der Erklärung vor dem Einwand des Mangels der Verfügungsbefugnis geschützt werden. Anderenfalls könnte sich der Adressat gezwungen sehen, die einseitige Verfügung ohne Einwilligung zurückzuweisen. Dies wäre nicht im Sinne des Rechtsverkehrs. Somit ist die Interessenlage vergleichbar.

---

360 Vgl. *M. Schmidt* in Erman, BGB, § 2206 Rn. 3; *Weidlich*, in: Palandt, BGB, § 2206 Rn. 3; *Zimmermann*, in: MüKo-BGB, § 2206 Rn. 11.

361 *Damrau*, in: Soergel, BGB, § 2206 Rn. 5; *Weidlich*, in: Palandt, BGB, § 2206 Rn. 3.

362 *M. Schmidt* in Erman, BGB, § 2206 Rn. 3; *Zimmermann*, in: MüKo-BGB, § 2206 Rn. 11.

363 *Damrau*, in: Soergel, BGB, § 2206 Rn. 5; *Zimmermann*, in: MüKo-BGB, § 2206 Rn. 10; ähnlich ist es in Bezug auf § 2120 BGB: vgl. *Lieder*, in: MüKo-BGB, § 2120 Rn. 4.

Im Ergebnis ist festzuhalten: Analog §§ 2206 Abs. 2, 2120 Satz 1 BGB ist der Erbe zur Erteilung der Einwilligung verpflichtet, wenn die Verfügung zur ordnungsgemäßen Verwaltung erforderlich ist. Meines Erachtens umfasst dieser Anspruch die Erteilung der Einwilligung in Schriftform (§ 126 BGB), da der Adressat anderenfalls die Stimmabgabe zurückweisen könnte.[364]

2. *Keine schwebende Unwirksamkeit*

Hat der der Gesellschafter-Erbe nicht eingewilligt, ist die betreffende Stimmabgabe aufgrund fehlender Verfügungsmacht nach § 2205 Satz 3 BGB nicht etwa entsprechend § 185 Abs. 2 BGB schwebend unwirksam.[365] Denn § 185 Abs. 2 BGB kann hier nicht Platz greifen. Im Gegensatz zu § 185 Abs. 1 BGB ist § 185 Abs. 2 BGB nicht auch auf einseitige, sondern nur auf vertragliche Verfügungsgeschäfte anwendbar.[366]

3. *Grundsätzlich Nichtigkeit*

Vielmehr ist eine gemäß § 2205 Satz 3 BGB unzulässige Stimmabgabe des Testamentsvollstreckers ohne Einwilligung des Erben analog § 180 Satz 1 BGB grundsätzlich unheilbar nichtig.[367] Ausnahmsweise kann die Stimmabgabe jedoch entsprechend § 180 Satz 2 i.V.m. § 177 Abs. 1 BGB schwebend unwirksam sein, das heißt durch Genehmigung des Erben wirksam werden.

Denn für die Stimmabgabe durch den Testamentsvollstrecker ohne Verfügungsmacht ist § 180 Satz 1, Satz 2 BGB analog anzuwenden. Teilweise wird sich schon generell im Falle von einseitigen Verfügungsgeschäften für die entsprechende Geltung von § 180 BGB ausgesprochen.[368] Für die analoge Anwendung des § 180 Satz 1 und 2 BGB auf die Stimmabgabe ohne *Verfügungsmacht* spricht jedenfalls die insofern gegebene Vergleichbarkeit mit der Stimmabgabe ohne *Vertretungsmacht*. Es entspricht der wohl einhelligen Auffassung, dass § 180 BGB (jedenfalls analog) auf die Stimmabgabe ohne Vertretungsmacht

---

364 Siehe oben. Anderenfalls drohte die Zurückweisung der Stimmabgabe und der Zweck der Einwilligung liefe ins Leere.

365 So aber wohl *Philippi*, S. 83.

366 *Leptien*, in: Soergel, BGB, § 185 Rn. 4; in Bezug auf Gestaltungsgeschäfte: *Ellenberger*, in: Palandt, BGB, § 185 Rn. 2; *Klumpp*, in: Staudinger, BGB, § 185 Rn. 13.

367 Vgl. BGH, NJW 2009, 215 (216); *Ellenberger*, in: Palandt, BGB, § 180 Rn. 1; *Schäfer*, in: BeckOK-BGB, § 180 Rn. 3.

368 *Bayreuther*, in: MüKo-BGB, § 185 Rn. 17; a.A.: *Leptien*, in: Soergel, BGB, § 185 Rn. 4, § 182 Rn. 12: keine analoge Geltung von § 180 Satz 2 BGB.

anzuwenden ist.[369] Dem ist zuzustimmen. Die Stimmabgabe ist zwar als einfache empfangsbedürftige Willenserklärung kein einseitiges *Rechtsgeschäft*, wie es § 180 BGB voraussetzt.[370] Dennoch ist die Stimmabgabe für die Zwecke des § 180 BGB dem einseitigen Rechtsgeschäft zumindest gleichzusetzen.[371] Denn wie bei einem einseitigen Rechtsgeschäft (zum Beispiel einer Kündigung) vermag sich die Gesellschaft beziehungsweise die sie jeweils vertretenden Personen (insbesondere die Mitgesellschafter) nicht ohne weiteres dem Schwebezustand zu entziehen, der infolge der Ausübung des Stimmrechts ohne Vertretungsmacht eintreten würde.[372] Bei der Stimmabgabe ohne Verfügungsmacht ist die Situation insofern die gleiche. Zudem kann es keinen Unterschied machen, ob im Einzelfall eine erfolgende Stimmrechtsausübung rechtstechnisch im Wege direkter Stellvertretung, mithin im fremden Namen, oder durch einen im eigenen Namen handelnden Nichtberechtigten mit Zustimmung des Berechtigten (beziehungsweise Erben) erklärt wird.[373] Deswegen ist § 180 Abs. 1 Satz 1 und 2 BGB auf die wegen § 2205 Satz 3 BGB verfügungsmachtlose Stimmabgabe des Testamentsvollstreckers anzuwenden.

4. *Voraussetzungen für Genehmigungsfähigkeit*

Damit die die Stimmabgabe ausnahmsweise schwebend unwirksam sein kann, muss sie analog § 180 Satz 2 BGB genehmigungsfähig sein. Umstritten ist, inwieweit es dafür auf die Kenntnis des Adressaten von der Nichtberechtigung des Verfügenden ankommt.

---

369 OLG Frankfurt a.M., DNotZ 2003, 459 (460); OLG München, BeckRS 2010, 25055; *Hartmann*, DNotZ 2002, 153 (257); *Hillmann*, in: Henssler/Strohn, GmbHG, § 47 Rn. 43 m.w.N.; *Ellenberger*, in: Palandt, BGB, § 180 Rn. 1; *Schilken*, in: Staudinger, BGB, § 180 Rn. 11; *Schubert*, in: MüKoBGB, BGB, § 180 Rn. 3; kritisch in Bezug auf § 180 Satz 1 BGB: *K. Schmidt*, in: Scholz, GmbHG, § 47 Rn. 87.

370 *Hartmann*, DNotZ 2002, 153 (257); *K. Schmidt*, GmbHR 2013, 1177 (1180); vgl. OLG Hamm, NJW 1982, 2076; a.A.: OLG Frankfurt a.M., DNotZ 2003, 459 (460): einseitiges Rechtsgeschäft im Sinne des § 180 Satz 1 BGB.

371 OLG Frankfurt a.M., DNotZ 2003, 459 (460); *Hartmann*, DNotZ 2002, 153 (257).

372 Vgl. für Stimmabgabe ohne Vertretungsmacht: *Hartmann*, DNotZ 2002, 153 (257).

373 Vgl. OLG Celle, NZG 2007, 391 (392) in Bezug auf die sogenannte Legitimationszession bei einer GmbH.

a) *Eine Ansicht: Kenntnis von der Nichtberechtigung generell erforderlich*

Nach einer Ansicht wäre die Stimmabgabe analog § 180 Satz 2 BGB genehmigungsfähig, wenn die Gesellschaft (beziehungsweise ihr Vertreter gemäß § 166 Abs. 1 BGB) die Nichtberechtigung des Testamentsvollstreckers *gekannt* hätte und mit der Vornahme der Stimmabgabe ohne die erforderliche Zustimmung einverstanden gewesen wäre oder die behauptete Einwilligung nicht beanstandet hätte.[374] Dabei meint Beanstandung die unverzügliche (§ 121 Abs. 1 BGB) Zurückweisung.[375] Hat die Gesellschaft nicht gewusst, dass der Testamentsvollstrecker als Nichtberechtigter handelte, wäre die Stimmabgabe demnach unheilbar nichtig.

b) *Andere Ansicht: Kenntnis von der Nichtberechtigung nur bei Einverständnis zwingend*

Nach anderer Ansicht ist die Stimmabgabe genehmigungsfähig, wenn (a) die Gesellschaft die von dem Testamentsvollstrecker behauptete Verfügungsmacht bei der Vornahme der Stimmabgabe nicht beanstandet hat (§ 180 Satz 2 Alt. 1 BGB analog) oder (b) sie damit einverstanden gewesen ist, dass der Testamentsvollstrecker ohne Verfügungsmacht handelte (§ 180 Satz 2 Alt. 2 BGB analog). Auf die Kenntnis der Gesellschaft von der Nichtberechtigung kommt es hiernach nur im Rahmen der Alternative (b) an.[376]

c) *Stellungnahme und Ergebnis*

Für die erste Ansicht spricht zwar zunächst, dass jedenfalls aus der Kenntnis der Nichtberechtigung folgt, dass der Gesellschaft die Ungewissheit über die Wirksamkeit der Stimmabgabe zuzumuten ist. Allerdings ist nicht einzusehen, warum im Hinblick auf die fehlende Verfügungsmacht im Vergleich zur fehlenden Vertretungsmacht höhere Anforderungen gestellt werden sollen. Die Rechtsunsicherheit, die sich aus dem Schwebezustand ergibt, ist für beide Fälle dieselbe. Zudem hat der Gesetzgeber mit Normierung des § 180 Satz 2 BGB entschieden, dass es nur im Falle des § 180 Satz 2 Alt. 2 BGB auf die Kenntnis des Erklärungsempfängers von der Nichtberechtigung des Erklärenden ankommt. Dies folgt aus einem Umkehrschluss: Die Behauptung der Verfügungsmacht

374 Vgl. allgemein in Bezug auf einseitige Verfügungserklärungen: *Bayreuther*, in: MüKo-BGB, § 185 Rn. 17.

375 Vgl. OLG Köln, NJW-RR 1995, 1463 (1464); in Bezug auf § 174 BGB als Parallelregelung zu § 111 BGB: *Mansel*, in: Jauernig, BGB, § 180 Rn. 2.

376 Vgl. *Schubert*, in: MüKo-BGB, § 180 Rn. 9; *Schäfer*, in: BeckOK-BGB, § 180 Rn. 6.

kann entsprechend § 180 Satz 2 Alt. 1 BGB ausdrücklich oder konkludent erfolgen, wofür bereits das Auftreten als Testamentsvollstrecker ausreicht. An einer Behauptung fehlt es, wenn der Testamentsvollstrecker den Mangel an Verfügungsmacht offenbart oder Zweifel daran äußert, dass er wegen § 2205 Satz 3 BGB verfügungsbefugt ist. In diesen Fällen kann nur das *Einverständnis* der Gesellschaft dazu führen, dass die Stimmabgabe nach § 177 Abs. 1 BGB i.V.m. § 180 Satz 2 Alt. 2 BGB genehmigungsfähig ist. Als *argumentum e contrario* ergibt sich daraus, dass es für § 180 Satz 2 Alt. 1 BGB nicht auf die Kenntnis der Gesellschaft vom Fehlen der Verfügungsmacht ankommt.[377] Deswegen ist die zweite Ansicht vorzugswürdig.

5. *Genehmigung durch Gesellschafter-Erben*

Ist die Stimmabgabe entsprechend § 180 Satz 2 BGB genehmigungsfähig, kann sie durch Genehmigung des Erben wirksam werden (vgl. § 182 Abs. 2 BGB).[378] Gemäß § 184 Abs. 1 BGB wirkt die Genehmigung auf den Zeitpunkt der Stimmabgabe zurück.[379] Alternativ kann der Gesellschafter-Erbe die Genehmigung natürlich auch verweigern, womit die Stimmabgabe endgültig unwirksam wird (vgl. § 182 Abs. 1 BGB).[380]

6. *Aufforderung zur Genehmigung*

Ein ansonsten drohender dauerhafter Schwebezustand über die Wirksamkeit der Stimmabgabe kann bei Genehmigungsfähigkeit[381] nach Maßgabe des § 177 Abs. 2 BGB beendet werden.[382] So kann die Gesellschaft den Gesellschafter-Erben zur Erklärung über die Genehmigung auffordern. Wurde dergestalt

---

377 Vgl. zum Ganzen: *Maier-Reimer/Finkenauer*, in: Erman, BGB, § 180 Rn. 6; *Schubert*, in: MüKo-BGB, § 180 Rn. 9.

378 Vgl. KG, BeckRS 2014, 16706 Rn. 23; *Ganzer*, in: Rowedder/Schmidt-Leithoff, GmbHG, § 47 Rn. 57; *Zöllner/Noack*, in: Baumbach/Hueck, GmbHG, § 47 Rn. 55.

379 H.M.: OLG Frankfurt a.M., NZG 2003, 438; *Drescher*, in: MüKo-GmbHG, § 47 Rn. 118; *Ganzer*, in: Rowedder/Schmidt-Leithoff, GmbHG, § 47 Rn. 57; *K. Schmidt*, in: Scholz, GmbHG, § 47 Rn. 87; *Zöllner/Noack*, in: Baumbach/Hueck, GmbHG, § 47 Rn. 55. A.A.: *Wicke*, GmbHG, § 47 Rn. 9.

380 Vgl. *Bayreuther*, in: MüKo-BGB, § 185 Rn. 43, § 182 Rn. 27; *Maier-Reimer/Finkenauer*, in: Erman, BGB, § 182 Rn. 17.

381 Siehe soeben: Kapitel 2:E.III.4.

382 Vgl. *Drescher*, in: MüKo-GmbHG, § 47 Rn. 118; *Ganzer*, in: Rowedder/Schmidt-Leithoff, GmbHG, § 47 Rn. 57.

aufgefordert, kann die Erklärung nur der Gesellschaft gegenüber erfolgen; eine vor der Aufforderung dem Testamentsvollstrecker gegenüber erklärte Genehmigung oder Verweigerung der Genehmigung wird unwirksam (vgl. § 177 Abs. 2 Satz 1 BGB). Die Genehmigung kann nur bis zum Ablauf von zwei Wochen nach dem Empfang der Aufforderung erklärt werden; wird sie nicht erklärt, so gilt sie als verweigert (vgl. § 177 Abs. 2 Satz 2 BGB).

7. Widerruf bis Genehmigung

Entsprechend § 178 BGB kann die Gesellschaft als Adressatin der Stimmabgabe bis zur Genehmigung durch den Erben ihm oder dem Testamentsvollstrecker gegenüber den Widerruf erklären, wenn die Gesellschaft die behauptete Einwilligung nicht beanstandet hat (vgl. § 180 Satz 2 Alt. 1 BGB). Ist die Gesellschaft damit einverstanden gewesen, dass der nichtberechtigte Testamentsvollstrecker ohne Einwilligung handelte (vgl. § 180 Satz 2 Alt. 2 BGB), so scheidet allerdings ein Widerruf aufgrund positiver Kenntnis aus.[383] Mit dem Wirksamwerden des Widerrufs ist die Stimmabgabe nichtig. Eine Genehmigung ist dann nicht mehr möglich.[384]

F. Zusammenfassung

In diesem Kapitel 2 galt es zunächst, die einzelnen Voraussetzungen des § 2205 Satz 3 BGB im Hinblick auf die Mitwirkung des Testamentsvollstreckers an GmbH-Gesellschafterbeschlüssen zu untersuchen. Anschließend wurde im Detail erörtert, welche Rechtsfolgen daraus für das betreffende Verfügungsgeschäft resultieren können.

Im Hinblick auf das Tatbestandsmerkmal der Verfügung wurde festgestellt, dass der Verfügungsbegriff des § 2205 Satz 3 BGB identisch ist mit dem allgemeinen, „technischen“ Verfügungsbegriff, wie er auch sonst im Zivilrecht verwendet wird. Aufgezeigt wurde auch, dass die Mitgliedschaft des Gesellschafter-Erben ein taugliches Verfügungsobjekt im Sinne von § 2205 Satz 3 BGB sein kann. Dabei umfasst die GmbH-Mitgliedschaft als einheitliches Rechtsverhältnis die (Sonderrechts-) Beziehungen zwischen der GmbH und dem Gesellschafter sowie – soweit vorhanden – zwischen den jeweiligen Gesellschaftern. Ausgeschlossen ist indes, dass einzelne Mitgliedschaftsrechte des Gesellschafter-Erben Objekt einer Verfügung des Testamentsvollstreckers sein können. Erörtert wurde ferner, inwiefern auf die

383 Vgl. *Schilken*, in: Staudinger, BGB, § 178 Rn. 6; *Schubert*, in: MüKo-BGB, § 178 Rn. 2.
384 Vgl. *Schilken*, in: Staudinger, BGB, § 178 Rn. 1; *Schubert*, in: MüKo-BGB, § 178 Rn. 11.

Mitgliedschaft in Gestalt einer der vier Varianten (Übertragung, Belastung, Aufhebung, Inhaltsänderung) eingewirkt werden kann. Die Einwirkung, einschließlich diejenige durch Inhaltsänderung, setzt weder eine Rechtsminderung noch eine Beeinträchtigung noch einen Eingriff voraus. Richtigerweise stellt jede inhaltliche Änderung des Gesellschaftsvertrages eine Einwirkung auf die Mitgliedschaft dar. Abzulehnen ist, die Norm des § 2205 Satz 3 BGB dergestalt teleologisch zu reduzieren, dass nur solche Rechtsgeschäfte erfasst werden, die sich unmittelbar zulasten des Vermögenswertes des Nachlasses, insbesondere der Beteiligung, auswirken. Wenn durch Begründung oder Erweiterung mitgliedschaftlicher Pflichten unmittelbar auf die bestehende Mitgliedschaft des Gesellschafter-Erben eingewirkt wird, gilt der Maßstab des § 2205 Satz 3 BGB und nicht derjenige der §§ 2206, 2207 BGB. Neben einer inhaltlichen Umgestaltung der Regelungen im mitgliedschaftlichen Rechtsverhältnis kommt eine Einwirkung durch Inhaltsänderung auch bei einer Veränderung im Bestand der Mitgesellschafter des Gesellschafter-Erben in Betracht.

Bei Mitwirkung des Testamentsvollstreckers an GmbH-Gesellschafterbeschlüssen können dessen Stimmabgabe und/oder dessen Zustimmung als Verfügungsgeschäfte zu behandeln sein und somit der Unwirksamkeitsfolge des § 2205 Satz 3 BGB unterliegen. Nach hier vertretener Ansicht (und entgegen der herrschenden Meinung) ist jede Ja-Stimme des Testamentsvollstreckers, die auf Herbeiführung eines verfügungsrelevanten Gesellschafterbeschlusses gerichtet ist, als Verfügungsgeschäft zu behandeln. Verfügungsrelevant ist der Gesellschafterbeschluss, wenn er sich als unmittelbare Einwirkung auf die Mitgliedschaft des Gesellschafter-Erben darstellen würde. Ferner ist nach hier vertretener Ansicht – und in weitgehender Deckung mit der herrschenden Meinung – jede Zustimmung des Testamentsvollstreckers zu einem verfügungsrelevanten Gesellschafterbeschluss als Verfügungsgeschäft zu behandeln.

Der Verfügungsbegriff setzt voraus, dass unmittelbar auf das Verfügungsobjekt durch Rechtsgeschäft eingewirkt wird. Hierfür kommt es technisch auf das Rechtsgeschäft des Gesellschafterbeschlusses an. Mittelbare Einwirkungen auf die Mitgliedschaft fallen von vornherein aus dem direkten Anwendungsbereich des § 2205 Satz 3 BGB heraus.

Die Vorschrift des § 2205 Satz 3 BGB setzt außerdem voraus, dass es sich bei der Verfügung um eine solche *des* Testamentsvollstreckers handelt. Eine solche Verfügung liegt nicht vor, wenn der Testamentsvollstrecker in trans- oder postmortaler Vollmacht des Erblassers handelt.

Im Anschluss wurde das zweite wesentliche Tatbestandsmerkmal, die Unentgeltlichkeit der Verfügung, untersucht. Dazu wurden schematisch Grundsätze entwickelt, die es praktikabel erlauben, die (Un-)Entgeltlichkeit von Verfügungen über die Mitgliedschaft bei Mitwirkung an Gesellschafterbeschlüssen zu beurteilen. Gemäß dem zweigeteilten Unentgeltlichkeitsbegriff ist zunächst danach zu fragen, ob die Verfügung objektiv unentgeltlich ist. Dies setzt eine Wertminderung *des Nachlasses* voraus. Die objektive Entgeltlichkeit ist zu verneinen, wenn mitgliedschaftliche Pflichten durch die Verfügung begründet oder erweitert werden und die Erfüllung dieser Pflichten gar nicht oder nicht vollständig aus dem Nachlass gesichert ist. Begründete oder erweiterte Verwaltungspflichten können *per se* nicht aus dem Nachlass erfüllt werden, Vermögenpflichten im Einzelfall dagegen schon. Ferner muss die Wertminderung des Nachlasses auch *durch die Verfügung* erfolgen. Dazu muss meines Erachtens der Gesellschafterbeschluss, auf dessen Herbeiführung die Stimmabgabe oder auf dessen Wirksamwerden die Zustimmung gerichtet ist, den Nachlass auch bei Inhaltsänderungen *unmittelbar* in seinem Wert mindern. Objektiv setzt die Entgeltlichkeit weiter voraus, dass dem Nachlass ein Vermögensvorteil zugeführt wird. Schließlich wird für eine Entgeltlichkeit in objektiver Hinsicht verlangt, dass die Wertminderung des Nachlasses durch Zuführung eines entsprechenden Vermögensvorteils ausgeglichen wird. Dazu kommt es im Rahmen der objektiven Entgeltlichkeit bei Vorliegen eines Nicht-Austauschverhältnisses auf den Maßstab der ordnungsgemäßen Verwaltung an.

Weiter wurde aufgezeigt, ob und bejahendenfalls inwieweit Besonderheiten gelten, wenn es darum geht, die Entgeltlichkeit von Verfügungen im Wege der Mitwirkung an Gesellschafterbeschlüssen zu beurteilen. Die von der herrschenden Meinung vertretene Ansicht, eine in die Mitgliedschaftsrechte des Erben eingreifende Verfügung sei in der Regel nicht unentgeltlich, wenn die Verfügung alle Gesellschafter gleichmäßig betreffe, ist abzulehnen. In einem solchen Fall kann lediglich ein gewisses Indiz für die Gebotenheit im Gesellschaftsinteresse gesehen werden. Vielmehr sollte der Testamentsvollstrecker einzelfallbezogen mit Hilfe der oben entwickelten schematischen Grundsätze überprüfen, ob die Wertminderung für den Nachlass durch einen oder mehrere Vermögensvorteile ausgeglichen wird.

Kommt der Testamentsvollstrecker einer (wirksamen) Stimmpflicht und/oder Zustimmungspflicht nach und mündet dies in einer Verfügung, so ist die Verfügung voll entgeltlich.

Im Rahmen der Beurteilung der subjektiven Entgeltlichkeit kommt es auf den Maßstab der Pflicht zur ordnungsgemäßen Verwaltung an. Von zentraler Bedeutung ist dort, ob die Verfügung (gegebenenfalls im Zusammenhang mit weiteren Maßnahmen) wirtschaftlich geboten ist und dem Nachlass wirtschaftlich zugutekommt. Diesbezüglich ist dem Testamentsvollstrecker ein Ermessensspielraum einzuräumen. Unternehmerische (Ermessens-)Entscheidungen dürfen nur in eingeschränktem Umfang gerichtlich nachgeprüft werden.

Die Ausnahme von der Beschränkung der Verfügungsbefugnis wegen Pflicht- und Anstandsschenkung nach § 2205 Satz 3 BGB kann im Hinblick auf die

Mitwirkung des Testamentsvollstreckers an GmbH-Gesellschafterbeschlüssen vernachlässigt werden.

Anschließend wurde am Beispiel der Stimmabgabe erörtert, welche Rechtsfolgen aus § 2205 Satz 3 BGB resultieren können. Hierfür wurde danach differenziert, ob die Stimmabgabe des Testamentsvollstreckers mit oder ohne Einwilligung des Gesellschafter-Erben erfolgte.

Eine Einwilligung des Gesellschafter-Erben muss vor oder spätestens gleichzeitig mit Zugang der Stimmabgabe erteilt werden. Die Einwilligung braucht zu ihrer Wirksamkeit keiner bestimmten Form zu genügen. Übt der Testamentsvollstrecker das Stimmrecht mit Einwilligung aus, so ist die Stimmabgabe trotzdem *ex tunc* unwirksam, wenn der Testamentsvollstrecker die Einwilligung nicht in schriftlicher Form (§ 126 Abs. 1 BGB) vorlegt und die Gesellschaft die Stimmabgabe aus diesem Grunde unverzüglich zurückweist. Der Gesellschafter-Erbe kann die zunächst erteilte Einwilligung bis zum Zugang der Stimmabgabe bei der Gesellschaft widerrufen.

Analog §§ 2206 Abs. 2, 2120 Satz 1 BGB ist der Erbe zur Erteilung der Einwilligung verpflichtet, wenn die Verfügung zur ordnungsgemäßen Verwaltung erforderlich ist. Der Anspruch umfasst die Erteilung der Einwilligung in Schriftform.

Eine gemäß § 2205 Satz 3 BGB unzulässige Stimmabgabe des Testamentsvollstreckers ist ohne Einwilligung des Erben analog § 180 Satz 1 BGB grundsätzlich unheilbar nichtig. Ausnahmsweise kann die Stimmabgabe jedoch entsprechend § 180 Satz 2 i.V.m. § 177 Abs. 1 BGB schwebend unwirksam sein, das heißt durch Genehmigung des Erben wirksam werden.

Nach zutreffender Ansicht ist die Stimmabgabe genehmigungsfähig, wenn (a) die Gesellschaft die von dem Testamentsvollstrecker behauptete Verfügungsmacht bei der Vornahme der Verfügung nicht beanstandet hat oder (b) sie damit einverstanden gewesen ist, dass der Testamentsvollstrecker ohne Verfügungsmacht handelte. Auf die Kenntnis der Gesellschaft von der Nichtberechtigung kommt es hiernach nur im Rahmen der Alternative (b) an.

Ist die Stimmabgabe genehmigungsfähig, kann sie durch Genehmigung des Erben wirksam werden. Ein ansonsten drohender dauerhafter Schwebezustand über die Wirksamkeit der Stimmabgabe kann bei Genehmigungsfähigkeit nach Maßgabe des § 177 Abs. 2 BGB beendet werden. Entsprechend § 178 BGB kann die Gesellschaft als Adressatin der Stimmabgabe bis zur Genehmigung durch den Erben ihm oder dem Testamentsvollstrecker gegenüber den Widerruf erklären, wenn die Gesellschaft die behauptete Einwilligung nicht beanstandet hat.

Kapitel 3. Unentgeltliche Verfügungen durch Mitwirkung an GmbH-Gesellschafterbeschlüssen

Im Anschluss gilt es, die in den vorherigen Kapiteln herausgearbeiteten Ergebnisse auf ausgewählte Fallgestaltungen anzuwenden. Untersucht wird jeweils, ob und inwieweit eine (un-)entgeltliche Verfügung des Testamentsvollstreckers im Wege der Mitwirkung am betreffenden GmbH-Gesellschafterbeschluss vorliegen kann.[385]

A. Veräußerung des gesamten Gesellschaftsvermögens

I. Einführung

Der GmbH-Geschäftsanteile verwaltende Testamentsvollstrecker kann nicht nur vor der Entscheidung stehen, die Geschäftsanteile rechtsgeschäftlich zu übertragen (Share-Deal), sondern er kann sich auch mit der Frage konfrontiert sehen, ob und inwieweit der Abschluss eines Asset-Deals, also die rechtsgeschäftliche Übertragung von Gesellschaftsvermögens, von seiner Verfügungsmacht nach § 2205 Satz 3 BGB gedeckt ist.

Untersucht wird, ob eine auf Herbeiführung eines erforderlichen Zustimmungsbeschlusses gerichtete Ja-Stimme des Testamentsvollstreckers gemäß § 2205 Satz 3 BGB unwirksam sein kann.[386] Denn die Übertragung des ganzen Gesellschaftsvermögens einer GmbH ist ein besonders bedeutsames Geschäft, zu dessen Vornahme der betreffende Geschäftsführer[387] einen Zustimmungsbeschluss der Gesellschafterversammlung herbeiführen muss.[388] Das gilt selbst

---

385 Wie im vorherigen Kapitel gezeigt wurde, sind eben die zwei Voraussetzungen „Verfügung" und „Unentgeltlichkeit" die wesentlichen.

386 Prämisse ist ferner, dass der Unternehmensgegenstand die Veräußerung des Gesellschaftsvermögens zuließe, also keine Durchbrechung der Satzung vorläge. Zu der Änderung des Gesellschaftsvertrages siehe unten: Kapitel 3:C.

387 Um den Sachverhalt nicht zu verkomplizieren, soll davon ausgegangen werden, dass der Testamentsvollstrecker nicht auch zugleich Geschäftsführer ist.

388 Das gilt bereits für das Verpflichtungsgeschäft in Bezug auf die Übertragung des gesamten Gesellschaftsvermögens. Hier würde sich die parallele Problematik gemäß § 2206 Abs. 1 Satz 2 BGB stellen. Freilich ist zu beachten: Selbst wenn man zu dem Schluss käme, dass ein zustande gekommener Zustimmungsbeschluss am Ende

dann, wenn der Gesellschaftsvertrag keinen entsprechenden Zustimmungsvorbehalt enthält.[389]

II. Keine unentgeltliche Verfügung

1. Keine Verfügung

Generell kann die Abgabe einer auf Herbeiführung eines Gesellschafterbeschlusses gerichteten Ja-Stimme durch den Testamentsvollstrecker als eine Verfügung im Sinne des § 2205 Satz 3 BGB zu qualifizieren sein. Das setzt voraus, dass der Zustimmungsbeschluss ein verfügungsrelevanter Gesellschafterbeschluss ist, also eine unmittelbare Einwirkung auf die hier zu betrachtende Mitgliedschaft darstellt.

a) Einwirkung auf die Mitgliedschaft

Die Übertragung des gesamten Gesellschaftsvermögens ist in der Tat eine Einwirkung auf die Mitgliedschaft des Gesellschafter-Erben und zwar durch Inhaltsänderung. Denn ein Mitgliedschaftsrecht wird inhaltlich umgestaltet; nicht durch Änderung des Gesellschaftsvertrages, sondern durch faktische Umgestaltung des Mitgliedschaftsrechts auf Teilhabe am Liquidationserlös (vgl. § 72 Satz 1 GmbHG). Denn das Bezugsobjekt dieses Mitgliedschaftsrecht, nämlich das Gesellschaftsvermögen, ist nach seiner Übertragung nicht mehr vorhanden.

b) Keine unmittelbare Einwirkung auf die Mitgliedschaft

Indes ist der Zustimmungsbeschluss nicht verfügungsrelevant, weil er nicht unmittelbar, sondern nur mittelbar auf die Mitgliedschaft des Gesellschafter-Erben einwirkt. Dieses Ergebnis wird durch die Überlegung gestützt, dass wir uns hier nicht im Bereich einer Satzungsänderung bewegen, bei der eine unmittelbare Einwirkung unzweifelhaft gegeben wäre. Denn zum einen gelten vorbehaltlich einer hier ausgeklammerten faktischen Änderung des Unternehmensgegenstandes

---

nichtig wäre, schlüge die Nichtigkeit nicht wie bei § 179a AktG unmittelbar auf das betreffende Verpflichtungsgeschäft (Beispiel: Kaufvertrag über das Gesellschaftsvermögen) durch. Denn interne Vertretungsbeschränkungen berühren nicht die grundsätzliche Unbeschränkbarkeit der Vertretungsmacht des Geschäftsführers nach außen (vgl. § 37 Abs. 2 Satz 1 GmbHG). Vgl. *Müller*, NZG 2019, 807 (809); *Stein*, in: MüKo-AktG, § 179a Rn. 35.

389 Vgl. zum Ganzen: BGH, BeckRS 2019, 4455; *Altmeppen*, GmbHG, § 37 Rn. 22; *Paefgen*, in: HCL, GmbHG, § 37 Rn. 20.

die §§ 53 f. GmbHG (analog) nicht, zum anderen stellt die Veräußerung des gesamten Gesellschaftsvermögens betreffende Zustimmungsbeschluss weder eine wesentliche Grundlagenentscheidung in Gestalt einer Satzungsänderung dar noch wirkt er materiell wie eine Satzungsänderung.[390]

2. *Keine Unentgeltlichkeit*

Damit die Verfügung überhaupt unentgeltlich sein kann, muss der Nachlass außerdem unmittelbar durch die Verfügung in seinem Wert gemindert sein. Wirtschaftlich betrachtet wird der Nachlass mit der Veräußerung des Gesellschaftsvermögens zwar in seinem Wert gemindert. Diese Wertminderung erfolgt aber nicht unmittelbar durch den Gesellschafterbeschluss, sondern durch das Verpflichtungs- beziehungsweise Verfügungsgeschäft der Gesellschaft mit dem Erwerber.

3. *Zwischenergebnis*

Damit scheitert die direkte Anwendung des § 2205 Satz 3 BGB bei einer Mitwirkung des Testamentsvollstreckers am Zustimmungsbeschluss unter zwei Gesichtspunkten: Mangels unmittelbarer Einwirkung auf die Mitgliedschaft liegt keine Verfügung vor. Außerdem könnte eine etwaige Verfügung mangels unmittelbarer Wertminderung des Nachlasses auch nicht unentgeltlich sein.[391]

III. Analoge Anwendung von § 2205 Satz 3 BGB?

Es stellt sich sonach die Frage, ob die auf Herbeiführung des Zustimmungsbeschlusses gerichtete Ja-Stimme des Testamentsvollstreckers *wie* eine unentgeltliche Verfügung in entsprechender Anwendung des § 2205 Satz 3 BGB behandelt werden kann. Oder anders formuliert: kann dem Testamentsvollstrecker analog § 2205 Satz 3 BGB die Rechtsmacht entzogen sein, wirksam eine Ja-Stimme abzugeben?

Zu untersuchen ist, ob die Voraussetzungen der Analogie, nämlich eine planwidrige Regelungslücke (dazu 1.) und eine vergleichbare Interessenlage (dazu 2.) erfüllt sind.

---

390 Vgl. *Trölitzsch*, in: BeckOK-GmbHG, § 53 Rn. 8; indirekt: BGH, BeckRS 2019, 4455 Rn. 36 f.

391 Freilich könnte man vom Wortlaut her auch mittelbare Einwirkungen dem Verfügungsbegriff subsumieren. Dies widerspräche allerdings der allgemein akzeptierten Dogmatik, vgl. nur *Leptien*, in: Soergel, BGB, § 185 Rn. 7.

1. *Planwidrige Regelungslücke*

Eine planwidrige Regelungslücke kann mit guten Gründen bejaht werden.

a) Regelungslücke

Das Gesetz enthält eine Regelungslücke. Dem steht die sogenannte Kernbereichslehre nicht entgegen. Zwar kann man in der Veräußerung des gesamten Gesellschaftsvermögens eine Maßnahme erblicken, die in den Kernbereich der Mitgliedschaft des Gesellschafters beziehungsweise des Erben eingreift.[392] Indes ist, wie bereits festgestellt, die Anwendung der Kernbereichslehre im Verhältnis zwischen Testamentsvollstrecker und Gesellschafter-Erben richtigerweise abzulehnen.[393] Deswegen ist die Rechtsmacht des Testamentsvollstreckers auch nicht bereits insoweit eingeschränkt. Eine Regelungslücke liegt vor.

b) Planwidrigkeit

Die Unvollständigkeit des Gesetzes muss planwidrig sein. Der dem Gesetz zu Grunde liegende Regelungsplan ist aus ihm selbst im Wege der historischen und teleologischen Auslegung zu erschließen und es ist zu fragen, ob das Gesetz, gemessen an seiner eigenen Regelungsabsicht, planwidrig unvollständig ist.[394] Diese Voraussetzungen liegen vor. Dazu im Einzelnen:

(1) Regelungsplan

Gemäß dem Gesetz zu Grunde liegenden Regelungsplan soll der Abschluss eines Rechtsgeschäfts, das zu einer Wertminderung des Nachlassvermögens führt, der Rechtsmacht des Testamentsvollstreckers entzogen sein. Das ergibt sich aus der Entstehungsgeschichte sowie dem Telos der Norm.

Nach Erklärung der zur Beratung des zweiten BGB-Entwurfs eingesetzten Kommission sollte die Verfügungsbefugnis des Testamentsvollstreckers hinsichtlich unentgeltlicher Verfügungen deshalb eingeschränkt sein, weil es keinesfalls der Absicht des Testators entspreche, dass es rein von dem Belieben des berufenen Testamentsvollstreckers abhängen solle, ob der Erbe überhaupt etwas aus dem Nachlass erhalte.[395] Bei Entwurf des § 2205 Satz 3 BGB ist der

---

392 Dafür, wenn Veräußerung nicht vom Unternehmensgegenstand gedeckt ist: *Bredol/Natterer*, ZIP 2015, 1419 (1423). A.A.: OLG Köln, BeckRS 2015, 10785 Rn. 19; *Weber*, DNotZ 2018, 96 (126 f.)

393 Siehe oben Kapitel 1:C.III.

394 Zum Ganzen: BGH, BeckRS 2001, 9628; BGH, NJW 2007, 992 (Rn. 15) m.w.N.

395 Prot. V, S. 280.

historische Gesetzgeber in erster Linie von der Vorstellung ausgegangen, dass der Testamentsvollstrecker über Verfügungsobjekte wie Eigentum an Grundstücken und anderen Sachen durch Übertragung verfügt. Über das Mitwirken an Gesellschafterbeschlüssen – geschweige denn über die auf Herbeiführung eines Zustimmungsbeschlusses gerichtete Stimmabgabe – hat sich der Gesetzgeber (soweit ersichtlich) keine Gedanken gemacht.[396]

Im Einklang mit dem gesetzgeberischen Beweggrund sieht die herrschende Meinung in Rechtsprechung und Literatur das Telos des § 2205 Satz 3 BGB darin, sicherzustellen, dass das Nachlassvermögen während der Dauer der Testamentsvollstreckung wertmäßig erhalten bleibt.[397]

(2) Planwidrige Unvollständigkeit

Sofern man in Anwendung des technischen Verfügungsbegriffes aufgrund der Mittelbarkeit der Einwirkung in der auf Herbeiführung des Zustimmungsbeschlusses gerichteten Stimmabgabe keine Verfügung erblickt, ist das Gesetz gemessen an seiner eigenen Regelungsabsicht planwidrig unvollständig. Denn auch mittelbare Einwirkungen können wie unmittelbare Einwirkungen zu einer Wertminderung des Nachlassvermögens führen. Der Gesetzgeber ist zwar bei Schaffung des § 2205 Satz 3 BGB von dem Paradigma der Übertragung von Sacheigentum ausgegangen. Auf der anderen Seite hat er den Schutz des Nachlassvermögens vor Wertminderungen sehr streng und weitgehend ausgestaltet. Das zeigt sich zum Beispiel daran, dass selbst der Testator den Testamentsvollstrecker nicht vom Verbot der unentgeltlichen Verfügungen befreien kann (vgl. § 2220 BGB). Außerdem werden selbst teilunentgeltliche Verfügungen der Unwirksamkeitsfolge unterworfen. Der Gesetzgeber hat auch nicht etwa eine Geringfügigkeitsgrenze erlassen, sodass jede Verfügung über Gegenstände auch mit nur geringem Wert von dem Verbot erfasst ist. Nicht zuletzt zeigt sich die Strenge des Vermögensschutzes darin, dass es hinsichtlich der Unwirksamkeit des Verfügungsgeschäftes auf die Erkennbarkeit der Unentgeltlichkeit für den Rechtsverkehr nicht ankommt.[398]

Ausgehend von diesem strengen und weitgehenden Schutz vor einer wertmäßigen Minderung des Nachlassvermögens, kann es von der Warte des

---

396 Vgl. nur Jakobs/Schubert, S. 1412 ff.

397 BGH, ZEV 2016, 202 Rn. 9; *Grotheer*, in: BeckOGK-BGB, § 2205 Rn. 75 (1.10.2021); *Damrau*, in: Soergel, BGB, § 2205 Rn. 74; *Zimmermann*, in: MüKo-BGB, § 2205 Rn. 73; a.A.: *Müller*, WM 1982, 466 (477); *Pyszka*, S. 111 ff.

398 Siehe oben: Kapitel 2:C.I.

gesetzgeberischen Regelungsplans deswegen nur als unbeabsichtigt, also planwidrig, angesehen werden, wenn die unentgeltliche Übertragung des Geschäftsanteils der Rechtsmacht des Testamentsvollstreckers entzogen sein soll, die Zustimmung zu einer unentgeltlichen Übertragung des gesamten Gesellschaftsvermögens aber nicht.

Aus diesen Gründen kann eine planwidrige Regelungslücke bejaht werden.

2. *Vergleichbare Interessenlage*

Die Analogie setzt des Weiteren voraus, dass der zu beurteilende Sachverhalt in rechtlicher Hinsicht so weit mit dem Tatbestand vergleichbar ist, den der Gesetzgeber geregelt hat, dass angenommen werden kann, der Gesetzgeber wäre bei einer Interessenabwägung, bei der er sich von den gleichen Grundsätzen hätte leiten lassen wie bei dem Erlass der herangezogenen Gesetzesvorschrift, zu dem gleichen Abwägungsergebnis gekommen.[399] Zur Untersuchung dieser Voraussetzungen wird nachstehend maßgeblich auf einen rechtlichen Vergleich zwischen der Mitwirkung am Zustimmungsbeschluss bei Übertragung des gesamten Gesellschaftsvermögens und der Mitwirkung an der rechtsgeschäftlichen Übertragung der verwalteten Beteiligung abgestellt. Dazu im Einzelnen:

a) Exkurs: Mittelbare Einwirkung als Verfügung gemäß § 185 BGB

Für eine zumindest generell vergleichbare Interessenlage kann zunächst ein gesetzessystematischer Vergleich angeführt werden.

Vor dem Hintergrund von § 185 BGB ist seit langem anerkannt, dass die Einräumung eines obligatorischen Besitzrechtes durch einen Nichtberechtigten (insbesondere die Vermietung einer fremden Sache) als eine Verfügung zu behandeln ist,[400] obgleich darin streng genommen keine unmittelbare Einwirkung auf das Eigentum zu sehen ist. Entscheidend für die analoge Anwendung des Verfügungsbegriffs spricht dort, dass aufgrund der Einräumung des dinglichen Besitzrechtes nebst Besitzverschaffung die dingliche Herrschaftsmacht des Eigentümers eingeschränkt wird.[401]

Dieser anerkannte Fall der analogen Anwendung des Verfügungsbegriffs ist vergleichbar mit der vorliegenden Situation. Zwar ist das Mitgliedschaftsrecht kein Herrschaftsrecht, aber es ist wie das Eigentumsrecht ein subjektives

---

399 BGH, NJW 2003, 2601 (2603); BGH, NJW 2007, 2114 (Rn. 7).

400 H.M.: Vgl. nur *Bayreuther*, in: MüKo-BGB, § 185 Rn. 8; *Haedicke*, JuS 2001, 966 (972); *Klumpp*, in: Staudinger, BGB, § 185 Rn. 145 m.w.N. auch zur Mindermeinung.

401 *Gursky*, in: Staudinger, Aufl. 2014, BGB, § 185 Rn. 102.

Recht.[402] Aufgrund der Veräußerung des gesamten Gesellschaftsvermögens wird das Mitgliedschaftsrecht des Gesellschafter-Erben eingeschränkt. Denn das Gesellschaftsvermögen als Bezugsobjekt[403] des mitgliedschaftlichen Rechts auf Teilhabe am Liquidationserlös ist nach Übertragung desselben nicht mehr vorhanden. Das Mitgliedschaftsrecht wird wie das Eigentumsrecht durch Übertragung des Bezugsobjektes ausgehöhlt und damit entwertet. Die Übertragung des Bezugsobjekts als mittelbare Einwirkung kann deswegen zumindest generell mit der Übertragung des subjektiven Rechts durch unmittelbare Einwirkung gleichgesetzt werden.

Indessen darf natürlich nicht verkannt werden, dass im hiesigen Fall die Übertragung des Gesellschaftsvermögens unmittelbar durch ein Rechtsgeschäft der Gesellschaft und insoweit nicht durch ein Verfügungsgeschäft des Testamentsvollstreckers erfolgt.

b) Interessen des Erben und des Testators

Mit dem genannten Schutzzweck des § 2205 Satz 3 BGB stellt der Gesetzgeber die (mutmaßlichen) Interessen des Erben sowie des Testators in den Mittelpunkt, das Nachlassvermögen für die Zeit der Testamentsvollstreckung wertmäßig zu erhalten. Einem ausnahmsweisen abweichenden Interesse des Erben wird dadurch Rechnung getragen werden, dass der Erbe die Wirksamkeit der unentgeltlichen Verfügung durch Zustimmung herbeiführen kann.[404]

Der Vermögenswert des verwalteten Nachlassgegenstandes bemisst sich nach wirtschaftlichen Kriterien. Und wirtschaftlich haben die Übertragung der Geschäftsanteile und die Zustimmung zur Übertragung des gesamten Gesellschaftsvermögens im Wesentlichen den gleichen Effekt: Der Gesellschafter-Erbe würde faktisch so gut wie keinen vermögenswerten Gegenstand aus dem Nachlass erhalten. Denn der Wert des vom Testamentsvollstrecker verwalteten Geschäftsanteils richtet sich maßgeblich auch nach dem Wert des Gesellschaftsvermögens, da der Geschäftsanteil in wirtschaftlicher und rechtlicher Sicht einen festen Anteil hieran verkörpert.[405]

---

402 Siehe oben: Kapitel 2:B.II.1.

403 In diese Richtung geht etwa *Lutter*, AcP 180 (1980), 84 (101 f.), wenn er davon spricht, dass die Mitgliedschaft durchaus auch ein Recht an Sachen vermittelt.

404 Siehe oben: Kapitel 2:E.

405 Vgl. *Raiser*, in: HCL, GmbHG, § 14 Rn. 10; *Reichert/Weller*, in: MüKo-GmbHG, § 14 Rn. 19.

Insofern sind die Interessen des Erben und Erblassers bei Übertragung des Geschäftsanteiles sowie bei Mitwirkung am Zustimmungsbeschluss in vergleichbarer Weise berührt.

c) Interesse des Erblassers auf Rücksicht auf die Vertrauensstellung

Allerdings spricht das Interesse des Erblassers an der Rücksichtnahme auf die vom Testamentsvollstrecker eingenommene Vertrauensstellung grundsätzlich gegen eine analoge Anwendung des § 2205 Satz 3 BGB.

Im Gegensatz zu vorherigen Bestrebungen wollte der Gesetzgeber bei der Neuordnung des Testamentsvollstreckerrechts dem Testamentsvollstrecker eine freiere Stellung gewähren, welche sowohl den Zwecken seines Amtes als auch dem mutmaßlichen Willen des Erblassers entspricht.[406]

Die für den zweiten BGB-Entwurf eingesetzte Kommission betonte, dass der Erblasser sich bei der Auswahl des Testamentsvollstreckers ausschließlich von dem Vertrauen in die wirtschaftliche Tüchtigkeit und Zuverlässigkeit des Erwählten leiten lassen wolle. Mit Rücksicht auf dieses Vertrauen wolle er ihm regelmäßig ein uneingeschränktes Verfügungsrecht gewähren; jede Einschränkung würde in einem gewissen Widerspruche stehen zu der Vertrauensstellung, die der Vollstrecker nach dem Willen des Erblassers haben solle.[407]

Der Gesetzgeber hielt letztlich die Einschränkung der Verfügungsmacht unter dem Merkmal der Unentgeltlichkeit für vereinbar mit dieser Vertrauensstellung. Das ist konsequent, hat doch der Testamentsvollstrecker, der aufgrund seiner Zuverlässigkeit und wirtschaftlichen Tüchtigkeit ausgewählt wurde, regelmäßig keine Schwierigkeiten, die Entgeltlichkeit herbeizuführen.

Allerdings ist jede Ausdehnung der Tatbestandsmerkmale „Verfügung" und „Unentgeltlichkeit" spiegelbildlich eine Einschränkung der Rechtsmacht und damit der Vertrauensstellung des Testamentsvollstreckers. Denn grundsätzlich betrifft ein pflichtwidriges Verhalten nur das Innenverhältnis zwischen Erben und Testamentsvollstrecker. Würde man den Verfügungsbegriff auf mittelbare Einwirkungen und mittelbare Wertminderungen durch den Zustimmungsbeschluss ausdehnen, könnte damit die Wirksamkeit rechtsgeschäftlicher Handlungen (im Außenverhältnis) vom Rechtsverkehr in Zweifel gezogen werden. Dies könnte zur Folge haben, dass der Testamentsvollstrecker doch angehalten ist, die Zustimmung des Erben einzuholen, obwohl der Testamentsvollstrecker

---

406 Prot. V, S. 281.

407 Prot. V, S. 281 f.

dies grundsätzlich aufgrund seiner unabhängigen Stellung nicht muss.[408] Das würde den Handlungsraum des Testamentsvollstreckers im Rechtsverkehr einschränken. Deswegen ist grundsätzlich eine Ausdehnung der Begriffe Verfügung und Unentgeltlichkeit auf mittelbare Einwirkungen/Wertminderungen (kommen sie wirtschaftlich doch einer unmittelbaren Einwirkung/Wertminderung gleich) nicht im Interesse des Erblassers an der Rücksichtnahme auf die Vertrauensstellung des Testamentsvollstreckers.

d) Interesse des Rechtsverkehrs

Gegen eine analoge Anwendung spricht schließlich die unterschiedliche Interessenlage im Hinblick auf die Schutzwürdigkeit des Rechtsverkehrs.

Der Gesetzgeber hat im Falle der Erfüllung der Voraussetzungen des § 2205 Satz 3 BGB das Verkehrsschutzinteresse hintangestellt. Das zeigt sich daran, dass er im Gegensatz zur Regelung in § 2113 Abs. 3 BGB die Möglichkeit eines gutgläubigen Erwerbes vom Testamentsvollstrecker nicht etabliert hat. Auch ist anerkannt, dass es im Hinblick auf die Unwirksamkeitsfolge auf die Erkennbarkeit der Unentgeltlichkeit für den Geschäftsgegner nicht ankommt. In der Tat besteht regelmäßig bei unentgeltlichen Verfügungen auch kein Bedürfnis, den Rechtsverkehr zu schützen.[409]

In Betreff der auf Herbeiführung des Zustimmungsbeschlusses gerichteten Stimmabgabe ist das Bedürfnis, den Rechtsverkehr zu schützen, mit der unentgeltlichen Übertragung von Geschäftsanteilen (als entsprechendes Paradigma des § 2205 Satz 3 BGB) nicht vergleichbar. Anders als bei einem Verfügungsgeschäft zwischen den Gesellschaftern oder einem Verfügungsgeschäft zwischen dem Testamentsvollstrecker und einem Dritten stehen sich bei der Mitwirkung am Zustimmungsbeschluss die Interessen in der Regel nicht entgegen, sondern es besteht ein Interessengleichlauf. Denn bei der Veräußerung des Geschäftsanteils ist der Vermögensvorteil der einen Seite der Vermögensnachteil der anderen Seite und umgekehrt. Würde der Testamentsvollstrecker unentgeltlich den Geschäftsanteil an einen Erwerber übertragen, wäre der Erwerber in der Regel „übervorteilt" und daher nicht schutzwürdig. Das ist bei der Mitwirkung des Testamentsvollstreckers am Zustimmungsbeschluss nicht der Fall. Denn dort haben auch die Gesellschaft beziehungsweise die Mitgesellschafter des Gesellschafter-Erben in der Regel dasselbe Interesse daran, dass es zu keiner unentgeltlichen Verfügung über das Gesellschaftsvermögen kommt. Deswegen besteht hier ein

---

408 Siehe bereits oben: Kapitel 1:A.II.

409 *Grotheer*, in: BeckOGK-BGB, § 2205 Rn. 75 (1.10.2021).

höheres Verkehrsschutzbedürfnis zugunsten der Gesellschaft beziehungsweise der Mitgesellschafter des Gesellschafter-Erben.

e) Abwägung

Auch wäre der Gesetzgeber bei einer Interessenabwägung, bei der er sich von den gleichen Grundsätzen hätte leiten lassen wie bei dem Erlass des § 2205 Satz 3 BGB, nicht zu dem gleichen Abwägungsergebnis gekommen. Denn aufgrund der höheren Schutzwürdigkeit des Rechtsverkehrs und der Rücksichtnahme auf die Vertrauensstellung des Testamentsvollstreckers wäre die Unwirksamkeitsfolge nicht gerechtfertigt.

Zwar hat der Gesetzgeber das Interesse des Erben und des Erblassers am wertmäßigen Erhalt des Nachlassvermögens bei Schaffung des § 2205 Satz 3 BGB in den Mittelpunkt gestellt und sich dafür entschieden, dieses durch die Unwirksamkeit des Verfügungsgeschäfts zu schützen; auf der anderen Seite ist aber zu berücksichtigen, dass das Interesse am wertmäßigen Erhalt des Nachlassvermögen bei Geschäften des Testamentsvollstreckers, die wirtschaftlich unentgeltlichen Verfügungen gleichkommen, nicht gänzlich ungeschützt ist. Denn der Testamentsvollstrecker würde sich bei schuldhafter Verursachung einer unentgeltlichen Veräußerung des gesamten Gesellschaftsvermögens durch Stimmabgabe gemäß §§ 2216, 2219 Abs. 1 BGB schadenersatzpflichtig machen.

Ferner wird das Interesse am wertmäßigen Erhalt des Nachlassvermögens über die Grundsätze des Missbrauchs der Testamentsvollstreckerbefugnis geschützt.[410] Insofern kann einer § 2216 BGB widersprechenden Stimmabgabe die Wirksamkeit im Einzelfall zu versagen sein, wenn ein Treuebruch des Testamentsvollstreckers vorliegt und die Gesellschaft diesen Treuebruch bewusst ausgenutzt hat.

3. Ergebnis

Im Ergebnis scheidet eine analoge Anwendung des § 2205 Satz 3 BGB im untersuchten Fall mangels vergleichbarer Interessenlage aus.

IV. Keine andere Bewertung bei aufschiebender Bedingung

In Abwandlung zum Ausgangsfall ist auch keine andere Bewertung gerechtfertigt, wenn der Zustimmungsbeschluss aufschiebende Bedingung (§ 158 Abs. 1 BGB) der dinglichen Übertragung des Gesellschaftsvermögens ist. Zwar könnte

---

410 Siehe dazu oben: Kapitel 1:C.II.4.

man erwägen, die auf Herbeiführung eines solchen Zustimmungsbeschlusses gerichtete Stimmabgabe des Testamentsvollstreckers als Verfügung zu qualifizieren. Denn man könnte argumentieren, die Parteien hätten schließlich den Zustimmungsbeschluss zum Bestandteil des dinglichen Vertrages gemacht und die Einwirkung sei nunmehr unmittelbar. Indes ist hier Verfügungsobjekt dann nicht die Mitgliedschaft des Gesellschafter-Erben, sondern das Eigentum am Gesellschaftsvermögen. – Dieses Verfügungsobjekt ist jedoch selbst nicht Nachlassgegenstand, das (unmittelbar) der Verwaltung des Testamentsvollstreckers unterliegt. Im Ergebnis scheitert die Annahme einer unentgeltlichen Verfügung nach § 2205 Satz 3 BGB an denselben Gründen wie zuvor. Zum einen gebietet das Interesse an der Rücksichtnahme auf die Vertrauensstellung des Testamentsvollstreckers eine enge Auslegung der Norm. Zum anderen ist auch hier der Adressat der Stimmabgabe, nämlich die Gesellschaft beziehungsweise die Mitgesellschafter, nichtsdestotrotz schutzwürdig. Daran ändert auch nichts, dass die Parteien des dinglichen Vertrages den Gesellschafterbeschluss zum Bestandteil ihres Rechtsgeschäfts gemacht haben.

V. Ergebnis

Als Ergebnis ist festzuhalten: Ist ein Zustimmungsbeschluss erforderlich, weil das gesamte Gesellschaftsvermögen veräußert werden soll, und wirkt der Testamentsvollstrecker an diesem Zustimmungsbeschluss mit, kommt unter der Prämisse eines unveränderten Unternehmensgegenstandes eine unentgeltliche Verfügung gemäß § 2205 Satz 3 BGB (direkt oder analog) nicht in Betracht. Das gilt selbst dann, wenn der Zustimmungsbeschluss aufschiebende Bedingung für die dingliche Übertragung des gesamten Gesellschaftsvermögens ist.

B. Einziehung

I. Einführung

Sowohl im Rahmen der Verwaltungs- als auch der Auseinandersetzungsvollstreckung kommt die Mitwirkung des Testamentsvollstreckers an einer freiwilligen Einziehung von im Nachlass befindlichen Geschäftsanteilen in Betracht. Juristisch ermöglicht die Einziehung die Vernichtung des betroffenen Geschäftsanteils ohne gleichzeitige Herabsetzung des Stammkapitals.[411] Die Möglichkeit

411 *Görner*, in: Rowedder/Schmidt-Leithoff, GmbHG, § 34 Rn. 3; *Ulmer/Habersack*, in: UCL, GmbHG, § 34 Rn. 1.

zur Einziehung setzt eine entsprechende Regelung in der Satzung voraus (§ 34 Abs. 1 GmbHG). Wirtschaftlich ermöglicht die Einziehung die Konvertierung von Geschäftsanteilen in Geld (in Gestalt des Abfindungsguthabens) und ähnelt insoweit der rechtsgeschäftlichen Veräußerung von Geschäftsanteilen. In Bezug auf die Mitwirkung des Testamentsvollstreckers an der freiwilligen Einziehung kommt eine unentgeltliche Verfügung im Sinne des § 2205 Satz 3 BGB wie folgt in Betracht:

II. Verfügung des Testamentsvollstreckers

Die Einziehung wird gemeinhin als mehraktiges Verfügungsgeschäft klassifiziert.[412] Treffender ist meines Erachtens – jedenfalls im Falle der freiwilligen Einziehung – von einem mehraktigen Verfügungs*tatbestand* zu sprechen, weil es sich insbesondere im Falle der freiwilligen Einziehung nicht nur um *ein* Rechtsgeschäft im Sinne der Verfügungsdefinition handelt. Die Einziehung ist Verfügungstatbestand, weil der eingezogene Geschäftsanteil mit Wirksamwerden der Einziehung untergeht; der Betroffene verliert insoweit seine Mitgliedschaft mit allen Rechten und Pflichten.[413] Der Verfügungstatbestand ist mehraktig, weil er sich aus mehreren Rechtsgeschäften beziehungsweise Willenserklärungen zusammensetzt. Im Falle der freiwilligen Einziehung sind es drei: (i) der Zustimmungsbeschluss der Gesellschafterversammlung (vgl. § 47 Abs. 1 Nr. 4 GmbHG), (ii) die Zustimmung zum Gesellschafterbeschluss durch den betroffenen Gesellschafter und (iii) die Mitteilung dieses Beschlusses an den betroffenen Gesellschafter.

Eine Verfügung im Sinne des § 2205 Satz 3 BGB stellt insofern die Ja-Stimme[414] des Testamentsvollstreckers dar, welche auf Herbeiführung des unter (i) genannten Beschlusses gerichtet ist.[415] Ebenfalls als Verfügung zu qualifizieren

412 OLG Düsseldorf, NJW-RR 1996, 607 (611); *Altmeppen*, GmbHG, § 34 Rn. 68; *Sosnitza*, in: Michalski, GmbHG, § 34 Rn. 4; *Strohn*, in: MüKo-GmbHG, § 34 Rn. 5; *Ulmer/Habersack*, in: UCL, GmbHG, § 34 Rn. 1.

413 *Kersting*, in: Baumbach/Hueck, GmbHG, § 34 Rn. 19; *Kleindiek*, in: Lutter/Hommelhoff, GmbHG, § 34 Rn. 3.

414 Zur Qualifizierung der Stimmabgabe als Verfügung siehe oben: Kapitel 2:B.IV.2.

415 Das gilt unter der Prämisse, dass sein Stimmrecht nicht bereits durch Satzungsregelung ausgeschlossen ist. Nach h.M. ist das Stimmrecht des von der freiwilligen Einziehung betroffenen Gesellschafters nicht nach § 47 Abs. 4 GmbHG ausgeschlossen: vgl. nur *Strohn*, in: MüKo-GmbHG, § 34 Rn. 19; *Westermann*, in: Scholz, GmbHG, § 34 Rn. 43 m.w.N.

ist die unter (ii) genannte Zustimmung durch den Testamentsvollstrecker.[416] Es handelt sich jeweils auch um eine Verfügung *des Testamentsvollstreckers*. Denn der Testamentsvollstrecker übt jeweils die Verfügungsmacht anstelle des Gesellschafter-Erben über dessen Mitgliedschaft aus. Dass es zusätzlich der unter (iii) genannten Mitteilung an den betroffenen Gesellschafter bedarf, macht die Einziehung insgesamt auch nicht zu einer bloß mittelbaren Einwirkung oder zu einer Verfügung *der Gesellschaft*.[417]

III. Unentgeltlichkeit

Dem Untergang der Geschäftsanteile steht als „Entgelt" der Abfindungsanspruch gegenüber. Der Abfindungsanspruch ist im GmbHG nicht geregelt, aber auch ohne gesetzliche oder gesellschaftsvertragliche Regelung als allgemeiner Rechtsgrundsatz und in entsprechender Anwendung von § 738 Abs. 1 Satz 2 BGB mittlerweile allgemein anerkannt.[418]

Soweit die Satzung nichts anderes regelt, hat der betroffene Gesellschafter gegen die Gesellschaft einen Anspruch in Höhe des vollen wirtschaftlichen Wertes (Verkehrswertes) des eingezogenen Geschäftsanteils. Von Gesetzes wegen ist das gesamte Abfindungsguthaben mit Wirksamwerden der Einziehung fällig.[419]

Für die Beurteilung der objektiven Entgeltlichkeit wird nachfolgend danach differenziert, ob keine diesbezüglich abweichende Satzungsklausel (dazu 1.) vorliegt oder ob eine konkretisierende oder abweichende Satzungsklausel (dazu 2.) gegeben ist.

1. Keine abweichende Satzungsklausel

Entspricht der mit Wirksamwerden der Einziehung fällige Abfindungsanspruch dem Verkehrswert der Beteiligung, ist die Verfügung voll entgeltlich. Dabei ist

---

416 *Löbbe*, in: HCL, GmbHG, § 15 Rn. 34; *Reichert/Weller*, in: MüKo-GmbHG, § 15 Rn. 476; *Seibt*, in: Scholz, GmbHG, § 15 Rn. 252; vgl. auch *Strohn*, in: MüKo-GmbHG, § 34 Rn. 5: Zustimmung habe Verfügungscharakter.

417 A.A.: *Altmeppen*, GmbHG, § 34 Rn. 68, 80: die Einziehungserklärung sei eine einseitige Verfügung der Gesellschaft.

418 Vgl. nur *Kersting*, in: Baumbach/Hueck, GmbHG, § 34 Rn. 22; *Ulmer/Habersack*, in: UCL, § 34 Rn. 72; *Strohn*, in: MüKo-GmbHG, § 34 Rn. 205 m.w.N.

419 H.M.: BGH, NZG 2012, 259 (Rn. 16); OLG Düsseldorf, BeckRS 2007, 09356; *Kersting*, in: Baumbach/Hueck, GmbHG, § 34 Rn. 24; *Strohn*, in: MüKo-GmbHG, § 34 Rn. 218 m.w.N. A.A.: *Ulmer/Habersack*, in: UCL, GmbHG, § 34 Rn. 80: erst nach Ablauf einer angemessenen Frist.

der Verkehrswert ein geeigneter Maßstab für die Beurteilung der Gleichwertigkeit von der Beteiligung und dem Abfindungsbetrag. Denn der Abfindungsanspruch verkörpert den wirtschaftlichen Gegenwert zum Geschäftsanteil.[420]

Soweit – wie regelmäßig und anders als bei börsennotierten Aktiengesellschaften – kein funktionsfähiger Markt für das Unternehmen beziehungsweise die Gesellschaftsanteile vorhanden ist, wird der Wert des Unternehmens nach betriebswirtschaftlichen Grundsätzen ermittelt und anschließend der auf den Geschäftsanteil des ausscheidenden Gesellschafters entfallende Anteil errechnet (indirekte Anteilsbewertung).[421] Eine solche Ermittlung des Verkehrswertes wird in der Regel nicht ohne Einholung eines Sachverständigengutachtens möglich sein.[422]

Zwar ist eine bestimmte Methode zur Unternehmensbewertung nicht vorgeschrieben. Aber in der Betriebswirtschaft und Rechtslehre werden seit langem die Bewertungsverfahren gemäß dem IDW Standard „Grundsätze zur Durchführung von Unternehmensbewertungen" (IDW S 1)[423] favorisiert und damit primär das Ertragswertverfahren beziehungsweise das *Discounted Cash Flow*-Verfahren angewendet.[424] Entspricht die (mit Wirksamwerden der Einziehung fällige) Abfindung dem nach diesen Grundsätzen ermittelten Verkehrswert, ist die Verfügung ebenfalls objektiv voll entgeltlich.

2. *Konkretisierende oder abweichende Satzungsklausel*

Als problematisch stellt sich die Situation dar, wenn und soweit die Satzung eine Abfindungsklausel enthält, dergemäß der betroffene Gesellschafter gegen die Gesellschaft einen Anspruch unterhalb des Verkehrswertes des eingezogenen Geschäftsanteils erhalten soll oder die Auszahlung der Abfindung zeitlich gestreckt wird. Für die Frage, ob die Verfügung noch entgeltlich ist, ist zu differenzieren zwischen einerseits dem verfolgten beziehungsweise verfolgbaren Zweck[425] (Vermögensvorteil) der Abfindungsklausel und andererseits, ob sich

---

420 Vgl. *Schindler*, in: BeckOK-GmbHG, § 34 Rn. 81.

421 BGH, NJW 1992, 892 (895); OLG Köln, NZG 1999, 1222 (1224); *Kersting*, in: Baumbach/Hueck, GmbHG, § 34 Rn. 23; *Schindler*, in: BeckOK-GmbHG, § 34 Rn. 81.

422 BGH, NJW 1992, 892 (895); BGH, NJW 1985, 192 (193); *Schindler*, in: BeckOK-GmbHG, § 34 Rn. 82.

423 IDW S 1 i. d. F. 2008, IDW-Fachnachrichten 2008.

424 *Görner*, in: Rowedder/Schmidt-Leithoff, GmbHG § 34; *Kersting*, in: Baumbach/Hueck, GmbHG, § 34 Rn. 23; *Schindler*, in: BeckOK-GmbHG, § 34 Rn. 83; *Sosnitza*, in: Michalski, GmbHG § 34 Rn. 48; *Ulmer/Habersack*, in: UCL, GmbHG, § 34 Rn. 77.

425 Zu beachten ist, dass es freilich Überschneidungen der Zwecke geben kann.

die übrigen, nicht eingezogenen Geschäftsanteile im oder außerhalb des vom Testamentsvollstrecker verwalteten Nachlasses befinden.

a) Zweck der Abfindungsklausel ist Streitvermeidung über Bewertungsmethoden

Nach dem Urteil des Bundesgerichtshofes vom 26. Oktober 1983 kommen als gleichwertige Entgelte auch Abfindungen gemäß Vertragsklauseln in Betracht, die bestimmte Abfindungsmaßstäbe enthalten, sofern diese den Sinn haben, Streit über die Bewertungsmethoden zu vermeiden, aber dennoch den Anteil des Ausscheidenden möglichst richtig zu erfassen. Der Bundesgerichtshof begründete dies damit, dass es verbindliche oder auch nur allgemein anerkannte Grundsätze für die Ermittlung des Wertes eines lebenden Unternehmens (und damit auch eines Anteils) nicht gebe.[426]

Diese Ansicht dürfte insoweit mittlerweile überholt sein. Zwar ist Streitvermeidung generell als Vermögensvorteil beziehungsweise (Teil-)Entgelt anzuerkennen und Regelungen zum Abfindungsanspruch in der Satzung können selbstverständlich dazu ihren Beitrag leisten. Indes ist zu konstatieren, dass sich mittlerweile mit dem betriebswirtschaftlichen Standard IDW S 1 sehr wohl allgemein anerkannte Grundsätze für die Ermittlung des Wertes eines lebenden Unternehmens herausgebildet haben.[427] Deshalb ist der Vermögensvorteil einer Streitvermeidung in diesem Kontext nur dann als Entgelt anzuerkennen, wenn die Abfindungsklausel diesen Standard dergestalt konkretisiert, dass er in dessen Rahmen eröffnete Wahlmöglichkeiten nutzt (zum Beispiel Festlegung auf das modifizierte Ertragswertverfahren anstatt auf das *Discounted Cash Flow*-Verfahren oder *vice versa*) oder einzelfallbezogenen Besonderheiten bei der Bewertung des konkreten Unternehmens Rechnung trägt. Eine Abfindung, die auf einer Klausel beruht, die zum Zwecke der Streitvermeidung von dem IDW S 1 durch Überschreitung des von ihm gezogenen Rahmens abweicht, kann insoweit nicht als (objektiv) vollentgeltlich angesehen werden.

b) Zweck der Abfindungsklausel ist Vereinfachung und Beschleunigung

Etwas anderes kann gelten, wenn die Abfindungsklausel der Vereinfachung der Berechnungsmethode (und damit auch der Beschleunigung der Wertermittlung) dient. So führte der Bundesgerichtshof in dem bereits zitierten Urteil aus, dass unter dem Gesichtspunkt ordnungsmäßiger Verwaltung auch solche

---

426 BGH, NJW 1984, 362 (364).

427 Siehe oben Kapitel 3:B.III.1.

Abfindungen als entgeltlich angesehen werden können, die wegen der Bewertungsschwierigkeiten Pauschalsätze für die Ermittlung des Abfindungsguthabens aufstellen.[428]

Angesprochen sind hiermit Klauseln, die eine vereinfachte Berechnung der Abfindung vorsehen (zum Beispiel durch Verwendung von Ergebnismultiplikatoren, umsatz- oder produktmengenorientierten Multiplikatoren). In der Tat helfen solche Pauschalsätze, die Schwierigkeiten zu umgehen, die sich aus der Anwendung der Grundsätze nach IDW S 1 ergeben. Nicht ohne Grund erfordert eine dem entsprechende Ermittlung des Verkehrswertes in der Regel die Einholung eines Sachverständigengutachtens.[429] Indes ist dies mit nicht zu vernachlässigenden Kosten (und zeitlichem Aufwand) verbunden. Da diese Kosten in der Regel jedenfalls mittelbar zu Lasten des Nachlassvermögens gehen würden, stellt die Ersparnis dieser Kosten ein Entgelt dar, dass dem Nachlass zugutekommt.

Eine Gleichwertigkeit zwischen dem Untergang der Anteile und dem Entgelt kommt nach Maßgabe der Pflicht zur ordnungsgemäßen Verwaltung unter zwei Aspekten in Betracht: Erstens, die Anwendung der Pauschalsätze (zum Beispiel durch Verwendung eines EBITDA-Multiplikators) ergibt – „bei sorgfältiger, nicht zu kleinlicher kaufmännischer Schätzung“[430] – ein Abfindungsguthaben, das auch nach IDW S 1 errechnet worden wäre. Zweitens, das Abfindungsguthaben bleibt zwar hinter dem so geschätzten Verkehrswert zurück, aber die Differenz wird durch die (geschätzte) Ersparnis der Gutachterkosten (und gegebenenfalls durch die damit erzielte Beschleunigung) aufgewogen. Das dürfte tendenziell eher bei Beteiligungen geringeren Wertes der Fall sein, beziehungsweise, wenn durch den Zeitvorteil weitere signifikante Vermögensvorteile für den Nachlass erzielt werden können, die sonst nicht hätten erzielt werden können.

c) *Zweck der Abfindungsklausel ist das wirtschaftliche Überleben des Unternehmens*

Nicht selten beschränken Abfindungsklauseln die Höhe des Abfindungsguthabens, um im Interesse des Bestandsschutzes der Gesellschaft einen erheblichem Kapitalabfluss zu vermeiden. Entsprechendes gilt für Klauseln, welche die Auszahlung des Abfindungsguthabens zeitlich strecken.[431] Ersteres kann etwa

---

428 BGH, NJW 1984, 362 (364).

429 Vgl. BGH, NJW 1992, 892 (895); *Kort*, in: MüHdB GesR III, § 28 Rn. 17; *Kersting*, in: Baumbach/Hueck, GmbHG, § 34 Rn. 23.

430 BGH, NJW 1984, 362 (364).

431 Vgl. BGH, NJW 1984, 362 (364); *Kersting*, in: Baumbach/Hueck, GmbHG, § 34 Rn. 25.

bei Substanzwertklauseln der Fall sein, die den anteiligen Geschäfts- oder Firmenwert („*Goodwill*") nicht berücksichtigen.[432] Aber auch Ertragswertklauseln können betroffen sein, indem sie die Abfindungshöhe auf einen bestimmten Prozentsatz (zum Beispiel 70 bis 80 %) des anteiligen Ertragswertes festlegen.[433]

Auch der Zweck der Erhaltung des Gesellschaftsunternehmens stellt einen Vermögenswert dar, der grundsätzlich geeignet ist, die Differenz des Abfindungsguthabens zum Verkehrswert auszugleichen. Denn wenn erhebliche Teile des Gesellschaftsvermögens (sofort) für die Abfindung verwandt werden müssen, kann dadurch die Fortführung des Gesellschaftsunternehmens gefährdet werden. Dies würde freilich auch den Wert des Gesellschaftsunternehmens beeinträchtigen.

Zu beachten ist, dass die Vorteile der Beschränkung der *Abfindungshöhe* zum Zwecke der Bestandsicherung des Gesellschaftsunternehmens dem Nachlass nur dann zugutekommen können, wenn sich weiterhin zumindest ein verbleibender, nicht eingezogener Geschäftsanteil im Nachlass befinden wird.

Bei der *Abfindungsbeschränkung durch zeitliche Streckung* kommt es darauf an: Soll die Auszahlung der Abfindung (in Höhe des Verkehrswertes) zeitlich gestreckt erfolgen und die Abgeltung geschieht zu angemessenen Bedingungen (insbesondere marktüblichen Zinsen und gegebenenfalls Sicherheiten[434]), so ist die Verfügung auch dann voll entgeltlich, wenn sich keine der übrigen Geschäftsanteile im Nachlass befinden. Erfolgt keine oder keine marktübliche Abgeltung der zeitlichen Streckung, so kann die Verfügung nur dann entgeltlich sein, wenn sich zumindest ein verbleibender Anteil weiterhin im Nachlass befinden wird.

IV. Ergebnis

Die auf Herbeiführung des Einziehungsbeschlusses gerichtete Stimmabgabe sowie die Zustimmung zum Einziehungsbeschluss können unentgeltliche Verfügungen im Sinne des § 2205 Satz 3 BGB darstellen. Im Einzelfall kann aufgrund der Anwendung der Abfindungsklausel und der mit ihr verfolgten oder verfolgbaren Zwecke auch dann eine voll entgeltliche Verfügung vorliegen, wenn

432 Vgl. *Kersting*, in: Baumbach/Hueck, GmbHG, § 34 Rn. 25; *Strohn*, in: MüKo-GmbHG, § 34 Rn. 259.

433 Vgl. *Schindler*, in: BeckOK-GmbHG, § 34 Rn. 107; *Strohn*, in: MüKo-GmbHG, § 34 Rn. 262.

434 Dieser Aspekt spielt gerade dann eine wichtige Rolle, wenn die Stundung langfristig und die Finanzlage der Gesellschaft instabil ist: *Ulmer/Habersack*, in: HCL, GmbHG, § 34 Rn. 88.

der Wert des Abfindungsguthabens hinter dem Verkehrswert der eingezogenen Geschäftsanteile zurückbleibt und/oder die Zahlung des Abfindungsbetrages zeitlich gestreckt erfolgt.

C. Satzungsänderungen

Einer der bedeutendsten Fälle der Verfügung über die Mitgliedschaft durch Inhaltsänderung betrifft die Änderung des Gesellschaftsvertrages gemäß §§ 53 f. GmbHG. Insbesondere im Rahmen der Dauerverwaltung ist die Wahrscheinlichkeit hoch, dass der Testamentsvollstrecker sich mit dieser Thematik befassen muss. Die Mitwirkung des Testamentsvollstreckers am Satzungsänderungsbeschluss gilt es nachfolgend im Hinblick auf § 2205 Satz 3 BGB näher zu untersuchen.

I. Verfügung

1. Unmittelbare Einwirkung auf die Mitgliedschaft

Bei einer Satzungsänderung ist eine unmittelbare Einwirkung auf die Mitgliedschaft durch Gesellschafterbeschluss unzweifelhaft im Falle einer inhaltlichen Umgestaltung der mitgliedschaftlichen Rechte und Pflichten des Gesellschafter-Erben zu bejahen. Allerdings ist eine Einwirkung auf die Mitgliedschaft hierauf nicht beschränkt. Ein Eingriff oder eine Beeinträchtigung der Mitgliedschaft ist ebenfalls zur Annahme einer Verfügung nicht notwendig. Richtigerweise ist jede inhaltliche Umgestaltung der Satzung als eine unmittelbare Einwirkung auf die Mitgliedschaft anzusehen.[435]

Das verkennt die abweichende Ansicht, wenn sie im Falle von bestimmten Satzungsänderungen (zum Beispiel bei Änderung der Vertretungsregelung) schon eine Verfügung negieren möchte.[436] Im Kern geht es hier vielmehr um die davon zu trennende Frage, ob die Satzungsänderung auch eine unmittelbare Wertminderung des nachlassgegenständlichen Geschäftsanteils bedeutet.[437]

Ferner ist bei Satzungsänderungen, durch welche mitgliedschaftliche (Nebenleistungs-)Pflichten des Gesellschafter-Erben begründet oder erweitert werden,

---

435 Für Einzelheiten siehe oben: Kapitel 2:B.III.4.d).

436 *Lutter*, ZGR 1982, 108 (112 f.); *Priester*, in: FS Stimpel, S. 463 (475), Fn. 74; *Reimann*, in: Staudinger, BGB, § 2205 Rn. 188.

437 Eine Verfügung setzt begriffsnotwendig nicht eine Vermögensbeeinträchtigung beziehungsweise eine Rechtsminderung voraus, siehe oben: Kapitel 2:B.III.4.b).

zu beachten, dass der Maßstab des § 2205 Satz 3 BGB und nicht derjenige der §§ 2206, 2207 BGB gilt.[438]

2. *Durch Rechtsgeschäft*

Das Verfügungsgeschäft ist die auf Herbeiführung des Satzungsänderungsbeschlusses gerichtete Stimmabgabe und/oder – im Falle von § 53 Abs. 3 GmbHG (oder von § 35 BGB analog, *etc.*) – die Zustimmung zum Satzungsänderungsbeschluss.[439]

3. *Eintragungserfordernis steht Unmittelbarkeit nicht entgegen*

Der Unmittelbarkeit der Einwirkung steht nicht entgegen, dass die Abänderung des Gesellschaftsvertrages keine rechtliche Wirkung hat, bevor sie in das Handelsregister des Sitzes der Gesellschaft eingetragen ist (vgl. § 54 Abs. 3 GmbHG). Zwar könnte der Testamentsvollstrecker zusammen mit den Mitgesellschaftern des Erben die Eintragung und damit die Wirksamkeit der Änderung theoretisch noch verhindern, indem sie durch weiteren Gesellschafterbeschluss die anmeldeberechtigten Geschäftsführer anweisen, die Anmeldung der Eintragung zurückzunehmen. Es kommt jedoch wesentlich auf die Ausübung der Rechtsmacht an und darauf, dass der Testamentsvollstrecker alles getan hat, damit der Gesellschafterbeschluss tatbestandlich zustande kommt beziehungsweise wirksam werden kann. Dies ist allerdings vorher bereits mit der Stimmabgabe und/oder Zustimmung geschehen.

4. *Zwischenergebnis*

Als Zwischenergebnis ist festzuhalten, dass die auf Herbeiführung eines Satzungsänderungsbeschlusses gerichtete Stimmabgabe und/oder die Zustimmung zum Satzungsänderungsbeschluss durch den Testamentsvollstrecker eine Verfügung darstellt.

---

438 Siehe oben: Kapitel 2:B.III.4.f).

439 Für Einzelheiten siehe oben Kapitel 2:B.IV.3. f.

II. Unentgeltlichkeit

1. Wertminderung des Nachlasses

Wenn im Wege der Satzungsänderung mitgliedschaftliche Pflichten zulasten des Gesellschafter-Erben begründet oder erweitert werden sollen, ist ein besonderes Augenmerk auf die Erfüllbarkeit aus dem Nachlassvermögen zu legen. Denn eine fehlende Erfüllbarkeit aus dem Nachlassvermögen steht der objektiven Entgeltlichkeit entgegen.[440]

2. Unmittelbare Wertminderung

Damit eine Verfügung unentgeltlich sein kann, muss der Nachlass durch die Verfügung unmittelbar in seinem Wert gemindert werden.[441] Das ist bei einer Einwirkung auf die Mitgliedschaft durch Inhaltsänderung nicht zwangsläufig der Fall. Deswegen muss bei Satzungsänderungen die unmittelbare Wertminderung für die nachlassgegenständliche Beteiligung (oder das sonstige verwaltete Nachlassvermögen) positiv festgestellt werden.

Im Schrifttum wird bisweilen darauf abgestellt, ob in *vermögensmäßige Positionen* (Änderungen des Gewinnverteilungsschlüssels, der Abfindungsregel, Verzicht auf bestehende Sonderrechte, *etc.*) eingegriffen wird.[442] In diesen Fällen ist natürlich eine für § 2205 Satz 3 BGB relevante Satzungsänderung zu bejahen. Aber dies darf den Blick nicht darauf verstellen, dass objektiv bereits bei jeder rechtlich nachteiligen Änderung des Gesellschaftsvertrages (nachfolgend *Beeinträchtigung der Mitgliedschaft* genannt) eine Wertminderung des betreffenden Geschäftsanteils gegeben ist.[443] Auf der anderen Seite darf nicht verkannt werden, dass auch eine Beeinträchtigung der Mitgliedschaft unmittelbarer Natur sein muss.[444]

---

440 Für Einzelheiten siehe: Kapitel 2:C.II.1.a). Im Übrigen sei in Bezug auf die Unentgeltlichkeit auf die Ausführungen in Kapitel 2:C. verwiesen.

441 Siehe oben: Kapitel 2:C.II.1.b).

442 *Lange*, in: FS DNotI, S. 665 (671); *Todtenhöfer*, RNotZ 2017, 557 (565).

443 In diese Richtung geht auch BGHZ 75, 177 (183), wenn auf die „Beeinträchtigung" oder „Beschneidung" der Mitgliedschaftsrechte abgestellt wird; ähnlich auch: *Michalski*, DB 1987 Beil. 16, 3 (16).

444 Das ist wohl damit gemeint, wenn in BGHZ 78, 177 von einem Eingreifen in Mitgliedschaftsrechte die Rede ist.

Dazu sollen im Weiteren zwei Fallgruppen herausgearbeitet und untersucht werden, nämlich a) formale und b) materielle Beeinträchtigungen der Mitgliedschaft.

a) Formale Beeinträchtigungen der Mitgliedschaft

In Anlehnung an die Rechtsprechung des Bundesgerichtshofes[445] kann man bei Satzungsänderungen in folgenden Konstellationen eine formale Beeinträchtigung der Mitgliedschaft und damit eine unmittelbare Wertminderung für den Geschäftsanteil annehmen beziehungsweise nicht annehmen. Zu differenzieren ist zwischen der Umgestaltung von Mitgliedschaftsrechten unter (1) und der Umgestaltung von Mitgliedschaftspflichten unter (2).

(1) Beeinträchtigung bei Umgestaltung von Mitgliedschaftsrechten

Eine unmittelbare formale Beeinträchtigung der Mitgliedschaft des Gesellschafter-Erben durch Umgestaltung seiner Mitgliedschaftsrechte (einschließlich seiner Sonderrechte) ist unter folgenden Gesichtspunkten denkbar:

- Aufhebung eines Mitgliedschaftsrechts; oder
- Beschneidung eines Mitgliedschaftsrechts.
- Nicht dagegen: Begründung eines Mitgliedschaftsrechts.

(2) Beeinträchtigung bei Umgestaltung von Mitgliedschaftspflichten

Spiegelbildlich ist eine unmittelbare formale Beeinträchtigung für den Geschäftsanteil des Gesellschafter-Erben durch Umgestaltung seiner Mitgliedschaftspflichten (einschließlich etwaiger Nebenleistungspflichten im Sinne des § 3 Abs. 2 GmbHG) unter folgenden Gesichtspunkten denkbar:

- Begründung einer Mitgliedschaftspflicht; oder
- Erweiterung einer Mitgliedschaftspflicht.
- Nicht dagegen: Aufhebung einer Mitgliedschaftspflicht.

b) Materielle Beeinträchtigungen der Mitgliedschaft

Von der formalen Beeinträchtigung zu unterscheiden sind materielle Beeinträchtigungen der Mitgliedschaft, bei denen sich die unmittelbare Wertminderung für den Geschäftsanteil nicht anhand der Einordnung der betroffenen

---

445 BGHZ 78, 177 (183); BGH, NJW 1981, 1560 (1562).

Regelung als Mitgliedschaftsrecht oder -pflicht bestimmen lässt, sondern es auf den jeweiligen sonstigen Inhalt der betreffenden Satzungsregelung ankommt.

(1) Keine oder nur mittelbare Beeinträchtigungen

Unbeachtlich sind keine oder mittelbare materielle Beeinträchtigungen der Mitgliedschaft durch Satzungsänderungen. Hierzu gehören insbesondere Änderungen der Modalitäten für die Einberufung der Gesellschafterversammlung, Änderungen der Firma und des Sitzes der Gesellschaft, der Regelungen zu Bekanntmachungen der Gesellschaft oder zur Vertretungsregelung.[446] Etwaige materielle Beeinträchtigungen, die nur mittelbar mit der Änderung von Satzungsregelungen im Zusammenhang stehen (zum Beispiel höhere Steuern oder höhere Verwaltungskosten), müssen außer Betracht bleiben.[447]

(2) Unmittelbare materielle Beeinträchtigung

Relevant sind dagegen unmittelbare materielle Beeinträchtigungen der Mitgliedschaft. Als Beispiel sei die Ausweitung des Unternehmensgegenstandes genannt (vgl. § 3 Abs. 2 Nr. 2 GmbHG). Dass in diesem Fall eine materielle Beeinträchtigung vorliegt, ergibt sich aus dem Sinn und Zweck der Regelung. Denn im Innenverhältnis zwischen Gesellschaft und Gesellschafter hat die Bestimmung des Unternehmensgegenstandes unter anderem die Funktion, die Gesellschafter gegen willkürliche Ausweitungen des Gegenstandes und einer damit einhergehenden Vergrößerung des Risikos zu schützen. Denn die Geschäftsführer sind an den Gesellschaftsvertrag gemäß § 37 Abs. 2 GmbHG gebunden.[448] Eine Ausweitung des Unternehmensgegenstandes durch Satzungsänderung erhöht also dieses Risiko, was nachteilig für den Gesellschafter-Erben ist und daher eine unmittelbare Wertminderung für die Beteiligung des Gesellschafter-Erben bedeutet.[449]

---

446 Vgl. *Lutter*, ZGR 1982, 108 (112 f.); *Priester*, in: FS Stimpel, S. 463 (475), Fn. 74; *Reimann*, in: Staudinger, BGB, § 2205 Rn. 188, die aber bereits eine Verfügung über die Mitgliedschaft verneinen wollen.

447 Siehe oben: Kapitel 2:C.II.1.b).

448 Zum Ganzen: *Fastrich*, in: Baumbach/Hueck, GmbHG, § 3 Rn. 7; *Ulmer/Löbbe*, in: HCL, GmbHG, § 3 Rn. 16.

449 Dass dies gegebenenfalls natürlich auch die Profitchancen steigern könnte, wäre im Rahmen der Bestimmung des Vermögenvorteils zu berücksichtigen.

3. *Vermögensvorteil und Ausgleich*

In Bezug auf Vermögensvorteile, die potenziell eine Wertminderung für den Nachlass ausgleichen können, sei nach oben verwiesen.[450]

Für die Beurteilung, ob die unmittelbare Wertminderung für den Nachlass durch einen entsprechenden Vermögensvorteil objektiv ausgeglichen wurde, kommt es in aller Regel mangels brauchbarer Wertmaßstäbe darauf an, ob die Satzungsänderung (gegebenenfalls in Verbindung mit weiteren Maßnahmen) ordnungsgemäßer Verwaltung entspricht.[451]

III. Ergebnis

Die auf Herbeiführung eines Satzungsänderungsbeschlusses gerichtete Stimmabgabe und/oder die Zustimmung des Testamentsvollstreckers zum Satzungsänderungsbeschluss kann jeweils eine (un-)entgeltliche Verfügung im Sinne des § 2205 Satz 3 BGB darstellen.

D. Kapitalerhöhung

Ein Geschäftsanteile verwaltender Testamentsvollstrecker kann bisweilen vor der Frage stehen, welche Grenzen ihm § 2205 Satz 3 BGB im Zusammenhang mit einer effektiven Erhöhung des Stammkapitals der GmbH (§§ 55 ff. GmbHG) setzt und ob er gehalten ist, die Zustimmung des Gesellschafter-Erben einzuholen. Hier ist im Wesentlichen zwischen zwei verschiedenen Rechtsgeschäften zu differenzieren: nämlich dem Kapitalerhöhungsbeschluss (dazu sogleich unter I.) und dem Übernahmevertrag (dazu anschließend unter II.).

I. Kapitalerhöhungsbeschluss

Die Erhöhung des Stammkapitals der GmbH bedarf eines Gesellschafterbeschlusses (§ 55 Abs. 1 GmbHG). In diesem Zusammenhang sollen vor dem Hintergrund des § 2205 Satz 3 BGB die folgenden Aspekte beleuchtet werden.

---

450 Siehe oben: Kapitel 2:C.II.1.c).

451 Siehe oben: Kapitel 2:C.II.1.d)(2).

1. *Erhöhung des satzungsmäßigen Stammkapitals gemäß § 3 Abs. 1 Nr. 3 GmbHG*

Klärungsbedürftig ist zunächst, ob die Erhöhung des satzungsmäßigen Stammkapitals eine unentgeltliche Verfügung im Sinne des § 2205 Satz 3 BGB darstellen kann.

a) Verfügung

Die auf Herbeiführung eines Kapitalerhöhungsbeschlusses gerichtete Stimmabgabe des Testamentsvollstreckers ist eine Verfügung im Sinne des § 2205 Satz 3 BGB. Denn der Beschluss wirkt unmittelbar auf die Mitgliedschaft des Gesellschafter-Erben durch Änderung der nach § 3 Abs. 1 Nr. 3 GmbHG in der Satzung ausgewiesenen Stammkapitalziffer ein. Der Beschluss ist satzungsändernder Natur[452] und damit verfügungsrelevant.[453]

b) Unentgeltlichkeit

Indes ist diese Verfügung *per se* nicht unentgeltlich. Die Unentgeltlichkeit scheitert bereits an einer unmittelbaren Wertminderung der Beteiligung (oder des sonstigen verwalteten Nachlassvermögens). Denn die Änderung der ausgewiesenen Stammkapitalziffer stellt weder einen unmittelbaren rechtlichen Nachteil noch sonst eine unmittelbare Wertminderung der Beteiligung dar. Die Satzungsänderung bereitet lediglich die Basis für die angestrebte Kapitalmaßnahme. Aufgrund der Satzungsänderung sind die Gesellschafter aber nicht verpflichtet, einen neuen Geschäftsanteil zu übernehmen, und zwar auch dann nicht, wenn sie der Kapitalerhöhung zugestimmt haben. Im Gegenteil: die durch den Kapitalerhöhungsbeschluss bewirkte Satzungsänderung stellt einen Vermögensvorteil dar; eröffnet sie doch grundsätzlich jedem Gesellschafter die Möglichkeit, sich an der Kapitalmaßnahme zu beteiligen. Um den Gesellschafter-Erben zu verpflichten, bedarf es aber erst des Abschlusses eines Übernahmevertrages.[454]

---

452 Vgl. *Lieder*, in: MüKo-GmbHG, § 55 Rn. 25; *Servatius*, in: Baumbach/Hueck, GmbHG, § 55 Rn. 4.

453 Zur Verfügungsrelevanz vor Gesellschafterbeschlüssen: Kapitel 2:B.IV.2.c)(5).

454 Vgl. zu den genannten Rechtsfolgen des Kapitalerhöhungsbeschlusses: *Bayer*, in: Lutter/Hommelhoff, GmbHG, § 55 Rn. 33; *Lieder*, in: MüKo-GmbHG, § 55 Rn. 66.

c) *Ergebnis*

In Betreff der Änderung der Stammkapitalziffer ist *per se* eine unentgeltliche Verfügung des Testamentsvollstreckers zu verneinen.

2. *Ausfallhaftung grundsätzlich nur im Innenverhältnis zu berücksichtigen*

Weiter ist zu klären, ob § 2205 Satz 3 BGB die Rechtsmacht des Testamentsvollstreckers beschränkt, wenn die Kapitalerhöhung zu einer Ausfallhaftung des Erben gemäß § 24 GmbHG führen kann.

a) *Risiko der kollektiven Ausfallhaftung gemäß § 24 GmbHG*

Freilich darf nicht übersehen werden, dass eine effektive Kapitalerhöhung für vorhandene Gesellschafter, also auch für den Erben, die gefährliche Rechtsfolge einer Haftungsausweitung gemäß § 24 GmbHG nach sich ziehen kann.[455] Denn nachdem im Zuge der Durchführung der Kapitalerhöhung neue Geschäftsanteile begründet wurden, würde der Erbe – unter den Voraussetzungen des § 24 GmbHG – auch für Einlagelageforderungen der Gesellschaft gegen Mitgesellschafter haften. Das gilt selbst dann, wenn der Testamentsvollstrecker gegen die Kapitalerhöhung gestimmt hat und unabhängig davon, ob der Testamentsvollstrecker anschließend neue Geschäftsanteile übernimmt.

b) *Beschränkung der Rechtsmacht des Testamentsvollstreckers gemäß § 2205 Satz 3 BGB?*

Vorderhand zu klären ist, ob die Rechtsmacht des Testamentsvollstreckers gemäß § 2205 Satz 3 BGB beschränkt ist, wenn der Testamentsvollstrecker eine auf Herbeiführung des Kapitalerhöhungsbeschlusses gerichtete Ja-Stimme abgibt und im Zuge dessen die Möglichkeit der Haftung des Erben nach § 24 GmbHG eröffnet wird. Bejahendenfalls hätte dies zur Folge, dass der Stimmabgabe, wenn sie ohne Zustimmung des Erben erfolgte, die Wirksamkeit zu versagen wäre.[456]

Abgesehen von dem Missbrauch der Testamentsvollstreckerbefugnis kommt die Beschränkung der Rechtsmacht unter dem Aspekt der Beschränkung der Verpflichtungsmacht oder der Verfügungsmacht in Betracht. Welcher der beiden Maßstäbe greift, ist als streitig zu erachten. Dazu im Einzelnen:

---

455 *Bayer*, in: Lutter/Hommelhoff, GmbHG, § 55 Rn. 46; *Servatius*, in: Baumbach/Hueck, GmbHG, § 55 Rn. 7.

456 Für weitere Einzelheiten siehe oben: Kapitel 2:E.I.

(1) Herrschende Meinung: Maßstab des §§ 2206, 2207 BGB

Ein Teil der Literatur misst die „Begründung“ der Ausfallhaftung durch den Kapitalerhöhungsbeschluss an §§ 2206, 2207 BGB. Demgemäß wäre die Verpflichtungsbefugnis des Testamentsvollstreckers beschränkt, wenn die sofortige Erfüllung der neuen Einlageverpflichtungen nicht gewährleistet ist oder das Nachlassvermögen als solches für die Ausfallhaftung nicht ausreicht.[457]

(2) Andere Ansicht: Maßstab des § 2205 Satz 3 BGB

Nach hier vertretener Ansicht[458] greift nicht der Maßstab der §§ 2206, 2207 BGB, sondern des § 2205 Satz 3 BGB. Danach könnte die auf Herbeiführung des Kapitalerhöhungsbeschlusses gerichtete Stimmabgabe des Testamentsvollstreckers nur dann unwirksam sein, wenn sie sich als unentgeltliche Verfügung darstellte. Das ist indes nicht der Fall. Zwar liegt wie gesehen eine Verfügung vor, sie kann aber selbst unter dem Aspekt der Ausfallhaftung *per se* keine unentgeltliche Verfügung sein. Denn auch insofern liegt keine unmittelbare Wertminderung des Nachlasses (oder des Erbenvermögens) vor. Eine Ausfallhaftung nach § 24 GmbHG ist keine unmittelbare Folge der Erhöhung satzungsmäßigen Stammkapitals, sondern nur ein eventueller Reflex, der für Zwecke des § 2205 Satz 3 BGB außer Betracht bleiben muss. Infolgedessen kann die auf Herbeiführung des Kapitalerhöhungsbeschlusses gerichtete Stimmabgabe auch nicht unter Berücksichtigung einer etwaigen Ausfallhaftung gemäß § 2205 Satz 3 BGB unwirksam sein.

(3) Stellungnahme

Für die hier vertretene Ansicht sprechen die besseren Argumente. Die Beschränkung der Rechtsmacht des Testamentsvollstreckers durch §§ 2206, 2207 BGB kann schon deswegen nicht zur Anwendung kommen, weil die Anwendung durch § 2205 Satz 3 BGB gesperrt ist. Selbst wenn man den Anwendungsbereich der §§ 2206, 2207 BGB als eröffnet betrachtete, so ist zweifelhaft, ob unter „Eingehung einer Verbindlichkeit“ im Sinne der §§ 2206, 2207 BGB die mittelbare Verursachung einer gesetzlichen Haftung fällt. Dagegen spricht, dass eine Haftung

---

457 *Groß*, GmbHR 1994, 596 (598); *Priester*, in: FS Stimpel, S. 463 (479); *Seibt*, in: Scholz, GmbHG, § 15 Rn. 252; a.A.: *Damrau*, in: *Soergel*, BGB, § 2205 Rn. 51: Dem Testamentsvollstrecker sei es generell versagt, an einer Kapitalerhöhung mitzuwirken, wenn sie nicht aus Gesellschaftsmitteln erfolgt.

458 Zur parallelen Problematik bei Begründung/Erweiterung mitgliedschaftlicher Pflichten siehe Kapitel 2:B.III.4.f).

des Erben nach § 24 GmbHG eintreten kann, aber nicht muss, und dies keine „Verbindlichkeit“ darstellt, die ein Gesellschafter für sein Vermögen – bilanziell betrachtet – passivieren würde. Der ersteren Ansicht ist insoweit zuzustimmen, als mitschwingt, dass der Testamentsvollstrecker den Nachlass entgegen § 2216 Abs. 1 BGB nicht ordnungsgemäß verwaltet, wenn er nicht verhindert, dass eine gesetzliche Haftung den Erben treffen kann. Aus diesen Gründen verdient die zweitgenannte Ansicht den Vorzug.

c) Ergebnis

Damit ist festzuhalten, dass die „Ausweitung“ einer (potenziellen) Ausfallhaftung keine Beschränkung der Verfügungsmacht gemäß § 2205 Satz 3 BGB – noch der Verpflichtungsmacht nach §§ 2206, 2207 BGB – nach sich zieht und insofern keine Auswirkungen auf die Wirksamkeit der auf Herbeiführung der Kapitalerhöhung gerichteten Stimmabgabe hat. Der Aspekt der Ausfallhaftung spielt somit prinzipiell nur für das Innenverhältnis zwischen Testamentsvollstrecker und Erben gemäß § 2216 Abs. 1 BGB eine Rolle.[459]

3. Festsetzung eines Aufgeldes

Nicht selten wird im Zusammenhang mit dem eigentlichen Kapitalerhöhungsbeschluss festgesetzt, dass die neuen Geschäftsanteile nur gegen Zahlung eines Aufgeldes (sogenanntes Agio) ausgegeben werden. Dies hat gemäß § 3 Abs. 2 GmbH Satzungsrelevanz.[460] In einer auf Herbeiführung eines Gesellschafterbeschlusses mit derartigem Inhalt gerichteten Stimmabgabe ist dessen ungeachtet keine unentgeltliche Verfügung zu erblicken. Die Unentgeltlichkeit der Verfügung ist zu verneinen, weil die etwaige unmittelbare Wertminderung des Nachlasses in Gestalt einer Verpflichtung zur Leistung des Agios erst mit Abschluss des Übernahmevertrages eintritt.

4. Ausschluss des Bezugsrechts des Gesellschafter-Erben

Kritischer vor dem Hintergrund des Verbots der unentgeltlichen Verfügung stellt sich die Situation dar, wenn der Testamentsvollstrecker an einem Ausschluss des Bezugsrechts des Gesellschafter-Erben mitwirkt. Analog § 186 Abs. 3 Satz 1 AktG kann ein Bezugsrecht zulasten eines GmbH-Gesellschafters

459 In diese Richtung auch: *Dörrie*, ZEV 1996, 370 (373); *Mayer*, ZEV 2002, 209 (211).

460 *Hermanns*, in: Michalski, GmbHG, § 55 Rn. 21; *Priester/Tebben*, in: Scholz, GmbHG, § 55 Rn. 27.

nur zusammen mit der Kapitalerhöhung im Kapitalerhöhungsbeschluss ausgeschlossen werden, sofern die Satzung nicht bereits einen antizipierten Verzicht vorsieht.[461] Der Ausschluss des Bezugsrechts muss also Gegenstand des Kapitalerhöhungsbeschlusses sein und ist damit untrennbarer und unselbstständiger Bestandteil des Kapitalerhöhungsbeschlusses.[462] Zu untersuchen ist, wann bei einem Bezugsrechtsauschluss eine (un-)entgeltliche Verfügung über die Mitgliedschaft des Gesellschafter-Erben bejaht werden kann.

a) Verfügung

Im Ergebnis stellt die auf Herbeifügung eines Kapitalerhöhungsbeschlusses gerichtete Stimmabgabe dann eine Verfügung im Sinne des § 2205 Satz 3 BGB dar, wenn das gesetzliche Bezugsrecht des Gesellschafter-Erben zumindest teilweise ausgeschlossen werden soll.

Nicht ganz einfach zu beantworten ist die Frage, was hier das Verfügungsobjekt ist. In Betracht kommt einerseits die Mitgliedschaft, anderseits der konkrete Bezugsanspruch. Das allgemeine Bezugsrecht ist ein gesetzliches Mitgliedschaftsrecht, welches nach zutreffender Ansicht seine normative Grundlage in § 186 Abs. 1 AktG analog findet.[463] Von diesem allgemeinen, aus der Mitgliedschaft resultierenden Bezugsrecht zu unterscheiden ist der konkrete Bezugsanspruch, der als selbständiges Recht mit Fassung des Kapitalerhöhungsbeschlusses entsteht und nach Maßgabe von § 15 Abs. 3–5 GmbHG isoliert übertragen werden kann.[464]

Unsöld sieht in dem Bezugsrechtsausschluss eine Verhinderung der Entstehung des konkreten Bezugsanspruches und einen Rechtsverzicht.[465] Demzufolge wäre hiernach der Bezugsrechtsanspruch Verfügungsobjekt. Die besseren Gründe sprechen indes für die Mitgliedschaft als Verfügungsobjekt. Denn die gegenteilige Auffassung verkennt, dass nicht der Bezugsanspruch ausgeschlossen

---

461 *Hermanns*, in: Michalski, GmbHG, § 55 Rn. 46; *Lieder*, in: MüKo-GmbHG, § 55 Rn. 83; *Servatius*, in: Baumbach/Hueck, GmbHG, § 55 Rn. 25.

462 Vgl. in Bezug auf die AG: *Koch*, in: Hüffer/Koch, AktG, § 186 Rn. 20; *Rieder/Holzmann*, in: Grigoleit, AktG, § 186 Rn. 45.

463 H.M.: *Hermanns*, in: Michalski, GmbHG, § 55 Rn. 39; *Lieder*, in: MüKo-GmbHG, § 55 Rn. 70; *Servatius*, in: Baumbach/Hueck, GmbHG, § 55 Rn. 30; *Wicke*, GmbHG, § 55 Rn. 11. A.A.: *Ulmer/Casper*, in: UHL, GmbHG, § 55 Rn. 52.

464 *Bayer*, in: Lutter/Hommelhoff, GmbHG, § 55 Rn. 20; *Priester/Tebben*, in: Scholz, GmbHG, § 55 Rn. 53; *Wicke*, GmbHG, § 55 Rn. 11; a.A.: *Ziemons*, in: BeckOK-GmbHG, § 55 Rn. 90: Entstehung des konkreten Bezugsrechts mit Zulassungsbeschluss.

465 *Unsöld*, S. 91.

wird, sondern das gesetzliche Bezugsrecht aus § 186 Abs. 1 AktG analog.[466] Das ergibt sich schon aus der systematischen Stellung des § 186 Abs. 3 AktG. Ferner spricht gegen die gegenteilige Auffassung, dass ein Gesellschafter auf ein Recht verzichten würde, also durch Aufhebung desselben verfügen würde, obwohl es noch gar nicht existiert. Denn wenn das Bezugsrecht analog § 186 Abs. 3 Satz 1 AktG schon im Kapitalerhöhungsbeschluss ausgeschlossen wurde, ist der konkrete Bezugsanspruch gar nicht erst entstanden. Auch kann diese Sichtweise nicht erklären, warum ein Bezugsrechtsausschluss dann auf Grund des Mehrheitserfordernisses in § 186 Abs. 3 Satz 2 AktG prinzipiell auch ohne Mitwirkung des betroffenen Gesellschafters beschlossen werden kann, obwohl es doch gemäß der genannten Ansicht ausschließlich „sein" Bezugsanspruch sein müsste. Richtigerweise ist das Verfügungsobjekt die Mitgliedschaft des Gesellschafter-Erben. Denn sein mitgliedschaftliches Bezugsrecht wird damit unmittelbar eingeschränkt, was ansonsten nur durch eine Satzungsänderung ermöglicht werden könnte.[467] Konsequenterweise muss man dem Beschluss über den Bezugsrechtsauschluss (er ist ja Bestandteil des satzungsändernden Kapitalerhöhungsbeschlusses) ebenso mitgliedschaftsändernde Natur zuschreiben. Zwar ist die Änderung keine, die das allgemeine Bezugsrecht vollständig aufhebt, aber sie gestaltet das Bezugsrecht in Bezug auf die betreffende Kapitalerhöhung inhaltlich um. Verfügungsobjekt ist deswegen zutreffenderweise die Mitgliedschaft.

Deswegen wirkt der Beschluss über den Bezugsrechtsausschluss unmittelbar auf die Mitgliedschaft des Gesellschafter-Erben ein. In der Stimmabgabe des Testamentsvollstreckers, welche auf Herbeiführung eines Kapitalerhöhungsbeschlusses unter Ausschluss des Bezugsrechts des Gesellschafter-Erben gerichtet ist, ist demzufolge eine Verfügung zu erblicken.

b) Unentgeltlichkeit

Der Bezugsrechtsausschluss führt unmittelbar zu einer Wertminderung der nachlassgegenständlichen Beteiligung des Gesellschafter-Erben. Was im Übrigen die Frage der Unentgeltlichkeit angeht, wird nachfolgend gezeigt, dass man auch im Rahmen des § 2205 Satz 3 BGB die gesellschaftsrechtlichen Grundsätze

---

466 Vgl. zum Ausschluss des gesetzlichen Bezugsrechts als mitgliedschaftliches Grundrecht: *Hermanns*, in: Henssler/Strohn, AktG, § 186 Rn. 7.

467 Vgl. *Bayer*, in: Lutter/Hommelhoff, GmbHG, § 55 Rn. 22; *Priester/Tebben*, in: Scholz, GmbHG, § 55 Rn. 70; *Wicke*, GmbHG, § 55 Rn. 11.

zum Schutze der Gesellschafterminderheit bei Bezugsrechtsausschluss fruchtbar machen kann.

Danach kann Entgeltlichkeit in aller Regel angenommen werden, wenn ein Bezugsrechtsausschluss auch ohne oder gegen die Stimme des ausgeschlossenen Gesellschafter-Erben den entsprechenden materiellen Anforderungen des Gesellschaftsrechts zum Gesellschafterminderheitenschutz genügen würde. In Bezug auf den Schutz der Gesellschafterminderheit ist ein Bezugsrechtausschluss unter drei Voraussetzungen materiell zulässig, nämlich wenn (1.) ein sachlicher Grund für den Ausschluss vorliegt, der Ausschluss also zu einem Zweck erfolgt, dessen Verfolgung im Gesellschaftsinteresse liegt, (2.) der Ausschluss zur Erreichung dieses Zwecks geeignet und erforderlich ist, sowie (3.) der Ausschluss auch verhältnismäßig ist.[468]

In Voraussetzung (1.) wird man bereits einen objektiven Vermögensvorteil sehen müssen, der dem Nachlass zugutekommt.[469] Ferner darf der Testamentsvollstrecker in subjektiver Hinsicht in aller Regel nach Maßgabe der Pflicht zur ordnungsgemäßen Verwaltung vom Ausgleich der Wertminderung durch den Vermögensvorteil ausgehen, wenn Voraussetzungen (2.) und (3.) vorliegen. Dass die Wertungen zum gesellschaftsrechtlichen Minderheitenschutz jedenfalls teilweise eine parallele Wertung im Hinblick auf die Beurteilung der Unentgeltlichkeit gemäß § 2205 Satz 3 BGB zulassen, ergibt sich ferner aus der folgenden Überlegung: Sind die materiellen Anforderungen erfüllt, bestünde gewissermaßen eine gesellschaftsrechtliche Duldungspflicht, die der Annahme einer Unentgeltlichkeit wegen der Erfüllung einer gesellschaftsrechtlichen Pflicht entgegenstünde.[470]

Entsprechend den Fallgruppen, die im Hinblick auf die materielle Zulässigkeit des Bezugsrechtsausschlusses entwickelt wurden, kann man in folgenden Beispielsfällen eine Entgeltlichkeit in aller Regel bejahen. Dabei kann zwischen (1) einer Barkapitalerhöhung und (2) einer Sachkapitalerhöhung unterschieden werden:

---

468 *Bayer*, in: Lutter/Hommelhoff, GmbHG, § 55 Rn. 24; *Lieder*, in: MüKo-GmbHG, § 55 Rn. 86; *Priester/Tebben*, in: Scholz, GmbHG, § 55 Rn. 54; *Servatius*, in: Baumbach/Hueck, GmbHG, § 55 Rn. 26.

469 Siehe dazu oben: Kapitel 2:C.II.1.c).

470 Siehe dazu oben: Kapitel 2:C.III.2.

(1) Barkapitalerhöhung

Im Rahmen von Barkapitalerhöhungen kann der Ausschluss des Gesellschafter-Erben sachlich gerechtfertigt sein, wenn (i) ein Gesellschafter oder ein Dritter im Gegensatz zu den übrigen Gesellschaftern dazu bereit ist, über den inneren Wert des erhöhten Kapitals hinaus weitergehende Sonderleistungen zu erbringen, etwa in Form einer Zuzahlung oder einer Bürgschaft, und (ii) keine vergleichbare Fremdfinanzierung zu bewerkstelligen ist.[471]

Des Weiteren kann der Ausschluss des Gesellschafter-Erben im Falle einer beabsichtigen Beteiligung von leitenden Mitarbeitern der GmbH materiell zulässig sein, wenn die gesellschaftsrechtliche Bindung des Mitarbeiters von erheblicher Bedeutung für das Unternehmen ist und diese auf andere Weise nicht erreicht werden kann.[472]

(2) Sachkapitalerhöhung

Im Rahmen einer Sachkapitalerhöhung kann der Ausschluss des Bezugsrechts zulasten des Gesellschafter-Erben sachlich gerechtfertigt sein, wenn die Gesellschaft ein erhebliches Interesse am Erwerb eines bestimmten Gegenstandes oder sonstiger vermögenswerter Rechte hat und diese Vermögensgegenstände am Markt nicht ohne weiteres verfügbar sind.[473]

c) Ergebnis

Demgemäß kann bei der Mitwirkung am Kapitalerhöhungsbeschluss unter dem Gesichtspunkt des Ausschlusses des Gesellschafter-Erben eine (un-)entgeltliche Verfügung des Testamentsvollstreckers vorliegen.

5. Zulassung Dritter

Wenn Dritte (also andere Personen als die Gesellschafter) zur Kapitalerhöhung zugelassen werden (vgl. § 55 Abs. 2 Satz 1 GmbHG), liegt darin stets auch zumindest ein teilweiser Ausschluss des gesetzlichen Bezugsrechts zulasten

---

471 *Lieder*, in: MüKo-GmbHG, § 55 Rn. 96; *Priester/Tebben*, in: Scholz, GmbHG, § 55 Rn. 54; *Ulmer/Casper*, in: UHL, GmbHG, § 55 Rn. 60.

472 *Hermanns*, in: Michalski, GmbHG, § 55 Rn. 52; 96; *Lieder*, in: MüKo-GmbHG, § 55 Rn. 97; *Priester/Tebben*, in: Scholz, GmbHG, § 55 Rn. 58.

473 *Hermanns*, in: Michalski, GmbHG, § 55 Rn. 52; *Priester/Tebben*, in: Scholz, GmbHG, § 55 Rn. 58.

der Altgesellschafter.[474] Insoweit gilt das soeben zum Bezugsrechtausschluss Gesagte.[475]

Aber auch insoweit auf die Mitgliedschaft des Erben durch Beitritt eines neuen Gesellschafters zur Gesellschaft eingewirkt wird, ist mangels Unmittelbarkeit keine Verfügung des Testamentsvollstreckers gegeben. Denn hierfür kann es nur auf den Übernahmevertrag zwischen der Gesellschaft und dem Dritten ankommen.

6. *Ergebnis*

Die Wirksamkeit der auf Herbeiführung des eigentlichen Kapitalerhöhungsbeschlusses gerichteten Stimmabgabe kann durch § 2205 Satz 3 BGB gemäß den vorstehenden Untersuchungen nur unter dem Aspekt des Bezugsrechtsausschlusses berührt werden.

II. Übernahme der Geschäftsanteile bei effektiver Kapitalerhöhung

Während zuvor die Mitwirkung des Testamentsvollstreckers am Kapitalerhöhungsbeschluss betrachtet wurde, wird hier seine Mitwirkung am Übernahmevertrag vor dem Hintergrund des § 2205 Satz 3 BGB untersucht.

1. *Die Abgabe der Übernahmeerklärung durch den Testamentsvollstrecker*

Die Durchführung einer effektiven Kapitalerhöhung erfordert nach § 55 Abs. 1 GmbHG die Übernahme der Geschäftsanteile an dem erhöhten Kapital. Die Übernahme neuer (beziehungsweise die Aufstockung bestehender) Geschäftsanteile erfolgt aufgrund eines Übernahmevertrages zwischen dem Übernehmer und der GmbH.[476] Sofern das Bezugsrecht des Gesellschafter-Erben nicht vollständig ausgeschlossen wurde, tut sich die Problematik auf, ob § 2205 Satz 3 BGB dem Testamentsvollstrecker auch Schranken im Hinblick auf den Abschluss des Übernahmevertrages setzt. Zu klären ist, ob die Verpflichtung zur Übernahme der Stammeinlage und gegebenenfalls zur Leistung eines Agios, die sich mit

---

474 *Heckschen*, DStR 2001, 1437 (1439); *Servatius*, in: Baumbach/Hueck, GmbHG, § 55 Rn. 20.

475 Siehe soeben unter Kapitel 3:D.I.4.

476 BGH, NJW 1999, 1252 (1253); *Lieder*, in: MüKo-GmbHG, § 55 Rn. 109; *Wicke*, GmbHG § 55 Rn. 12.

Abschluss des Übernahmevertrages ergibt, unter das Verbot der unentgeltlichen Verfügung gemäß § 2205 Satz 3 BGB fällt oder an der Beschränkung der Verpflichtungsbefugnis gemäß §§ 2206 Abs. 1, 2207 BGB zu messen ist.

a) Argumente für die Anwendbarkeit des § 2205 Satz 3 BGB

Für die Anwendung des Maßstabes des § 2205 Satz 3 BGB auf den Abschluss des Übernahmevertrages sprechen zunächst die folgenden Punkte:

Sofern der Testamentsvollstrecker bereits nachlassgegenständliche Geschäftsanteile verwaltet, der Erbe also bereits Gesellschafter ist, könnte der Übernahmevertrag ein Verfügungsgeschäft darstellen. Denn der Übernahmevertrag würde dann unmittelbar auf eben diese bereits bestehende Mitgliedschaft des Erben einwirken und zwar durch Inhaltsänderung. Anders als wenn der Erbe noch kein Gesellschafter der GmbHG ist, wird nicht etwa eine neue Mitgliedschaft, also ein neues Rechtsverhältnis, begründet, sondern die bestehende Mitgliedschaft wird als einheitliches Rechtsverhältnis durch inhaltliche Umgestaltung ausgeweitet. Dafür spricht auch, dass der Übernahmevertrag seiner Rechtsnatur nach ein korporationsrechtlicher (mitgliedschaftlicher) Vertrag zwischen GmbH und Übernehmer ist.[477] Aus ihm ergibt sich insoweit, dass sich – nach Erfüllung der übrigen Voraussetzungen der Kapitalerhöhung, in der Regel also der Eintragung im Handelsregister – die bisherige Mitgliedschaft des Übernehmers erweitert.[478] Dies stellt eine inhaltliche Umgestaltung der korporationsrechtlichen Verhältnisse dar.[479]

b) Argumente für die Anwendbarkeit der §§ 2206, 2207 BGB

Allerdings spricht gegen die Anwendung des § 2205 Satz 3 BGB und für die Anwendung der §§ 2206, 2207 BGB, dass der Übernahmevertrag – jedenfalls was seine Grundstruktur angeht – auf den Erwerb von neuen Geschäftsanteilen ausgelegt ist (vgl. § 55 Abs. 3 GmbHG). Das bedeutet, der Übernahmevertrag ist seiner Natur nach mehr ein Erwerbsgeschäft als ein Verfügungsgeschäft. Ferner spricht für den Anwendung der §§ 2206, 2207 BGB, dass – wirtschaftlich betrachtet – die Eingehung der Einlageverbindlichkeit (gegebenenfalls nebst Agio-Verbindlichkeit) die Gegenleistung für die neu begründeten Geschäftsanteile darstellt. Dies entspricht der typischen Situation bei der Erfüllung einer

477 BGH, NJW 1999, 1252 (1253); *Lieder*, in: MüKo-GmbHG, § 55 Rn. 109; *Servatius*, in: Baumbach/Hueck, GmbHG, § 55 Rn. 31.

478 *Servatius*, in: Baumbach/Hueck, GmbHG, § 55 Rn. 31.

479 *Servatius*, in: Baumbach/Hueck, GmbHG, § 55 Rn. 38.

Verbindlichkeit im Sinne der §§ 2206, 2207 BGB. Denn zunächst *geht* der Testamentsvollstrecker mit Abschluss des Übernahmevertrages eine *Verbindlichkeit* gegenüber der Gesellschaft auf Leistung der Einlage sowie gegebenenfalls auf Leistung des Agios *ein*. Diese Verbindlichkeiten wären – wirtschaftlich betrachtet – im Nachlassvermögen zu passivieren. Bei Eintragung der Kapitalerhöhung wären nunmehr die übernommen Geschäftsanteile – wirtschaftlich betrachtet – im Nachlassvermögen zu aktivieren.

c) Ergebnis

Die besseren Gründe sprechen mithin dafür, dass nicht der Maßstab des § 2205 Satz 3 BGB, sondern jener der §§ 2206, 2207 BGB im Hinblick auf die Wirksamkeit des Übernahmevertrages Anwendung findet.

2. Mitwirkung bei der Annahme der Übernahmeerklärung von Dritten

Der Testamentsvollstrecker kann bei der Übernahme der neuen Geschäftsanteile nicht nur als derjenige involviert sein, der die Übernahmeerklärung abgibt, sondern auch auf Seiten der Gesellschaft, welche die Annahme der Übernahmeerklärung eines Nicht-Gesellschafters erklärt. Denn aufgrund des korporationsrechtlichen Charakters des Übernahmevertrages wird die Gesellschaft bei der Erklärung der Annahme durch ihre Gesellschafter vertreten.[480] Indes treffen die Beschränkungen des § 2205 Satz 3 BGB den Testamentsvollstrecker hierbei insoweit nicht. Bei dem Übernahmevertrag handelt es sich dann nämlich um ein Rechtsgeschäft *der Gesellschaft* und nicht des Testamentsvollstreckers.

3. Ergebnis

Festzuhalten ist, dass § 2205 Satz 3 BGB die Rechtsmacht des Testamentsvollstreckers bei Mitwirkung am Abschluss des Übernahmevertrages – gleich auf welcher Seite der Vertragsparteien – nicht beschränkt. Eine unentgeltliche Verfügung des Testamentsvollstreckers kann insofern nicht vorliegen.

---

480 BGH, NJW 1968, 400; *Servatius*, in: Baumbach/Hueck, GmbHG, § 55 Rn. 34; *Ulmer/Casper*, in: UHL, GmbHG, § 55 Rn. 84.

III. Ergebnis

In Bezug auf die Mitwirkung des Testamentsvollstreckers an einer effektiven Kapitalerhöhung kann die auf Herbeiführung des Kapitalerhöhungsbeschlusses gerichtete Stimmabgabe durch den Testamentsvollstrecker eine (un-)entgeltliche Verfügung darstellen, wenn das Bezugsrecht des Gesellschafter-Erben zumindest teilweise ausgeschlossen werden soll. Dagegen kommt eine unentgeltliche Verfügung im Hinblick auf den Abschluss des Übernahmevertrages nicht in Betracht.

E. Umwandlung

Ein weiterer vor dem Hintergrund des § 2205 Satz 3 BGB zu untersuchender Fall betrifft die Mitwirkung des Testamentsvollstreckers bei einer Umwandlung. Exemplarisch soll der Formwechsel der GmbH in die Rechtsform einer Aktiengesellschaft gemäß §§ 190 ff. UmwG untersucht werden.

I. Überblick

Der Formwechsel erfordert gemäß § 193 Abs. 1 Satz 1 UmwG einen Beschluss der Anteilseigner der formwechselnden GmbH. Eine Änderung der Rechtsform wird gleichwohl erst mit Eintragung in das Handelsregister wirksam (vgl. § 202 Abs. 1 UmwG). Verwaltet der Testamentsvollstrecker Geschäftsanteile an einer GmbH, kann er grundsätzlich auch an der Fassung des Umwandlungsbeschlusses mitwirken.

Eine unentgeltliche Verfügung des Testamentsvollstreckers im Rahmen der Mitwirkung am Umwandlungsbeschluss kommt zum einen unter dem Aspekt der Stimmabgabe (dazu sogleich II.) und zum anderen unter dem Aspekt der Zustimmung (dazu anschließend III.) in Betracht.

II. Stimmabgabe durch den Testamentsvollstrecker

Zunächst wird sich der Frage zugewendet, ob und inwieweit die auf Herbeiführung des Umwandlungsbeschlusses gerichtete Stimmabgabe durch den Testamentsvollstrecker eine entgeltliche Verfügung im Sinne des § 2205 Satz 3 BGB darstellt.[481]

481 Prämisse ist, dass die Beteiligungsverhältnisse aufrechterhalten werden, keine Sonderpflichten begründet oder erweitert werden und keine Sonderrechte verkürzt oder aufgehoben werden. Denn dann bedarf es in aller Regel jeweils der Zustimmung durch

1. *Verfügung*

Die auf Herbeiführung des Umwandlungsbeschlusses gerichtete Stimmabgabe des Testamentsvollstreckers ist als eine Verfügung im Sinne des § 2205 Satz 3 BGB zu qualifizieren. Bleibt der Gesellschafter-Erbe an dem neuen Rechtsträger der Aktiengesellschaft beteiligt, wirkt der Umwandlungsbeschluss unmittelbar durch *Inhaltsänderung* auf die Mitgliedschaft des Gesellschafter-Erben ein.[482] Zwar könnte man hier erwägen, stattdessen eine Aufhebung der „GmbH-Mitgliedschaft" anzunehmen, weil der Formwechsel in eine Aktiengesellschaft quasi das Wesen einer „GmbH-Mitgliedschaft" veränderte.[483] Allerdings ist zu berücksichtigen, dass Verfügungsgegenstand nicht eine „GmbH-Mitgliedschaft" ist, sondern das Rechtsverhältnis „Mitgliedschaft". GmbH-Mitgliedschaft und AG-Mitgliedschaft sind insoweit wesensgleich.[484] Zu respektieren ist auch die gesetzgeberische Entscheidung, dass der Umwandlungsbeschluss lediglich eine Änderung der rechtlichen Form unter Beibehaltung der Identität des Rechtsträgers bewirkt (vgl. § 202 Abs. 1 Nr. 1 UmwG) und dass das Rechtsverhältnis Mitgliedschaft – jedenfalls grundsätzlich – nicht aufgehoben wird (vgl. § 202 Abs. 1 Nr. 2 Satz 1 UmwG). Das Folgeproblem, ob eine Begründung einer „AG-Mitgliedschaft" ein Erwerbsgeschäft darstellte und deswegen womöglich aus dem Anwendungsbereich des § 2205 Satz 3 BGB herausfallen müsste, stellt sich deswegen nicht.

Wie auch bei der Änderung des Gesellschaftsvertrages[485] steht der Unmittelbarkeit der Einwirkung nicht entgegen, dass der Rechtsformwechsel erst mit der Eintragung wirksam wird. Die auf Herbeiführung des Umwandlungsbeschlusses gerichtete Stimmabgabe durch den Testamentsvollstrecker stellt mithin eine Verfügung dar.

---

den Testamentsvollstrecker. Die Zustimmungen durch den Testamentsvollstrecker sind indes Gegenstand der sich anschließenden, gesonderten Untersuchung.

482 Im Ergebnis ebenso: *Priester*, FS Stimpel, 463 (475), Fn. 74; wohl auch BayObLG, NJW 1976, 1692 (1693), welches auf den Gesichtspunkt der Satzungsänderung abstellt.

483 Zur Abgrenzung zwischen Inhaltsänderung und Aufhebung siehe oben: Kapitel 2:B. III.3. f.

484 Vgl. zum Wesen der Mitgliedschaft: *K. Schmidt*, ZGR 2011, 108 (113 ff.); *Wiedemann*, S. 23 ff.

485 Siehe dazu oben Kapitel 3:C.I.3.

2. *Unentgeltlichkeit*

a) Objektive Unentgeltlichkeit

Die unmittelbar mit der Verfügung einhergehende Wertminderung liegt, wirtschaftlich gesehen, zunächst in dem „Verlust“ der GmbH-Geschäftsanteile. Dem steht als Vermögensvorteil, ebenfalls wirtschaftlich betrachtet, der „Erwerb“ der Aktien für den Nachlass gegenüber. Schwieriger zu beantworten ist die Frage, wann Wertminderung und Vermögensvorteile als gleichwertig anzusehen sind.

(1) Wertvergleich

Für beide Beteiligungsarten besteht mit den Grundsätzen nach IDW S 1 (jedenfalls theoretisch) ein Wertmaßstab, der es erlaubt, beide Anteilsarten miteinander wertmäßig (beispielsweise in Euro) in ein Verhältnis zu setzen. Wurden beide Werte dergestalt ermittelt und ist der Wert der Aktien mindestens so hoch wie der der Geschäftsanteile, kann ein Ausgleich zwischen Wertminderung und Vermögensvorteil insoweit angenommen werden. Zu berücksichtigen sind freilich die (anteiligen) Kosten für die Durchführung des Formwechsels, soweit diese jedenfalls mittelbar den verwalteten Nachlass belasten.

(2) Entgeltlichkeit im Übrigen

Die wertmäßige Entsprechung ist indes noch nicht ausreichend. Wie bei einer Satzungsänderung stünde der objektiven Entgeltlichkeit der Verfügung entgegen, wenn durch den Formwechsel mitgliedschaftliche Pflichten begründet oder erweitert würden und diese nicht aus dem Nachlassvermögen erfüllt werden können.[486] Bei dem Formwechsel einer GmbH in eine Aktiengesellschaft dürfte dieser Aspekt in der Regel kein Problem darstellen, wenn nicht ausnahmsweise Nebenleistungspflichten (vgl. § 55 AktG) begründet oder erweitert werden, was in der Praxis aber äußerst selten vorkommt. Auch wird eine erweiterte persönliche Haftung des Gesellschafters, wie sie in § 24 GmbHG niedergelegt ist, nicht begründet, weil sie keine Entsprechung im Aktienrecht findet.[487]

---

486 Für weitere Einzelheiten siehe oben: Kapitel 2:C.II.1.a); im Ergebnis ebenso: *Seibt*, in: Scholz, GmbHG, § 15 Rn. 252.

487 Vgl. zum Ganzen: BayObLG, NJW 1976, 1692 (1693); *Hoger*, in: Lutter, UmwG, § 202 Rn. 16.

b) Subjektive Entgeltlichkeit

In subjektiver Hinsicht kann die Entgeltlichkeit im Sinne des § 2205 Satz 3 BGB nicht verneint werden, wenn der Testamentsvollstrecker von der Entgeltlichkeit nach der Lage der Dinge unter Berücksichtigung seiner Pflicht, den Nachlass ordnungsgemäß zu verwalten, überzeugt sein durfte.[488]

Auf den Gesichtspunkt der ordnungsgemäßen Verwaltung wird es am Ende ankommen, wenn – wie es zumeist der Fall sein dürfte – in objektiver Hinsicht nicht bereits feststeht, dass sich die GmbH-Anteile und die Aktien nach dem Formwechsel wertmäßig entsprechen. Denn: dass der Testamentsvollstrecker für die Beurteilung der Entgeltlichkeit ein Sachverständigengutachten in Auftrag geben muss, ist nach § 2216 Abs. 1 BGB nicht zwingend verlangt.[489] Insoweit dürfte auch hier eine sorgfältige, nicht zu kleinliche kaufmännische Schätzung der Verkehrswerte genügen.[490]

Zu beachten ist, dass dem Testamentsvollstrecker nach hier vertretener Ansicht für die Beurteilung der Entgeltlichkeit nach § 2203 Satz 3 BGB bei unternehmerischen Entscheidungen wie dem Formwechsel ein gerichtlich nur eingeschränkt nachprüfbarer Ermessensspielraum zukommt.[491] Hinreichend ist, wenn der Testamentsvollstrecker plausibel darlegen kann, dass der Formwechsel (gegebenenfalls im Zusammenhang mit anderen Maßnahmen) wirtschaftlich zweckmäßig oder notwendig ist und dem verwalteten Nachlass zugutekommt.[492] Abgestellt werden kann hierbei auf die Vermögensvorteile, welche mit dem Formwechsel bezweckt werden und zumindest mittelbar der Beteiligung (oder dem sonstigen verwalteten Nachlassvermögen) zugutekommen, indem sie dem wertmäßigen Erhalt oder der Steigerung des verwalteten Nachlassvermögens dienen.[493] Letzteres kann zum Beispiel der Fall sein, wenn die Gesellschaft zum weiteren Ausbau ihres Geschäftsbetriebs zusätzliches Eigenkapital benötigt und die Rechtsform der Aktiengesellschaft gewählt wird, weil sie vielfältigere und flexiblere Möglichkeiten der Kapitalbeschaffung bis hin zum Börsengang bietet. Außerdem kann der Formwechsel auch das Mittel der Wahl sein, weil die

488 Siehe oben Kapitel 2:C.I.

489 Vgl. *Schaub*, ZEV 2001, 257 (258).

490 Vgl. BGH, NJW 1984, 362 (364).

491 Siehe oben: Kapitel 2:C.II.2.d).

492 Siehe oben: Kapitel 2:C.II.2.d)(3); ähnlich: BGHZ 78, 177 (183 f.) und BayObLG NJW 1976, 1692 (1693), aber offen lassend, wie weit das Ermessen des Testamentsvollstreckers geht.

493 Siehe dazu oben: Kapitel 2:C.II.1.c).

Rechtsform der Aktiengesellschaft die Beteiligung der Mitarbeiter am Unternehmenserfolg etwa über ein „Stock Option Programm“ vereinfacht und dies ebenfalls (mittelbar) dem Wert der Beteiligung des Erben zugutekommen kann.

3. *Ergebnis*

Demzufolge stellt bei einem Formwechsel der GmbH zu einer Aktiengesellschaft die auf Herbeiführung des Umwandlungsbeschlusses gerichtete Stimmabgabe des Testamentsvollstreckers in der Regel keine unentgeltliche Verfügung dar.

III. Zustimmung durch den Testamentsvollstrecker

Des Weiteren bestehen im Falle des Formwechsels einer GmbH in eine Aktiengesellschaft eine Reihe von Zustimmungserfordernissen. Im Folgenden werden die wichtigsten von ihnen vor dem Hintergrund des § 2205 Satz 3 BGB beleuchtet.

1. *Zustimmung gemäß § 193 Abs. 2 UmwG im Falle der Vinkulierung*

Der Umwandlungsbeschluss bedarf zu seiner Wirksamkeit der Zustimmung des Testamentsvollstreckers, wenn die Abtretung der Anteile der formwechselnden GmbH von der Zustimmung des einzelnen Gesellschafter-Erben abhängt (vgl. § 193 Abs. 2 UmwG), den der Testamentsvollstrecker kraft seines Amtes vertritt. Das setzt voraus, dass die Satzung der GmbH – was *in praxi* sehr häufig der Fall ist – eine entsprechende Vinkulierungsklausel enthält. Dabei ist die Regelung des § 193 Abs. 2 UmwG Ausdruck des allgemeinen Rechtsgedankens, dass Sonderrechte eines Anteilsinhabers nicht ohne dessen Zustimmung beeinträchtigt werden dürfen (vgl. § 35 BGB).[494]

Entsprechend diesem Normzweck greift § 193 Abs. 2 UmwG entgegen seinem Wortlaut nicht ein, wenn beim Rechtsträger neuer Rechtsform eine Vinkulierung erhalten bleibt.[495] Das ist zwar auch bei Aktiengesellschaften theoretisch denkbar, wenn die Satzung vorsieht, dass die Abtretung von der Zustimmung aller Aktionäre abhängt (vgl. § 68 Abs. 2 Satz 3 AktG). In der Praxis wird eine solche Vinkulierungsklausel aber im Hinblick auf eine gesteigerte Fungibilität der Aktien in aller Regel nicht aufgenommen werden, wenngleich eine Vinkulierung

494 *Drinhausen/Keinath*, in: Henssler/Strohn, UmwG, § 193 Rn. 6; *Hoger*, in: Lutter, UmwG, § 193 Rn. 2.

495 *Drinhausen/Keinath*, in: Henssler/Strohn, UmwG, § 193 Rn. 7; *Hoger*, in: Lutter, UmwG, § 193 Rn. 12.

der Börsenfähigkeit nicht entgegensteht (vgl. § 5 Abs. 2 Nr. 2 BörsZulV); davon abgesehen sind vinkulierte Namensaktien weit verbreitet.[496]

Dies steht aber der Entgeltlichkeit der Verfügung nicht *per se* entgegen. Zwar stellt der Verlust der Vinkulierung einen unmittelbaren Vermögensnachteil dar. Indes ist gerade in der gesteigerten Fungibilität der Anteile und der damit verbesserten Finanzierungsmöglichkeiten ein Vermögensvorteil zu sehen, der dem Wert der verwalteten Beteiligung zugutekommt und daher diese Wertminderung auszugleichen vermag.

Insofern kann die Zustimmung durch Testamentsvollstreckers gemäß § 193 Abs. 2 UmwG eine voll entgeltliche Verfügung darstellen.

2. *Zustimmung gemäß § 241 Abs. 2 UmwG im Falle des Untergangs von bestimmten Minderheits- und Sonderrechten*

Die Zustimmung des Testamentsvollstreckers zum Umwandlungsbeschluss ist nach § 241 Abs. 2 UmwG i.V.m. § 50 Abs. 2 UmwG auch erforderlich, wenn dem Gesellschafter-Erben nach dem Gesellschaftsvertrag der formwechselnden GmbH besondere Minderheitsrechte, besondere Rechte in der Geschäftsführung der Gesellschaft beziehungsweise bei der Bestellung der Geschäftsführer oder Vorschlags-/Entsendungsrechte für die Geschäftsführung beziehungsweise für einen bestehenden Aufsichtsrat zustehen und diese bei dem vorgesehenen Formwechsel beeinträchtigt würden.[497] Dies kann insbesondere in zwei Konstellationen vorkommen: Zum einen kann es schlichtweg sein, dass in die Satzung der Aktiengesellschaft keine entsprechende Regelung aufgenommen wurde. Zum anderen kann ein Minderheitsrecht entfallen, weil zwingende aktienrechtliche Vorschriften seiner Fortgeltung entgegenstehen. Als Beispiel sei hierfür das Recht eines Gesellschafters, Geschäftsführer der GmbH zu bestellen, genannt. Denn für Vorstandsmitglieder einer Aktiengesellschaft kann dies wegen der zwingenden Rechte des Aufsichtsrats aus §§ 84 ff. AktG nicht in die Satzung der Aktiengesellschaft aufgenommen werden.[498] Werden die genannten Minderheits- und Sonderrechte des Gesellschafter-Erben dergestalt durch Nicht-Aufnahme oder Entfall beeinträchtigt, stellt sich die Frage, inwieweit diese unmittelbare Wertminderung für den Nachlass durch einen entsprechenden

---

496 Vgl. *Bayer*, in: MüKo-AktG, § 68 Rn. 34; *Hoger*, in: Lutter, UmwG, § 202 Rn. 19.

497 Vgl. *Göthel*, in: Lutter, UmwG, § 241 Rn. 9; *Mutter*, in: Semler/Stengel/Leonard, UmwG, § 241 Rn. 17.

498 Zum Ganzen: *Hoger*, in: Lutter, UmwG, § 202 Rn. 16 ff.; *Mutter*, in: Semler/Stengel/Leonard, UmwG, § 241 Rn. 17.

Vermögensvorteil für den verwalteten Nachlass ausgeglichen werden kann. Als ein solcher Vermögensvorteil kommt beispielsweise dreierlei in Betracht: (i) der Beschluss kann eine monetäre Entschädigung für den Gesellschafter-Erben vorsehen, (ii) das Minderheits- oder Sonderrecht wird – zumindest so weit wie möglich – in eine schuldrechtliche Vereinbarung mit den übrigen (Mehrheits-) Gesellschaftern übertragen sowie (iii) der Gesellschafter-Erbe erhält Aktien, die einen größeren Anteil am Grundkapital vermitteln, als ihm grundsätzlich nach dem bisherigen Beteiligungsverhältnis zustünde.[499] Durfte der Testamentsvollstrecker von der Entgeltlichkeit nach der Lage der Dinge unter Berücksichtigung seiner Pflicht, den Nachlass ordnungsgemäß zu verwalten, überzeugt sein,[500] ist die Verfügung des Testamentsvollstreckers in Gestalt der Zustimmung voll entgeltlich.

3. *Zustimmung analog § 35 BGB im Falle der Beeinträchtigung sonstiger Sonderrechte*

Aber der Umwandlungsbeschluss steht auch unter dem Vorbehalt der Zustimmung des Testamentsvollstreckers, wenn der Gesellschafter-Erbe Inhaber von Sonderrechten ist, welche nicht in § 50 Abs. 2 UmwG genannt sind, und diese Rechte durch die Umwandlung beeinträchtigt würden. Derartige Sonderrechte können insbesondere Sperrminoritäten, Mehrheitsstimmrechte, erhöhte Gewinnrechte oder besondere Informationsrechte zum Gegenstand haben. Das Zustimmungserfordernis resultiert in diesem Fall aber nicht aus dem Umwandlungsgesetz, sondern aus dem auch für die GmbH geltenden Rechtsgedanken des § 35 BGB.[501] Auch eine solche Zustimmung des Testamentsvollstreckers kann eine (un-)entgeltliche Verfügung darstellen; es gilt das soeben unter 2. Gesagte.

4. *Zustimmung gemäß § 241 Abs. 3 UmwG im Falle des Untergangs von Nebenleistungspflichten*

Wegen § 241 Abs. 3 UmwG kann außerdem die Zustimmung des Testamentsvollstreckers zum Umwandlungsbeschluss erforderlich sein, wenn dem Gesellschafter-Erben Nebenleistungspflichten gegenüber der GmbH auferlegt sind und diese wegen der einschränkenden Bestimmung des § 55 AktG bei dem

---

499 Vgl. zur dritten Variante: *Hoger*, in: Lutter, UmwG, § 202 Rn. 14.

500 Für weitere Einzelheiten siehe oben: Kapitel 2:C.II.2.a) ff.

501 Vgl. zum Ganzen: *Blasche*, in: Kallmeyer, UmwG, § 241 Rn. 4; *Göthel*, in: Lutter, UmwG, § 241 Rn. 10; *Mutter*, in: Semler/Stengel/Leonard, UmwG, § 241 Rn. 18.

Formwechsel nicht aufrechterhalten werden können. Dazu kommt es bei dem Formwechsel einer GmbH in eine Aktiengesellschaft häufig, weil § 55 AktG im Gegensatz zu § 3 Abs. 2 GmbHG nur Nebenleistungspflichten in Form von wiederkehrenden, nicht in Geld bestehenden Leistungen und dies auch nur im Falle vinkulierter Namensaktien zulässt. Damit sind sowohl die Möglichkeit der Aufnahme von Nebenleistungspflichten in die Satzung der Aktiengesellschaft wie auch die in Frage kommenden Arten der Nebenleistungspflichten durch § 55 AktG im Vergleich zu § 3 Abs. 2 GmbHG erheblich limitiert. Infolgedessen können Nebenleistungspflichten bei der Aktiengesellschaft häufig nicht aufrechterhalten werden.[502]

Eine deswegen erforderliche Zustimmung des Testamentsvollstreckers ist eine Verfügung im Sinne des § 2205 Satz 3 BGB. Auch wenn es hier um den Untergang von Nebenleistungspflichten geht und dieser – isoliert betrachtet – keine unmittelbare Wertminderung für den Nachlass bedeutet, kann die Zustimmung des Testamentsvollstreckers gleichwohl unentgeltlich sein. Die unmittelbare Wertminderung für den Nachlass kann nämlich in dem Untergang von mitgliedschaftlichen (Nebenleistungs-)*Rechten* liegen, die oft mit den Nebenleistungspflichten korrespondieren. Als Beispiele seien die entgeltliche Überlassung von Grundstücken oder von gewerblichen Schutzrechten genannt, die als Nebenleistungspflichten mit den auf Erhalt von Mietzinsen oder Lizenzgebühren gerichteten Nebenleistungsrechten einhergehen.[503] Der Schutz des Gesellschafters vor dem Verlust eben derartiger Rechte ist auch die Ratio des § 241 Abs. 3 UmwG.[504] Als „Entgelt" für den Verlust eines solchen Nebenleistungsrechts kommen auch hier die unter 2. genannten drei Vermögensvorteile in Betracht.[505] Daraus folgt, dass auch die Verfügung des Testamentsvollstreckers in Gestalt der Zustimmung gemäß § 241 Abs. 3 UmwG voll entgeltlich sein kann.

Die Zustimmungspflicht des § 241 Abs. 3 UmwG besteht jedoch nicht, wenn die Auslegung der Satzung der GmbH ergibt, dass die mit den Nebenleistungspflichten korrespondierenden Rechte *entziehbare* Rechte sind. Dann können die Gesellschafter der formwechselnden GmbH diese Rechte durch eine

---

502 *Bayer*, in: Lutter/Hommelhoff, GmbHG, § 3 Rn. 24; *Blasche*, in: Kallmeyer, UmwG, § 241 Rn. 7.

503 *Bayer*, in: Lutter/Hommelhoff, GmbHG, § 3 Rn. 26 ff.; *Blasche*, in: Kallmeyer, UmwG, § 241 Rn. 8.

504 Vgl. *Göthel*, in: Lutter, UmwG, § 241 Rn. 14; *Mutter*, in: Semler/Stengel/Leonard, UmwG, § 241 Rn. 24.

505 Siehe auch dort zur Entgeltlichkeit im Übrigen.

Satzungsänderung zusammen mit dem Formwechsel beseitigen.[506] In diesem Fall kann die auf Herbeiführung eines entsprechenden Satzungsänderungsbeschlusses gerichtete *Stimmabgabe* des Testamentsvollstrecker eine (un-)entgeltliche Verfügung darstellen.

IV. Ergebnis

Damit lässt sich in Bezug auf die Mitwirkung des Testamentsvollstreckers am Umwandlungsbeschluss festhalten, dass sowohl die Stimmabgabe als auch etwaige erforderliche Zustimmungen voll entgeltliche Verfügungen im Sinne des § 2205 Satz 3 BGB sein können.

F. Unternehmensvertrag

Unternehmensverträge sind in den §§ 291, 292 AktG definiert. Sie können auch von einer GmbH zulässigerweise abgeschlossen werden, was tatsächlich häufig vorkommt.[507] Gerade im Laufe der (Dauer-)Verwaltung von GmbH-Anteilen kann sich dem entsprechend die besondere Problematik auftuen, ob die Mitwirkung des Testamentsvollstreckers am Zustandekommen eines Unternehmensvertrages eine entgeltliche Verfügung im Sinne des § 2205 Satz 3 BGB darstellen kann.

I. Überblick über Unternehmensverträge gemäß § 291 AktG

Eine wichtige Rolle spielt, um welchen Vertragstyp es sich handelt: Zu unterscheiden sind die Unternehmensverträge des § 291 AktG, die „anderen Unternehmensverträge" des § 292 AktG sowie der nicht im Aktiengesetz geregelte Betriebsführungsvertrag.[508] Nachfolgend wird sich wegen der großen Bedeutung für die Praxis auf die Untersuchung der Unternehmensverträge des § 291 AktG vor dem Hintergrund des § 2205 Satz 3 BGB konzentriert.

Praktischer Hauptfall des Unternehmensvertrages im Sinne des § 291 AktG bei der GmbH ist der Gewinnabführungsvertrag. Oft stößt man auch auf Unternehmensverträge als kombinierte Beherrschungs- und Gewinnabführungsverträge

506 *Göthel*, in: Lutter, UmwG, § 241 Rn. 13; *Mutter*, in: Semler/Stengel/Leonard, UmwG, § 241 Rn. 26.

507 *Hommelhoff*, in: Lutter/Hommelhoff, GmbHG, Anh. § 13 Rn. 42.

508 *Hommelhoff*, in: Lutter/Hommelhoff, GmbHG, Anh. § 13 Rn. 42; *Liebscher*, in: MüKo-GmbHG, GmbHG, Anh. § 13 Rn. 648.

(sogenannte Organschaftsverträge), während reine Beherrschungsverträge selten anzutreffen sind.[509]

a) *Gewinnabführungsvertrag*

Mit dem für die GmbH aus steuerlichen Gründen besonders wichtigen Gewinnabführungsvertrag verpflichtet sich die Untergesellschaft, ihren gesamten Bilanzgewinn an die Obergesellschaft abzuführen. Kraft dieser Rechtspflicht entsteht in der Bilanz der GmbH als Untergesellschaft kein Gewinn mehr. Denn der Gewinn wird stets durch die gleichzeitig entstehende Forderung der Obergesellschaft in entsprechender Höhe nivelliert. Weitere zwingende Folge des Gewinnabführungsvertrages ist die Pflicht der Obergesellschaft, jeden Jahresfehlbetrag der GmbH als Untergesellschaft analog § 302 AktG auszugleichen; dadurch kann auch kein Bilanzverlust mehr entstehen. Denn auch er wird stets durch die gleichzeitig entstehende Forderung gegen die Obergesellschaft ausgeglichen.[510]

b) *Der Beherrschungsvertrag*

Kraft des Beherrschungsvertrages unterstellt sich die GmbH als Untergesellschaft der Leitung der Obergesellschaft. Ein solcher Vertrag kann auch im GmbH-Recht sinnvoll sein, weil er die Situation für die Obergesellschaft vereinfacht und deren Befugnisse erweitert. Denn so kann die Obergesellschaft dem Geschäftsführer der GmbH als Untergesellschaft direkt Weisungen erteilen und braucht nicht mehr den Umweg über die Gesellschafterversammlung zu gehen. Ferner wird damit das Risiko ausgeschaltet, dass entsprechende Weisungsbeschlüsse Gegenstand von Anfechtungsverfahren entsprechend §§ 243 ff. AktG werden. Hinzu kommt, dass dann auch solche Weisungen erteilt werden können, die für die GmbH als Untergesellschaft nachteilig sind (analog § 308 AktG); dies ist einer Gesellschafterversammlung mit Minderheitsgesellschaftern ansonsten verwehrt. *In nuce* gewährleistet der Beherrschungsvertrag den Vorrang des Konzerninteresses vor dem Interesse der betroffenen Untergesellschaft.[511]

---

509 *Emmerich*, in: Scholz, GmbHG, Anh. § 13 Rn. 130; *Priester/Tebben*, in: Scholz, GmbHG, § 53 Rn. 164.

510 Zum Ganzen: *Hommelhoff*, in: Lutter/Hommelhoff, GmbHG, Anh. § 13 Rn. 44; *Liebscher*, in: MüKo-GmbHG, GmbHG, Anh. § 13 Rn. 681.

511 Zum Ganzen: *Hommelhoff*, in: Lutter/Hommelhoff, GmbHG, Anh. § 13 Rn. 46; *Liebscher*, in: MüKo-GmbHG, GmbHG, Anh. § 13 Rn. 663.

II. Zustimmungsbeschluss auf Ebene der Unter- und/oder Obergesellschaft

Um sich zu vergegenwärtigen, inwieweit eine Verfügung in diesem Kontext in Betracht kommt, muss zunächst ein Blick auf das Zustandekommen eines Beherrschungs- und/oder Gewinnabführungsvertrages geworfen werden:

Der Unternehmensvertrag selbst wird von den Geschäftsführern im Namen der jeweiligen GmbH (als Unter- oder Obergesellschaft) abgeschlossen.[512] Zur Wirksamkeit des Beherrschungs- und/oder Gewinnabführungsvertrages bedarf es eines Zustimmungsbeschlusses der Gesellschafterversammlung der GmbH als Untergesellschaft (§ 53 analog).[513] Nach überwiegender Ansicht ist hierbei (entsprechend § 33 Abs. 1 Satz 2 BGB) die Zustimmung aller Gesellschafter erforderlich.[514] Im Falle der GmbH als Obergesellschaft ist auch der Zustimmungsbeschluss ihrer Gesellschafterversammlung Wirksamkeitserfordernis (§ 293 Abs. 2 AktG analog).[515] Des Weiteren ist der Unternehmensvertrag analog § 54 GmbHG im Handelsregister der Untergesellschaft einzutragen.[516]

Als Ansatzpunkt für eine unentgeltliche Verfügung des Geschäftsanteile verwaltenden Testamentsvollstreckers kommt demzufolge seine Mitwirkung am Zustandekommen des Zustimmungsbeschlusses der Gesellschafterversammlung der GmbH als (je nach Fall) Unter- und/oder Obergesellschaft in Betracht.

---

512 *Priester/Tebben*, in: Scholz, GmbHG, § 53 Rn. 166; *Ulmer*, in: UHL GmbHG, Anh. § 77 Rn. 202, 207.

513 BGH NJW 1989, 295; *Emmerich*, in: Emmerich/Habersack, AktG, § 293 Rn. 42; *Verse*, in: Henssler/Strohn, GmbHG, Anh. § 13 Rn. 68.

514 *Beurskens*, in: Baumbach/Hueck, GmbHG, Anh. KonzernR Rn. 106; *Emmerich*, in: Emmerich/Habersack, AktG, § 293 Rn. 43a; *Priester/Tebben*, in: Scholz, GmbHG, § 53 Rn. 171; *Ulmer/Casper*, in: UHL, GmbHG, § 53 Rn. 158; a.A.: *Hommelhoff*, in: Lutter/Hommelhoff, GmbHG, Anh. § 13 Rn. 52; *Schnorbus*, in: Rowedder/Schmidt-Leithoff, GmbHG, Anh. § 52 Rn. 95.

515 H.M.: BGH, NJW 1989, 295 (297); BGH, NJW 1991, 3142 (3143 f.); *Beurskens*, in: Baumbach/Hueck, GmbHG, Anh. KonzernR Rn. 110; *Emmerich*, in: Emmerich/Habersack, AktG, § 293 Rn. 9; *Hommelhoff*, in: Lutter/Hommelhoff, GmbHG, Anh. § 13 Rn. 53; *Priester/Tebben*, in: Scholz, GmbHG, § 53 Rn. 173. A.A.: *Altmeppen*, GmbHG, Anh. § 13 Rn. 44.

516 BGH, NJW 1992, 505; *Beurskens*, in: Baumbach/Hueck, GmbHG, Anh. KonzernR Rn. 105.

III. Voraussetzungen des § 2205 Satz 3 BGB

Für die Frage, ob eine entgeltliche Verfügung im Sinne des § 2205 Satz 3 BGB gegeben ist, ist demzufolge nachfolgend danach zu differenzieren, ob der Testamentsvollstrecker am Zustimmungsbeschluss der Gesellschafterversammlung der GmbH als Unter- oder Obergesellschaft mitwirkt:

1. Zustimmungsbeschluss auf Ebene der Untergesellschaft

a) Verfügung

Im Falle eines Beherrschungs- und/oder Gewinnabführungsvertrages auf Seiten der GmbH als Untergesellschaft stellt die auf Herbeiführung des Zustimmungsbeschlusses gerichtete Stimmabgabe (und/oder die Zustimmung[517] zum Gesellschafterbeschluss) durch den Testamentsvollstrecker eine Verfügung im Sinne des § 2205 Satz 3 BGB dar. Dies ergibt sich aus den folgenden Überlegungen:

(1) Einwirkung auf die Mitgliedschaft durch Inhaltsänderung

Der Zustimmungsbeschluss wirkt auf die Mitgliedschaft des Gesellschafter-Erben durch Inhaltsänderung ein. Zwar wird formal die Satzung der abhängigen GmbH durch den Abschluss eines Unternehmensvertrages nicht angetastet, weil der Vertrag nicht in den Satzungstext aufzunehmen ist.[518] Indes hat der Beherrschungs- und/oder Gewinnabführungsvertrag in Verbindung mit dem zu seinem Wirksamwerden erforderlichen Zustimmungsbeschluss im Hinblick auf die abhängige GmbH materiell satzungsändernde – oder jedenfalls satzungsüberlagernde – Wirkung.[519]

Eine derartige Inhaltsänderung der Mitgliedschaft kann insbesondere an folgenden Punkten festgemacht werden. Vorderhand wird der Zweck der Gesellschaft geändert, indem er – unter Aufhebung der unabhängigen, erwerbswirtschaftlichen Teilnahme am Wirtschaftsverkehr bei einem in der Regel gleichbleibenden Unternehmensgegenstand – am Konzerninteresse ausgerichtet wird.[520] Im Falle eines Gewinnabführungsvertrages betrifft die Änderung

---

517 So, wenn man wie ein Teil der Literatur eine Zweckänderung der Gesellschaft im Hinblick auf den Abschluss des Unternehmensvertrages annimmt.

518 *Priester/Tebben*, in: Scholz, GmbHG, § 53 Rn. 169; *Ulmer/Casper*, in: UHL, GmbHG, § 53 Rn. 155.

519 BGH, NJW 1989, 295 (299); *Priester/Tebben*, in: Scholz, GmbHG, § 53 Rn. 167; *Ulmer/Casper*, in: UHL, GmbHG, § 53 Rn. 155.

520 BGH, NJW 1989, 295 (296); *Ulmer/Casper*, in: UHL, GmbHG, § 53 Rn. 155.

zudem das Gewinnbezugsrecht[521] der Gesellschafter (einschließlich dasjenige des Gesellschafter-Erben).[522] Im Falle eines Beherrschungsvertrages betrifft die Änderung das Weisungsrecht (§ 37 Abs. 1 GmbHG) der Gesellschafter (einschließlich dasjenige des Gesellschafter-Erben).[523] Hinzu kommt, dass auch im Übrigen die gesetzlichen Regelungen und Bestimmungen des Gesellschaftsvertrages, die den für Unternehmensverträge maßgeblichen Vorschriften sowie dem Inhalt des Unternehmensvertrages entgegenstehen, für die Dauer seiner Gültigkeit außer Kraft gesetzt werden.[524] Deswegen ist eine Einwirkung auf die Mitgliedschaft durch den Zustimmungsbeschluss zu bejahen.

(2) Verfügungsgeschäft

Wie eingangs erwähnt, ist das maßgebliche Verfügungsgeschäft des Testamentsvollstreckers in der auf die Herbeiführung des Zustimmungsbeschlusses gerichteten Stimmabgabe und/oder in der Zustimmung zum Gesellschafterbeschluss zu sehen.

(3) Unmittelbarkeit

Die Einwirkung auf die Mitgliedschaft des Gesellschafter-Erben ist auch unmittelbar. Dem steht nicht entgegen, dass es sich bei dem Unternehmensvertrag und dem Zustimmungsbeschluss um zwei verschiedene Rechtsgeschäfte handelt. Zwar könnte man argumentieren, der *Unternehmensvertrag* wäre das einzige relevante Verfügungsgeschäft und auch nur eines der *Gesellschaft*, weil nur dieses unmittelbar auf die Mitgliedschaft einwirkte. Das heißt, der Zustimmungsbeschluss würde nur mittelbar einwirken, weil er lediglich die Zustimmung zum Unternehmensvertrag als das Verfügungsgeschäft darstellte. Aber in der Sache ist es ähnlich wie bei dem Zustimmungsbeschluss zum Formwechsel der GmbH:[525] Der Beherrschungs- und/oder Gewinnabführungsvertrag ist von der Rechtsnatur her ein Änderungsvertrag[526] betreffend die Mitgliedschaft und damit ohne Zweifel ein Verfügungsgeschäft. Bei einem Änderungsvertrag sind die Verfügungsberechtigten die Parteien des der Änderung unterworfenen (Gesellschafts-)Vertrages, mithin auch die Gesellschafter. Der Unternehmensvertrag

521 Siehe dazu oben: Kapitel 1:B.II.2.a).

522 Vgl. BGH, NJW 1989, 295 (296); *Ulmer/Casper*, in: UHL, GmbHG, § 53 Rn. 155.

523 Vgl. BGH, NJW 1989, 295 (296); *Ulmer/Casper*, in: UHL, GmbHG, § 53 Rn. 155.

524 BGH, NJW 1989, 295 (296); *Altmeppen*, in: MüKo-AktG, § 291 Rn. 27.

525 Siehe oben: Kapitel 3:E.

526 *Herresthal*, in: BeckOGK-BGB, § 311 Rn. 135.1 (1.1.2021).

als Änderungsvertrag muss folglich Verfügungsgeschäft zumindest auch der zustimmenden Gesellschafter sein. Dass dies von Gesetzes wegen technisch so umgesetzt ist, dass die Geschäftsführer den Unternehmensvertrag im Namen der betreffenden GmbH abschließen und die Wirksamkeit unter dem Vorbehalt der Zustimmung durch Beschluss der Gesellschafterversammlung steht, ändert im Kern nichts daran. Man muss wohl insgesamt von einem mehraktigen Verfügungstatbestand sprechen. Deshalb ist auch die Unmittelbarkeit der Einwirkung auf die Mitgliedschaft des Erben zu bejahen. Die auf Herbeiführung des Zustimmungsbeschlusses gerichtete Stimmabgabe und/oder Zustimmung zum Beschluss durch den Testamentsvollstrecker ist also eine Verfügung im Sinne des § 2205 Satz 3 BGB.

b) Unentgeltlichkeit

(1) Unmittelbare Wertminderung für den Nachlass

Die oben genannten Änderungen in der Mitgliedschaft des Gesellschafter-Erben münden auch unmittelbar in eine Wertminderung für die nachlassgegenständliche Beteiligung des Gesellschafter-Erben. Die Aufhebung der Unabhängigkeit der Untergesellschaft und die Ausrichtung an Konzerninteressen ist in Bezug auf die Beteiligung an der Untergesellschaft rechtlich nachteilig und mindert deswegen ihren Wert. Das Gleiche gilt in Bezug auf die Beeinträchtigungen des Gewinnbezugsrechtes und des Weisungsrechtes.

(2) Ausgleich durch entsprechenden Vermögensvorteil für den Nachlass

Welche Vermögensvorteile für den Nachlass dieser Wertminderung für den Nachlass gegenüberstehen können, richtet sich im Wesentlichen danach, ob sich die Anteile an der Obergesellschaft ebenfalls im verwalteten Nachlass befinden. Nachfolgend ist diesbezüglich danach zu differenzieren, ob der Erbe (zumindest mittelbar) an der Obergesellschaft beteiligt ist oder ob er außenstehender Gesellschafter ist.

aa) Der Erbe hält zugleich eine (mittelbare) Beteiligung an der Obergesellschaft

Hält der Erbe zugleich zumindest mittelbar eine vom Testamentsvollstrecker verwaltete Beteiligung an der Obergesellschaft (Beispiel: er ist ebenfalls Alleingesellschafter der Obergesellschaft), so ist der Vermögensvorteil in Bezug auf das Zustandekommen des Unternehmensvertrages nach § 291 AktG zunächst in der Ausrichtung des Zwecks der Untergesellschaft am Konzerninteresse zu sehen.

Im Falle eines Gewinnabführungsvertrages wird der Nachteil des faktischen Verlustes des Gewinnbezugsrechts auf Ebene der Untergesellschaft dadurch ausgeglichen, dass dieses faktisch dafür der Obergesellschaft zusteht; das Gewinnbezugsrecht wird gewissermaßen nur auf eine andere Ebene verlagert. Hinzu kommen steuerliche Vorteile,[527] die sich daraus ergeben, dass unter den Voraussetzungen der § 14 Abs. 1 Satz 1, § 17 KStG, § 2 Abs. 2 GewStG der Abschluss eines Gewinnabführungsvertrages zu einer körperschaft- und gewerbesteuerlichen Organschaft führt.[528]

Ähnlich wie im Falle des Gewinnabführungsvertrages mit dem Gewinnbezugsrecht verhält es sich bei dem Beherrschungsvertrag mit dem Weisungsrecht gegenüber den Geschäftsführern der GmbH als Untergesellschaft. Denn das Weisungsrecht wird auf die Ebene der GmbH als Obergesellschaft verlagert und im Sinne des Konzerninteresses ausgeweitet.

Insofern kann – jedenfalls bei der untersuchten 100-Prozent-Beteiligung des Erben an der Obergesellschaft – jeweils mindestens von einer Gleichwertigkeit zwischen Wertminderung und Vermögensvorteilen für den Nachlass und damit von einer Entgeltlichkeit ausgegangen werden.

bb) Der Erbe hält keine Beteiligung an der Obergesellschaft

Anders liegen die Dinge, wenn der Erbe etwa nur eine vom Testamentsvollstrecker verwaltete Minderheitsbeteiligung an der GmbH als Untergesellschaft hält und weder direkt noch indirekt an der Obergesellschaft beteiligt ist noch anderweitig mit der Obergesellschaft eine wirtschaftliche Einheit bildet.[529] In diesem Fall kann er nicht von den beschriebenen „Konzernvorteilen" eines Unternehmensvertrages nach § 291 AktG profitieren. Die Wertminderung in Bezug auf seine verwaltete Beteiligung muss dann auf andere Weise kompensiert werden. In Betracht kommen insbesondere zwei Arten der Kompensation: der angemessene Ausgleich analog § 304 AktG und die Abfindung analog § 305 AktG.

527 Zu den zahlreichen (steuerlichen) Vorteilen der Organschaft: *Stangl*, in: Kessler/Kröner/Köhler, § 3 Rn. 134.

528 *Emmerich*, in: Scholz, GmbHG, Anh. § 13 Rn. 199; *Hommelhoff*, in: Lutter/Hommelhoff, GmbHG, Anh. § 13 Rn. 44.

529 Vgl. zum Begriff des außenstehenden Aktionärs im Sinne des § 304 Abs. 1 Satz 1 AktG: *Stephan*, in: K. Schmidt/Lutter, AktG, § 304 Rn. 64 ff.; *van Rossum*, in: MüKo-AktG, § 304 Rn. 27 ff.

Zwar ist die Frage, ob die §§ 304, 305 AktG entsprechend anwendbar sind, im GmbH-konzernrechtlichen Schrifttum nicht unumstritten.[530] Dieser Streit ist aber für die Zwecke des § 2205 Satz 3 BGB irrelevant. Denn in jedem Fall sind die für §§ 304, 305 AktG entwickelten Grundsätze geeignet, einen (Mindest-)Maßstab dafür zu bilden, welche Kompensation der Testamentsvollstrecker akzeptieren kann, damit er gemäß seiner Pflicht zur ordnungsgemäßen Verwaltung von der Entgeltlichkeit der Verfügung im Zusammenhang mit dem Unternehmensvertrag ausgehen darf. Denn die mit den jeweiligen Normen verfolgten Interessen sind insofern deckungsgleich: §§ 304, 305 AktG zielen auf den Schutz des Verkehrswertes der Anteile[531], während § 2205 Satz 3 BGB eine Wertminderung für den Nachlass verhindern möchte.

Bedingt der Testamentsvollstrecker also für den Erben als außenstehenden Gesellschafter eine Kompensation aus, die mindestens den Anforderungen der §§ 304, 305 AktG entspricht, wird in aller Regel die auf Herbeiführung des Zustimmungsbeschlusses gerichtete Stimmabgabe (und/oder die Zustimmung zum Gesellschafterbeschluss) eine voll entgeltliche Verfügung gemäß § 2205 Satz 3 BGB darstellen.

c) Ergebnis

Die auf Herbeiführung des Zustimmungsbeschlusses gerichtete Stimmabgabe und/oder die Zustimmung zum Gesellschafterbeschluss durch den Testamentsvollstrecker auf Ebene der Untergesellschaft kann eine (un-)entgeltliche Verfügung darstellen.

2. Zustimmungsbeschluss auf Ebene der Obergesellschaft

Wirkt der Testamentsvollstrecker dagegen auf Ebene der GmbH als *Obergesellschaft* mit, sind die Voraussetzungen des § 2205 Satz 3 BGB nicht erfüllt. Denn eine Verfügung liegt nicht vor. Es fehlt bereits an der Einwirkung auf die Mitgliedschaft des Erben in der Obergesellschaft. Eine allenfalls in Betracht kommende Inhaltsänderung ist nicht gegeben. Denn der Beschluss auf Ebene der Obergesellschaft entfaltet zusammen mit dem Unternehmensvertrag grundsätzlich

530 Vgl. dazu *Liebscher*, in: MüKo-GmbHG, Anh. § 13 Rn. 916 ff.; *van Rossum*, in: MüKo-AktG, § 304 Rn. 20 m.w.N.

531 *Liebscher*, in: MüKo-GmbHG, Anh. § 13 Rn. 916; ähnlich: *Hommelhoff*, in: Lutter/Hommelhoff, GmbHG, Anh. § 13 Rn. 68.

keine satzungsändernde und erst recht keine Zweck ändernde Wirkung.[532] Infolgedessen kann hier die auf Herbeiführung des Zustimmungsbeschlusses gerichtete Stimmabgabe des Testamentsvollstreckers *per se* keine unentgeltliche Verfügung sein.

IV. Ergebnis

Als Ergebnis ist festzuhalten, dass im Hinblick auf den Abschluss eines Beherrschungs- und/oder Gewinnabführungsvertrages die auf Herbeiführung des erforderlichen Zustimmungsbeschlusses gerichtete Stimmabgabe und/oder die Zustimmung zum Beschluss auf Ebene der Untergesellschaft eine (un-)entgeltliche Verfügung im Sinne des § 2205 Satz 3 BGB darstellen kann, auf Ebene der Obergesellschaft jedoch nicht.

G. Vinkulierung

I. Überblick

Häufig enthält der GmbH-Gesellschaftsvertrag eine sogenannte Vinkulierungsklausel, der zufolge die Abtretung von Geschäftsanteilen zu ihrer Wirksamkeit der Zustimmung (je nach Fall) insbesondere der „Gesellschaft", der „Gesellschafterversammlung" oder der „Gesellschafter" bedarf. Die Zulässigkeit einer solchen Klausel folgt dabei aus § 15 Abs. 5 GmbHG. In den genannten Gestaltungsvarianten bedarf es zumeist für die Entscheidungsfindung über die Zustimmung eines Gesellschafterbeschlusses.[533] Auch hier stellt sich die Frage, ob, und bejahendenfalls inwieweit, die auf Herbeiführung dieses Beschlusses gerichtete Stimmabgabe durch den Testamentsvollstrecker als eine (un-)entgeltliche Verfügung im Sinne des § 2205 Satz 3 BGB qualifiziert werden kann.

II. Verfügung

Bereits in der ersten Variante, also wenn die Gesellschaft zustimmungsberechtigt ist, kann nicht von einer Verfügung *des Testamentsvollstreckers* gesprochen werden. Denn er nimmt dann nicht die Verfügungsbefugnis des Gesellschafter-Erben wahr. Vielmehr würde es sich dann um eine Verfügung der Gesellschaft

---

532 AG Duisburg, GmbHR 1994, 811 (812); *Beurskens*, in: Baumbach/Hueck, GmbHG, Anh. KonzernR Rn. 110; *Priester/Tebben*, in: Scholz, GmbHG, § 53 Rn. 173 m.w.N.

533 Vgl. *Reichert/Weller*, in: MüKo-GmbHG, § 15 Rn. 421, 423, 425, *Servatius*, in: Baumbach/Hueck, GmbHG, § 15 Rn. 42 ff.

handeln.[534] Insofern ist die Verfügungsmacht des Testamentsvollstreckers also nicht durch § 2205 Satz 3 BGB beschränkt.

Dagegen kann in den beiden anderen Varianten in der Tat eine Verfügung des Testamentsvollstreckers vorliegen. Der Gesellschafterbeschluss wirkt dann unmittelbar auf die Mitgliedschaft des Gesellschafter-Erben durch Inhaltsänderung ein. Denn in dem Moment, in dem die Abtretung der Geschäftsanteile des Mitgesellschafters durch Zustimmung wirksam wird, reißt die Rechtsbeziehung des Gesellschafter-Erben zu diesem Mitgesellschafter ab, und die Mitgliedschaft des Gesellschafter-Erben wird inhaltlich umgestaltet.[535]

Diese Einwirkung auf die Mitgliedschaft des Gesellschafter-Erben ist auch eine unmittelbare im Sinne der Verfügungsdefinition. Dem steht nicht entgegen, dass es sich bei dem Zustimmungsbeschluss und dem Abtretungsvertrag um zwei Rechtsgeschäfte handelt, und man nur für letzteres das Unmittelbarkeitskriterium als erfüllt ansehen könnte. Tatsächlich ist in der Literatur streitig, ob beziehungsweise wann die Zustimmung zu einer Verfügung selbst als eine Verfügung zu behandeln ist.[536] Dieser Streit bedarf hier aber keiner Stellungnahme. Denn der klassische Fall der Zustimmung zu einer Verfügung liegt hier nicht vor. Zutreffenderweise handelt es sich wegen zwei verschiedener Verfügungsobjekte auch um zwei verschiedene Verfügungsgeschäfte. Während die auf Herbeiführung des Zustimmungsbeschluss gerichtete Stimmabgabe eine Einwirkung auf die Mitgliedschaft des Gesellschafter-Erben darstellt, ist der Abtretungsvertrag eine Einwirkung auf die Mitgliedschaft des betroffenen Mitgesellschafters. Durch Implementierung der Vinkulierungsklausel haben die Parteien lediglich privatautonom das Schicksal der beiden Rechtsgeschäfte miteinander verbunden. Zudem spricht für die Unmittelbarkeit der Einwirkung durch den Zustimmungsbeschluss und somit für die Annahme einer Verfügung der Blick auf das Paradigma des Änderungsvertrages: Würde etwa bei einem schuldrechtlichen Vertrag ein Parteienwechsel gewünscht sein, bedürfte es dafür nach dem gesetzlichen Leitbild des § 311 Abs. 1 BGB einer vertraglichen Änderung des

---

534 Das sieht man bereits daran, dass ein gegebenenfalls notwendiger Gesellschafterbeschluss der Willensbildung der Gesellschaft im Innenverhältnis dient, und die Zustimmungserklärung nach außen durch die die Gesellschaft vertretenden Geschäftsführer erfolgt; vgl. *Reichert/Weller*, in: MüKo-GmbHG, § 15 Rn. 420; *Servatius*, in: Baumbach/Hueck, GmbHG, § 15 Rn. 42.

535 Zum Umfang der Mitgliedschaft siehe oben: Kapitel 2:B.II.2.

536 Vgl. nur *v. Tuhr*, AcP 177 (1919), 193 (196); *Flume*, BGB AT II, S. 145; *Haedicke*, JuS 2001, 966 (969).

schuldrechtlichen Vertrages. Dieser Änderungsvertrag wäre zweifelsohne ein (mehrseitiges) Verfügungsgeschäft. Die Einwirkung ist demzufolge unmittelbar.

Bei den letztgenannten Gestaltungsvarianten der Vinkulierungsklausel, denen zufolge die Entscheidung für die Zustimmung der Gesellschafterversammlung oder den Gesellschaftern obliegt, kann man im Falle der Ja-Stimme durch den Testamentsvollstrecker auch von einer Verfügung *des Testamentsvollstreckers* sprechen. Denn dann übt er diejenige Verfügungsbefugnis aus, die insoweit zumindest auch dem Gesellschafter-Erben grundsätzlich zugewiesen wäre. Deswegen ist dann eine Verfügung des Testamentsvollstreckers zu bejahen.

III. Unentgeltlichkeit

Nichtsdestotrotz wird eine Unentgeltlichkeit der Verfügung in aller Regel nicht gegeben sein.

1. Unmittelbare Wertminderung für den Nachlass

Eine unmittelbare Wertminderung für die nachlassgegenständliche Erben-Beteiligung, die aus dem Zustimmungsbeschluss folgt, stellt eben das Abreißen der Rechtsbeziehung zu dem veräußernden Mitgesellschafter und den Verlust der sich daraus ergebenen Rechte gegen den Mitgesellschafter dar. Jedenfalls umfasst davon ist das mit der Treupflicht des Mitgesellschafters notwendigerweise korrespondierende „Treurecht" des Gesellschafter-Erben.[537] Darüber hinaus ist denkbar, dass die Rechtsbeziehung weitere, besondere mitgliedschaftliche Rechte des Gesellschafter-Erben gegenüber dem abtretungswilligen Mitgesellschafter beinhaltet.

Dagegen muss insoweit für die Zwecke des § 2205 Satz 3 BGB als etwaige mittelbare Wertminderung der Aspekt unberücksichtigt bleiben, zu *wem* die horizontale Rechtsbeziehung abreißt, selbst wenn der Wert der Beteiligung betriebswirtschaftlich auch von der Person des Mitgesellschafters abhängen kann.[538]

2. Vermögensvorteil für den Nachlass

Der unmittelbaren Wertminderung für den Nachlass steht in aller Regel ein Vermögensvorteil bereits insoweit gegenüber, als die Rechtsbeziehung mit

537 Zur horizontalen Dimension der Treupflicht als Bestandteil der Mitgliedschaft, siehe oben: Kapitel 2:B.II.2.

538 Vgl. zu letzterem Punkt: *Paschke*, ZIP 1985, 129 (135).

dem Erwerber in derselben juristischen Sekunde, in der sich die Wertminderung ereignet, erweitert oder neu begründet wird. In dem Ausnahmefall, dass der Gesellschafter-Erbe durch Ausscheiden des abtretenden Gesellschafters ein besonderes persönliches, nur diesem gegenüber geltendes Recht, verliert, ist zu erwägen, welcher Vermögensvorteil dem gegenüberstehen könnte. In jedem Fall können Vermögensvorteile für die Unternehmensbeteiligung des Erben hinzukommen, die der Erwerber mitbringt; allen voran ein besonderes Know-how, zusätzliche Finanzmittel sowie Kooperations- oder Rationalisierungsvorteile.[539]

3. *Ausgleich*

In den meisten Fällen dürften die genannten Vermögensvorteile die Wertminderung zumindest ausgleichen. Für die Beurteilung der Gleichwertigkeit kommt es dabei mangels anderer geeigneter Maßstäbe auf die Pflicht zur ordnungsgemäßen Verwaltung an.[540] Insoweit könnte es etwa als problematisch erscheinen, wenn der Testamentsvollstrecker eine auf Herbeiführung des Zustimmungsbeschlusses gerichtete Ja-Stimme abgibt, dadurch ein neuer Gesellschafter in die Gesellschaft eintritt und der Testamentsvollstrecker weiß oder hätte wissen müssen, dass damit der Wert der Geschäftsanteile des Erben gemindert wird.

IV. Ergebnis

Festzuhalten bleibt demzufolge, dass im Falle der Vinkulierung die auf Herbeiführung des Zustimmungsbeschlusses gerichtete Stimmabgabe des Testamentsvollstreckers in aller Regel keine unentgeltliche Verfügung im Sinne des § 2205 Satz 3 BGB darstellt.

H. Zusammenfassung

Damit lässt sich dieses Kapitel 3 wie folgt zusammenfassen:

Ist ein Zustimmungsbeschluss erforderlich, weil das gesamte Gesellschaftsvermögen veräußert werden soll, und wirkt der Testamentsvollstrecker an diesem Zustimmungsbeschluss mit, kommt unter der Prämisse eines unveränderten Unternehmensgegenstandes eine (un-)entgeltliche Verfügung gemäß § 2205 Satz 3 BGB (direkt oder analog) nicht in Betracht. Das gilt selbst dann,

539 Zu letzteren: *Paschke*, ZIP 1985, 129 (135).

540 Dazu oben Kapitel 2:C.II.1.d)(2).

wenn der Zustimmungsbeschluss aufschiebende Bedingung für die dingliche Übertragung des gesamten Gesellschaftsvermögens ist.

Die auf Herbeiführung des Einziehungsbeschlusses gerichtete Stimmabgabe sowie die Zustimmung zum Einziehungsbeschluss können (un-)entgeltliche Verfügungen darstellen.

Die auf Herbeiführung eines Satzungsänderungsbeschlusses gerichtete Stimmabgabe und/oder die Zustimmung des Testamentsvollstreckers zum Satzungsänderungsbeschlusses können jeweils eine (un-)entgeltliche Verfügung im Sinne des § 2205 Satz 3 BGB darstellen.

In Bezug auf die Mitwirkung des Testamentsvollstreckers an einer effektiven Kapitalerhöhung kann die auf Herbeiführung des Kapitalerhöhungsbeschlusses gerichtete Stimmabgabe durch den Testamentsvollstrecker als (un-)entgeltliche Verfügung zu qualifizieren sein, wenn das Bezugsrecht des Gesellschafter-Erben zumindest teilweise ausgeschlossen werden soll. Dagegen kommt eine (un-)entgeltliche Verfügung im Hinblick auf den Abschluss des Übernahmevertrages nicht in Betracht.

Im Hinblick auf die Mitwirkung des Testamentsvollstreckers an einem Umwandlungsbeschluss für den Formwechsel einer GmbH in eine AG lässt sich festhalten, dass sowohl die Stimmabgabe als auch etwaige erforderliche Zustimmungen zum Umwandlungsbeschluss voll entgeltliche Verfügungen im Sinne des § 2205 Satz 3 BGB sein können.

In Bezug auf den Abschluss eines Beherrschungs- und/oder Gewinnabführungsvertrages kann die auf Herbeiführung des dafür erforderlichen Zustimmungsbeschlusses gerichtete Stimmabgabe und/oder die Zustimmung zum Beschluss auf Ebene der Untergesellschaft eine (un-)entgeltliche Verfügung darstellen, auf Ebene der Obergesellschaft jedoch nicht.

Im Falle der Vinkulierung ist die auf Herbeiführung des dafür erforderlichen Zustimmungsbeschlusses gerichtete Stimmabgabe des Testamentsvollstreckers in aller Regel keine unentgeltliche Verfügung im Sinne des § 2205 Satz 3 BGB.

Kapitel 4. Aus § 2205 Satz 3 BGB resultierende Beschlussmängel und ihre prozessuale Geltendmachung

Wie in den vorstehenden Kapiteln erläutert, zeitigt § 2205 Satz 3 BGB die Rechtfolge der Unwirksamkeit für die Stimmabgabe und/oder für die Zustimmung durch den Testamentsvollstrecker. Daran anknüpfend wird in diesem Kapitel 4 untersucht, welche Beschlussmängel daraus resultieren können und wie diese prozessual geltend gemacht werden können.

A. Beschlussmängel bei Unwirksamkeit der Stimmabgabe

I. Anfechtbarkeit und prozessuale Geltendmachung

Hat der Testamentsvollstrecker mit der Stimmabgabe die Grenzen seiner Verfügungsmacht gemäß § 2205 Satz 3 BGB überschritten und ist die Stimme deswegen unwirksam, kommt insoweit kein Nichtigkeits-, sondern nur ein Anfechtungsgrund analog[541] § 243 AktG in Betracht.[542]

Ferner ist wie folgt zu unterscheiden: Wurde die verfügungsmachtlose Stimmrechtsausübung zugelassen,[543] darf der eventuell bestellte Abstimmungsleiter keine bindende Ergebnisfeststellung treffen.[544] Wird die (schwebend) unwirksame Stimme des Testamentsvollstreckers mitgezählt und eine bindende Feststellung getroffen – etwa weil das Fehlen der Verfügungsmacht unbekannt war – liegt ein Verfahrensverstoß in Gestalt eines Fehlers bei der

541 Mangels Vorschriften für Beschlussmängel im GmbHG finden aktienrechtliche Anfechtungs- und Nichtigkeitsvorschriften (§§ 241 ff. AktG) entsprechende Anwendung, soweit nicht die Besonderheiten der GmbH eine Abweichung erfordern: *Bayer*, in: Lutter/Hommelhoff, GmbHG, Anh. § 47 Rn. 1; *Wertenbruch*, in: MüKo-GmbHG, Anh. § 47 Rn. 1.

542 *Lutter* ZGR 1982, 108 (119); *Priester*, in: FS Stimpel, S. 477; *Dörrie*, ZEV 1996, 370 (372); *Philippi*, S. 84; vgl. allgemein zur Mitzählung unwirksamer Stimmen: *K. Schmidt/Bochmann*, in: Scholz, GmbHG, § 45 Rn. 22

543 Siehe dazu oben: Kapitel 2:E.III.4.

544 Vgl. in Bezug auf den *falsus procurator*: *Zöllner/Noack*, in: Baumbach/Hueck, GmbHG, § 47 Rn. 55.

Beschlussfeststellung vor.[545] Derartige Verfahrensfehler berechtigen jedoch nur dann zur Anfechtung, wenn der Fehler für das Ergebnis der Beschlussfassung relevant ist.[546] Das bedeutet, die unwirksame aber mitgezählte Stimme muss für den festgestellten Beschlusstenor ursächlich sein.[547] Nur, wenn die richtige Auszählung der Stimmen und Feststellung des Ergebnisses zu einem anderen Ergebnis geführt hätte, hat eine Anfechtungsklage Erfolg.[548] Konkret heißt das: Die erforderliche Mehrheit für den Beschluss (zum Beispiel: drei Viertel der abgegebenen Stimmen bei Satzungsänderung gemäß § 53 Abs. 2 Satz 1 GmbHG) dürfte nur mit den Stimmen des Testamentsvollstreckers erreicht worden sein.[549] Nach der herrschenden Meinung,[550] die nur dann eine Verfügung annimmt, wenn die Stimmabgabe für den Gesellschafterbeschluss ursächlich war, wäre diese Voraussetzung demnach stets erfüllt. Nach hier vertretener Auffassung[551] käme es erst an dieser Stelle, das heißt für die Anfechtbarkeit, auf die Ursächlichkeit der Stimmabgabe des Testamentsvollstreckers an.

Wurde der betreffende Gesellschafterbeschluss jedoch nicht festgestellt und die Gesellschafter streiten bereits in der Gesellschafterversammlung über das Beschlussergebnis, kann der Beschluss nicht mit der Anfechtungsklage, sondern allein durch Feststellungsklage gegen die Gesellschaft nach § 256 ZPO angegriffen werden.[552]

---

545 Vgl. *Bayer*, in: Lutter/Hommelhoff, GmbHG, Anh. § 47 Rn. 49; *K. Schmidt/Bochmann*, in: Scholz, GmbHG, § 45 Rn. 98.

546 BGH, NJW 2002, 1128 (1129); BGH, NJW 2005, 828 (830); *Bayer*, in: Lutter/Hommelhoff, GmbHG, Anh. § 47 Rn. 50; *Zöllner/Noack*, in: Baumbach/Hueck, GmbHG, Anh. § 47 Rn. 125; *Wertenbruch*, in: MüKo-GmbHG, Anh. § 47 Rn. 1.

547 *K. Schmidt/Bochmann*, in: Scholz, GmbHG, § 45 Rn. 101; *Zöllner/Noack*, in: Baumbach/Hueck, GmbHG, Anh. § 47 Rn. 130.

548 *K. Schmidt/Bochmann* in: Scholz, GmbHG, § 45 Rn. 101; *Raiser/Schäfer*, in: HCL, GmbHG, Anh. § 47 Rn. 110.

549 Vgl. allgemein in Bezug auf nichtige Stimmen: *Raiser/Schäfer*, in: HCL, GmbHG, Anh. § 47 Rn. 18.

550 Siehe oben: Kapitel 2:B.IV.2.b)(3)bb).

551 Siehe oben: Kapitel 2:B.IV.2.d).

552 Zum Ganzen: *Bayer*, in: Lutter/Hommelhoff, GmbHG, Anh. § 47 Rn. 39; *Raiser/Schäfer*, in: HCL, GmbHG, Anh. § 47 Rn. 110.

II. Ausschluss der Anfechtbarkeit durch nachträgliche Zustimmung

Aber selbst wenn der Gesellschafterbeschluss wegen des genannten Fehlers bei der Beschlussfeststellung anfechtbar ist, kann dieser Beschlussmangel dadurch geheilt werden, dass der Gesellschafter-Erbe die wegen § 2205 Satz 3 BGB unwirksame Stimmabgabe mit Rückwirkung genehmigt.[553] Der Anfechtungsgrund entfällt dann und niemand kann mehr den Beschluss in dieser Hinsicht anfechten.[554] Da die Genehmigung grundsätzlich[555] nicht befristet ist, kann der Erbe sie sogar noch erteilen, nachdem ein anderer Gesellschafter bereits die kassatorische Klage gegen den Beschluss, gestützt auf die unberechtigte Mitzählung der Stimme, erhoben hat.[556] Aus Kostengründen wird der Kläger die Hauptsache dann für erledigt erklären.[557]

War dagegen die Stimmabgabe des Testamentsvollstreckers berechtigterweise[558] bei der Beschlussfassung zurückgewiesen worden, so zählen die Stimmen des Testamentsvollstreckers nicht. Der ohne seine Stimmen festgestellte Gesellschafterbeschluss kann aus diesem Grund nicht angefochten werden.[559]

III. Anfechtungsbefugnis

Der Klärung bedarf, wer in Bezug auf den genannten Beschlussmangel anfechtungsbefugt ist.

---

553 Vgl. *Bayer*, in: Lutter/Hommelhoff, GmbHG, § 47 Rn. 30; *K. Schmidt/Bochmann*, in: Scholz, GmbHG, § 45 Rn. 119. Zur Genehmigung der Stimmabgabe siehe oben Kapitel 2:E.III.5.

554 *Bayer*, in: Lutter/Hommelhoff, GmbHG, Anh. § 47 Rn. 60; *K. Schmidt/Bochmann*, in: Scholz, GmbHG, § 45 Rn. 119.

555 Etwas anderes gilt, wenn die Gesellschaft den Gesellschafter-Erben zur Genehmigung aufgefordert hat: Siehe oben: Kapitel 2:E.III.6.

556 Vgl. in Bezug auf die Stimmabgabe durch den *falsus procurator*: *Bayer*, in: Lutter/Hommelhoff, GmbHG, § 47 Rn. 30; *K. Schmidt*, in: Scholz, GmbHG, § 47 Rn. 87.

557 *Bayer*, in: Lutter/Hommelhoff, GmbHG, § 47 Rn. 30; *K. Schmidt*, in: Scholz, GmbHG, § 47 Rn. 87.

558 Siehe dazu oben: Kapitel 2:E.II.4.

559 Vgl. zum Ganzen in Bezug auf die Stimmabgabe durch den *falsus procurator*: *Bayer*, in: Lutter/Hommelhoff, GmbHG, § 47 Rn. 30; *K. Schmidt*, in: Scholz, GmbHG, § 47 Rn. 87.

1. Anfechtungsbefugnis des Gesellschafter-Erben

Grundsätzlich ist jeder Gesellschafter hinsichtlich aller Beschlussmängel zur Klage befugt.[560] Für den Gesellschafter-Erben gilt: Hat ein Erblasser hinsichtlich einer Beteiligung an einer Gesellschaft unbeschränkte Testamentsvollstreckung angeordnet, sind die Erben grundsätzlich gemäß §§ 2205 Satz 1, 2211 BGB von der Ausübung der Gesellschafterbefugnisse ausgeschlossen. Die den Geschäftsanteil betreffenden Verwaltungs- und Vermögensrechte werden allesamt von dem Testamentsvollstrecker ausgeübt. Die klageweise Geltendmachung der Fehlerhaftigkeit von Gesellschafterbeschlüssen obliegt deshalb grundsätzlich ebenfalls dem Testamentsvollstrecker (§ 2212 BGB). Das heißt, der Testamentsvollstrecker übt das Anfechtungsrecht des Gesellschafter-Erben aus, indes nur im Rahmen seiner Zuständigkeit.[561]

Der Bundesgerichtshof entschied im Hinblick auf ein für den Testamentsvollstrecker geltendes Stimmverbot nach § 47 Abs. 4 Satz 1 GmbHG, dass der Testamentsvollstrecker ausnahmsweise nicht zur klageweisen Geltendmachung der Fehlerhaftigkeit von Gesellschafterbeschlüssen befugt ist, wenn er selbst unzulässigerweise an Stelle der Erben mitgestimmt hat und insoweit seine Verwaltungsbefugnis beschränkt ist.[562] In diesem Fall ist der Erbe anfechtungsbefugt.[563]

Meines Erachtens ist dieses Ergebnis auf § 2205 Satz 3 BGB zu übertragen. Dagegen könnte zunächst eingewendet werden, dass es einige Unterschiede gibt. So konstituiert § 2205 Satz 3 BGB kein Stimmverbot wie § 47 Abs. 4 Satz 1 GmbHG. Der Testamentsvollstrecker ist auch nicht vollständig von der Ausübung des Stimmrechts ausgeschlossen, sondern er darf unter den Voraussetzungen des § 2205 Satz 3 BGB grundsätzlich keine Ja-Stimme ohne Einwilligung des Erben abgeben, eine Nein-Stimme jedoch schon. Ferner hat der Testamentsvollstrecker nicht *vollständig* anstelle des Erben abgestimmt. Denn insoweit stand dem Testamentsvollstrecker jedenfalls grundsätzlich das Stimmrecht zu. Dennoch sprechen die besseren Gründe für die Übertragbarkeit der Rechtsprechung und damit für die Anfechtungsbefugnis des Erben. Denn der

---

560 *Altmeppen*, GmbHG, Anh. § 47 Rn. 75: *K. Schmidt/Bochmann*, in: Scholz, GmbHG, § 45 Rn. 128; *Zöllner/Noack*, in: Baumbach/Hueck, GmbHG, Anh. § 47 Rn. 136 f.

561 BGH, NJW 1989, 2694 (2695); BGH, ZEV 2014, 662 (Rn. 14); *K. Schmidt/Bochmann*, in: Scholz, GmbHG, § 45 Rn. 128; *Zöllner/Noack*, in: Baumbach/Hueck, GmbHG, Anh. § 47 Rn. 139.

562 BGH, NJW 1989, 2694 (2695); BGH, ZEV 2014, 662 (Rn. 14).

563 BGH, NJW 1989, 2694; *Bayer*, in: Lutter/Hommelhoff, GmbHG, Anh. § 47 Rn. 70; *Wertenbruch*, in: MüKo-GmbHG, Anh. § 47 Rn. 256.

Testamentsvollstrecker stimmt unzulässigerweise zumindest *teilweise* anstelle des Erben, wenn er ohne erforderliche Einwilligung des Erben die Ja-Stimme abgibt. Der Testamentsvollstrecker ist insoweit unzweifelhaft in seiner Verwaltungsbefugnis aus § 2205 Satz 1 BGB beschränkt. Zudem hilft die (ausschließliche) Anfechtungsbefugnis des Erben, insoweit einen Interessenkonflikt zu vermeiden. Denn der Testamentsvollstrecker hat zulasten des Erben seine Verfügungsbefugnis überschritten und hat damit widerrechtlich in die Rechts- und Vermögenssphäre des Erben eingegriffen. Als Vertreter des Interesses, diese Überschreitung zu revidieren, ist nicht der Testamentsvollstrecker, sondern der Erbe selbst die bessere Wahl. Außerdem führt die Anfechtungsbefugnis des Erben lediglich dazu, dass er die Rechtskraft des Gesellschafterbeschlusses beseitigen kann, was auf eine Rückgängigmachung der unentgeltlichen Verfügung hinausläuft. Materiell ist die Anfechtung auf die Wiederherstellung des *status quo ante* ausgerichtet; dem Erben wird aber nicht etwa das Stimmrecht – quasi durch die Hintertür – doch eingeräumt.

Festzuhalten ist insoweit, dass der Testamentsvollstrecker vor diesem Hintergrund keine Anfechtungsbefugnis aus § 2212 BGB herleiten kann; an seiner Stelle ist der Gesellschafter-Erbe anfechtungsbefugt.

2. *Anfechtungsbefugnis des Testamentsvollstreckers aus § 245 Nr. 5 AktG analog?*

Fraglich ist, ob der Testamentsvollstrecker – neben der soeben genannten Anfechtungsbefugnis des Erben – eine eigene Anfechtungsbefugnis aus § 245 Nr. 5 AktG analog herleiten kann. Gemäß dieser Norm ist jedes Mitglied des Vorstands und des Aufsichtsrats zur Anfechtung befugt, wenn durch die Ausführung des Beschlusses Mitglieder des Vorstands oder des Aufsichtsrats eine strafbare Handlung oder eine Ordnungswidrigkeit begehen oder wenn sie ersatzpflichtig werden würden. In Anlehnung daran soll auch ein GmbH-Geschäftsführer ausnahmsweise jedenfalls dann anfechtungsbefugt sein, wenn er sich durch die Ausführung der Beschlüsse strafbar oder ersatzpflichtig machen würde.[564]

564 H.M.: *Bayer*, in: Lutter/Hommelhoff, GmbHG, Anh. § 47 Rn. 73; *Ganzer*, in: Rowedder/Schmidt-Leithoff, Anh. § 47 Rn. 46; *Raiser/Schäfer*, in: HCL, Anh. § 47 Rn. 163; *K. Schmidt/Bochmann*, in: Scholz, GmbHG, § 145 Rn. 134; *Zöllner/Noack*, in: Baumbach/Hueck, GmbHG, Anh. § 47 Rn. 140. A.A.: *Altmeppen*, Anh. § 47 Rn. 79; *Wertenbruch*, in: MüKo-GmbH, Anh. § 47 Rn. 257 ff.

Zwar ist der Testamentsvollstrecker als solcher unbestreitbar kein derartiges Organmitglied der GmbH, wenngleich der Bundesgerichtshof[565] für ihn das Leitbild des „dynamischen Geschäftsführers“ entworfen hat. Allerdings kann sich der Testamentsvollstrecker ebenso wie ein solches Organmitglied schadensersatzpflichtig machen, insbesondere wenn der Beschluss ausgeführt wird, und zwar in seinem Fall gemäß § 2219 BGB gegenüber dem Erben (zum Beispiel wenn eine für den Erben nachteilige Satzungsänderung im Handelsregister eingetragen werden soll). Nichtsdestotrotz ist eine Anfechtungsbefugnis des Testamentsvollstreckers analog § 245 Nr. 5 AktG abzulehnen. Die Voraussetzungen einer Analogie sind nicht erfüllt, weil es an einer vergleichbaren Interessenlage fehlt. Nach herrschender Meinung dient die in § 245 Nr. 5 AktG normierte Anfechtungsbefugnis zumindest auch dem Schutz des einzelnen Organmitglieds. Die betreffenden Personen dürfen nicht einerseits zur Ausführung des Beschlusses verpflichtet sein, andererseits aber für eben jene Ausführung belangt werden. Deswegen müssen sie sich mittels der Anfechtungsklage aus dieser Zwangslage befreien können.[566]

Hier liegen die Dinge jedoch anders. Der Testamentsvollstrecker ist nicht wie die Organmitglieder zur Ausführung der Beschlüsse verpflichtet. Außerdem hat er – ungleich den Organmitgliedern – ja gerade am Zustandekommen des rechtswidrigen Beschlusses aktiv mitgewirkt, also bereits die Möglichkeit gehabt, das Seinige zu tun, damit es zu der Anfechtbarkeit gar nicht erst kommt. Ferner ist es zur vollständigen Vermeidung der Haftung des Testamentsvollstreckers nicht zwingend notwendig, dass er selbst anfechtungsbefugt ist. Denn der Testamentsvollstrecker hat die Möglichkeit, den Erben über die Anfechtungssituation aufzuklären. Wenn der Erbe dann nicht von seinem Anfechtungsrecht Gebrauch machen sollte, liefe dieser Gefahr, sich in einem eventuell nachfolgenden Haftungsprozess gegen den Testamentsvollstrecker nach § 254 Abs. 2 Satz 1 BGB ein Mitverschulden anrechnen lassen zu müssen, wenn er es dadurch (schuldhaft) unterlassen hat, den Schaden zu verhindern oder zu mindern. Gegen die analoge Anwendung des § 245 Nr. 5 AktG spricht außerdem das offensichtliche Bemühen des § 2212 BGB, eine ausschließliche Klagebefugnis zu etablieren, also eine solche entweder des Testamentsvollstreckers oder des Erben, nicht aber eine parallele beider Akteure. Die Vorteile einer solchen klaren, exklusiven Regelung liegen in der Rechtsicherheit und Streitvermeidung.

---

565 BGH, NJW 1987, 1070 (1071).

566 BGH, NJW 1989, 979 (981); *Schäfer*, in: MüKo-AktG, § 245 Rn. 72; *Koch*, in: Hüffer/Koch, AktG, § 245 Rn. 4; a.A.: *Schwab*, in: K. Schmidt/Lutter, AktG, § 245 Rn. 34.

Aus diesen Gründen kann der Testamentsvollstrecker keine Anfechtungsbefugnis aus § 245 Nr. 5 AktG analog herleiten. Vielmehr bleibt es dabei, dass der Gesellschafter-Erbe anstatt des Testamentsvollstreckers anfechtungsbefugt ist.

3. Ergebnis

Besteht wegen § 2205 Satz 3 BGB ein Anfechtungsgrund, so ist neben den etwaigen übrigen Gesellschaftern der Gesellschafter-Erbe, und zwar anstatt des Testamentsvollstreckers und nicht neben ihm, anfechtungsbefugt.

IV. Klagefrist

1. Anfechtungsfrist

Die Einhaltung der Anfechtungsfrist ist materielle Klagevoraussetzung; eine verspätet erhobene Klage wird als unbegründet zurückgewiesen werden.[567] Enthält die Satzung keine abweichende Regelung, gilt die Monatsfrist des § 246 Abs. 1 AktG, von eng begrenzten Ausnahmen abgesehen, als Maßstab.[568]

Für den Fristbeginn kommt es nach zutreffender Ansicht grundsätzlich auf die Kenntnis des Gesellschafters vom Beschlussinhalt an.[569] Abzustellen ist hier (vor dem Hintergrund des § 2205 Satz 3 BGB) ausnahmsweise nicht auf die Kenntnis des Testamentsvollstreckers, sondern auf die des anfechtungsbefugten Gesellschafter-Erben. Dessen Kenntnis wird regelmäßig erst mit Zugang des Beschlussprotokolls gegeben sein.[570]

Dass der Testamentsvollstrecker dafür zu sorgen hat, dass dem Erben jedenfalls das Beschlussprotokoll zugeht, folgt aus § 666 Alt. 1 BGB i.V.m. § 2218 BGB. Danach hat der Testamentsvollstrecker den Erben über die je nach Lage des Einzelfalls rechtserheblichen und wirtschaftlich bedeutsamen Vorgänge

567 BHG, NJW 1998, 3344; *Hillmann*, in: Henssler/Strohn, GmbHG, Anh. § 47 Rn. 5; *Zöllner/Noack*, in: Baumbach/Hueck, GmbHG, Anh. § 47 Rn. 158.

568 BGH, NZG 2005, 551 (553); BGH, GmbHR 2009, 1101; *Hillmann*, in: Henssler/Strohn. GmbHG, Anh. § 47 Rn. 5; *Wicke*, GmbHG, Anh. § 47 Rn. 19.

569 OLG Hamm, NZG 2003, 630; *Bayer*, in: Lutter/Hommelhoff, GmbHG, Anh. § 47 Rn. 62; *Ganzer*, in: Rowedder/Schmidt-Leithoff, GmbHG, Anh. § 47 Rn. 55; a.A.: Zeitpunkt Beschlussfassung: *K. Schmidt/Bochmann*, in: Scholz, GmbHG, § 45 Rn. 145; a.A.: Erkennbarkeit Beschlussmangel: *Zöllner/Noack*, in: Baumbach/Hueck, GmbHG, Anh. § 47 Rn. 153.

570 Vgl. *Bayer*, in: Lutter/Hommelhoff, GmbHG, Anh. § 47 Rn. 62; *Raiser/Schäfer*, in: HCL, GmbHG, Anh. § 47 Rn. 182.

im Zusammenhang mit dem Nachlass unverzüglich und unaufgefordert zu benachrichtigen.[571]

2. Klagefrist gemäß Umwandlungsgesetz

Im Gegensatz zu der soeben erläuterten Anfechtungsfrist, gilt für Umwandlungsbeschlüsse gemäß §§ 14 Abs. 1, 125 Satz 1, 195 Abs. 1 UmwG eine *strikte* Klagefrist von einem Monat, wobei der Fristlauf mit Beschlussfassung beginnt. Auf die Kenntnis des Gesellschafter-Erben kommt es insoweit also nicht an. Wenn wegen § 2205 Satz 3 BGB eine Anfechtung in Betracht kommt, ist der Gesellschafter-Erbe daher in der Regel auf eine entsprechende Benachrichtigung des Testamentsvollstreckers angewiesen. Bei Nichtwahrung der Frist ist die Anfechtungsklage nicht unbegründet, sondern unzulässig.[572]

B. Beschlussmängel bei Unwirksamkeit der Zustimmung

I. Unwirksamkeit des Gesellschafterbeschlusses

Bedarf der Gesellschafterbeschluss der Zustimmung seitens des Testamentsvollstreckers, zum Beispiel weil eine Vermehrung der dem Gesellschafter-Erben nach dem Gesellschaftsvertrag obliegenden Leistungen beschlossen werden soll (§ 53 Abs. 3 GmbHG) und ist diese Zustimmung wegen § 2203 Satz 3 BGB (schwebend) unwirksam, so ist der Gesellschafterbeschluss selbst (schwebend) unwirksam.[573]

Die Unwirksamkeit bildet eine besondere, auch im Aktienrecht nicht geregelte Kategorie der Mangelhaftigkeit von Gesellschafterbeschlüssen. Sie beruht im Gegensatz zur Nichtigkeit nicht auf einem Gesetzesverstoß, sondern auf der Unvollständigkeit des nach den einschlägigen Normen zur Wirksamkeit erforderlichen Gesamttatbestands.[574] Dabei meint schwebende Unwirksamkeit, dass eine nachträgliche Vervollständigung des Wirksamkeitstatbestands (hier durch Erklärung der Zustimmung zum Beschluss) noch möglich ist. Wird die

---

571 Vgl. *Sarres*, ZEV 2000, 90 (91); *Heckschen*, in: Burandt/Rojahn, BGB, § 2218 Rn. 18.

572 *Bayer*, in: Lutter/Hommelhoff, GmbHG, Anh. § 47 Rn. 66; *K. Schmidt/Bochmann*, in: Scholz, GmbHG, § 45 Rn. 141.

573 Vgl. allgemein bei fehlender Zustimmung: RGZ 148, 175 (186); *Bayer*, in: Lutter/Hommelhoff, GmbHG, Anh. § 47 Rn. 4; *Raiser/Schäfer*, in: HCL, GmbHG, Anh. § 47 Rn. 23.

574 *Raiser/Schäfer*, in: HCL, GmbHG, Anh. § 47 Rn. 22; *Zöllner/Noack*, in: Baumbach/Hueck, GmbHG, Anh. § 47 Rn. 20.

Zustimmung erteilt, wandelt sich die schwebende Unwirksamkeit zur endgültigen Wirksamkeit. Wird dagegen die Zustimmung verweigert, ist der Beschluss endgültig unwirksam.[575]

Konkret heißt das: Hat der Testamentsvollstrecker ohne Einwilligung des Gesellschafter-Erben unter Verstoß gegen § 2205 Satz 3 BGB die Zustimmung erklärt, so ist der Gesellschafterbeschluss solange schwebend unwirksam, wie die Zustimmung durch den Testamentsvollstrecker schwebend unwirksam ist. Analog § 177 Abs. 2 Satz 1 BGB i.V.m. § 180 Satz 2 BGB kann die Gesellschaft den Erben zur Genehmigung der Zustimmung auffordern. Erteilt er die Genehmigung nicht binnen zwei Wochen (analog § 177 Abs. 2 Satz 2 BGB) oder verweigert er sie, ist die Zustimmung und damit auch der Gesellschafterbeschluss endgültig unwirksam.

II. Prozessuale Geltendmachung

Die Unwirksamkeit kann während des Schwebezustands von jedermann im Wege der Einrede geltend gemacht werden. Unter den Voraussetzungen des § 256 ZPO kann auch auf Feststellung der Unwirksamkeit geklagt werden.[576] Eine Anfechtungsfrist braucht nicht eingehalten zu werden, allerdings kann möglicherweise die Berufung auf die Unwirksamkeit eines Beschlusses durch Verwirkung (§ 242 BGB) ausgeschlossen sein.[577]

Erst die endgültige Unwirksamkeit kann durch kassatorische Nichtigkeitsklage nach §§ 241, 249 AktG analog geltend gemacht werden.[578] Denn die Abgrenzung von endgültiger Unwirksamkeit und Nichtigkeit ist nicht nur schwierig, sondern auch bedeutungslos.[579] Soweit der Testamentsvollstrecker durch Zustimmung seine Verfügungsbefugnis wegen § 2205 Satz 3 BGB überschritten hat, ist der Erbe und nicht der Testamentsvollstrecker klagebefugt.[580]

---

575 *Bayer*, in: Lutter/Hommelhoff, GmbHG, Anh. § 47 Rn. 4; *Zöllner/Noack*, in: Baumbach/Hueck, GmbHG, Anh. § 47 Rn. 20.

576 *Bayer*, in: Lutter/Hommelhoff, GmbHG, Anh. § 47 Rn. 4; *Raiser/Schäfer*, in: HCL, GmbHG, Anh. § 47 Rn. 24.

577 *K. Schmidt/Bochmann*, in: Scholz, GmbHG, § 45 Rn. 59.

578 *Bayer*, in: Lutter/Hommelhoff, GmbHG, Anh. § 47 Rn. 4; *Ganzer*, in: Rowedder/Schmidt-Leithoff, GmbHG, Anh. § 47 Rn. 2; *Raiser/Schäfer*, in: HCL, GmbHG, Anh. § 47 Rn. 24; *K. Schmidt/Bochmann*, in: Scholz, GmbHG, § 45 Rn. 59; a.A.: *Raiser*, in: UHL, GmbHG, Anh. § 47 Rn. 25.

579 *Bayer*, in: Lutter/Hommelhoff, GmbHG, Anh. § 47 Rn. 4; *K. Schmidt/Bochmann*, in: Scholz, GmbHG, § 45 Rn. 59.

580 Vgl. dazu oben: Kapitel 4:A.III.3.

Hat der Erbe berechtigterweise seine Genehmigung zur erforderlichen Zustimmung verweigert, kann er somit Nichtigkeitsklage erheben. Die Feststellungsklage gemäß § 256 ZPO steht ihm dann nicht mehr offen.[581] Abgesehen von den Klagefristen für Umwandlungsbeschlüsse kann der Nichtigkeitseinwand grundsätzlich unbefristet erhoben werden. Nur ausnahmsweise kann eine Verwirkung in Betracht kommen.[582]

Fraglich ist, ob der Erbe auch analog § 249 AktG zu Erhebung der Nichtigkeitsklage befugt ist, wenn eine Zustimmung zum Gesellschafterbeschluss zwar erforderlich war, der Testamentsvollstrecker die Zustimmung jedoch gar nicht erklärt hat, sich diese aber als unentgeltliche Verfügung nach § 2205 Satz 3 BGB darstellen würde. Meines Erachtens ist das zu bejahen. Falls der Erbe nicht schon ausdrücklich vorab seine Einwilligung zur Zustimmung verweigert hat, so liegt jedenfalls in der Erhebung der Nichtigkeitsklage eine konkludente Verweigerung. Der Gesamttatbestand des Gesellschafterbeschlusses kann damit nicht mehr erfüllt werden; der Gesellschafterbeschluss ist damit endgültig unwirksam, *ergo* nichtig. Dieses Ergebnis vermag zunächst erstaunen, weil wir gesehen haben, dass eine Verfügung im Sinne des § 2205 Satz 3 BGB zumindest eine Willenserklärung des Testamentsvollstreckers voraussetzt. Allerdings wäre die Alternative eine überflüssige Förmelei: der Testamentsvollstrecker müsste anderenfalls erst die (schwebend unwirksame) Zustimmung erklären und erst dann könnte der Erbe seine Genehmigung verweigern.

Dabei ist jedoch zu beachten, dass die Nichtigkeitsfolge im Falle einer rechtswidrigen Zustimmungsverweigerung solange nicht eintritt, wie ein durchsetzbarer Anspruch auf Zustimmung zum Gesellschafterbeschluss besteht und die Zustimmung nach § 894 ZPO erzwungen werden kann.[583] Wenn aber ein durchsetzbarer Anspruch auf Zustimmung zum Gesellschafterbeschluss – insbesondere aus gesellschaftlicher Treuepflicht – besteht, dann kann die Zustimmung bereits keine unentgeltliche Verfügung darstellen und bedarf daher bereits keiner Einwilligung beziehungsweise keiner Genehmigung durch den Erben. Dessen Nichtigkeitsklage wäre in diesem Fall ohne Erfolg.

---

581 Vgl. *Bayer*, in: Lutter/Hommelhoff, GmbHG, Anh. § 47 Rn. 30; wohl auch: *Zöllner/Noack*, in: Baumbach/Hueck, GmbHG, Anh. § 47 Rn. 21 f.; a.A.: *Schäfer*, in: MüKo-AktG, § 241 Rn. 19: zusätzlich Nichtigkeitsklage.

582 *Bayer*, in: Lutter/Hommelhoff, GmbHG, Anh. § 47 Rn. 29; *K. Schmidt/Bochmann*, in: Scholz, GmbHG, § 45 Rn. 81; *Raiser/Schäfer*, in: HCL, GmbHG, Anh. § 47 Rn. 86.

583 Vgl. OLG Düsseldorf, BeckRS 2016, 19234 (Rn. 100).

III. Heilung der Unwirksamkeit

Aber selbst wenn der Gesellschafterbeschluss vor dem Hintergrund des § 2205 Satz 3 BGB endgültig unwirksam ist, kann dieser Mangel unter Umständen geheilt worden sein. Denn analog § 242 AktG Abs. 2 Satz 1 AktG können in Bezug auf die GmbH bestimmte Nichtigkeitsmängel nicht mehr geltend gemacht werden, wenn der Beschluss in das Handelsregister eingetragen worden ist und seitdem drei Jahre verstrichen sind. Diese Vorschrift ist auch auf unwirksame Beschlüsse anzuwenden.[584] Erfasst werden insbesondere satzungsändernde Beschlüsse (§ 54 Abs. 3 GmbHG)[585], aber auch der Zustimmungsbeschluss zum Gewinnabführungs- und/oder Beherrschungsvertrag[586] auf Ebene der Obergesellschaft, nicht aber Umwandlungsbeschlüsse[587].

Eintragungspflichtige Beschlüsse, die unwirksam sind, dürfen nicht im Handelsregister eingetragen werden.[588] Wird ein endgültig unwirksamer Beschluss dennoch eingetragen, kommt eine Löschung von Amts wegen gemäß § 398 FamFG in Betracht und zwar auch noch nach Heilung (§ 242 AktG Abs. 2 Satz 3 analog).[589]

C. Zusammenfassung

In Bezug auf die prozessuale Geltendmachung von Beschlussmängeln ist danach zu unterscheiden, ob der Beschlussmangel darauf beruht, dass die Stimmabgabe oder die Zustimmung zum Gesellschafterbeschluss gemäß § 2205 Satz 3 BGB unwirksam ist.

Hat der Testamentsvollstrecker mit der Stimmabgabe die Grenzen seiner Verfügungsmacht gemäß § 2205 Satz 3 BGB überschritten und ist die Stimme

584 H.M.: *Bayer*, in: Lutter/Hommelhoff, GmbHG, Anh. § 47 Rn. 5; *Raiser/Schäfer*, in: HCL, GmbHG, Anh. § 47 Rn. 24; *Zöllner/Noack*, in: Baumbach/Hueck, GmbHG, Anh. § 47 Rn. 21. A.A.: *Schwab*, in: K. Schmidt/Lutter, AktG § 242 Rn. 21.

585 BGH, NJW-RR 2015, 162 (Rn. 16); *Bayer*, in: Lutter/Hommelhoff, GmbHG, Anh. § 47 Rn. 26.

586 Vgl. *Altmeppen*, in: MüKo-AktG, § 294 Rn. 4; *Schwab*, in: K. Schmidt/Lutter, AktG, § 242 Rn. 22.

587 OLG München, BeckRS 2010, 8984; *Altmeppen*, in: Roth/Altmeppen, GmbHG, Anh. § 47 Rn. 29.

588 BGH, GmbHR 2011, 925 (Rn. 10); *Bayer*, in: Lutter/Hommelhoff, GmbHG, Anh. § 47 Rn. 5; *K. Schmidt/Bochmann*, in: Scholz, GmbHG, § 45 Rn. 59.

589 *Leinekugel*, in: BeckOK-GmbHG, Anh. § 47 Rn. 46; *K. Schmidt/Bochmann*, in: Scholz, GmbHG, § 45 Rn. 60; *Raiser/Schäfer*, in: HCL, GmbHG, Anh. § 47 Rn. 24, 81.

deswegen unwirksam, kommt insoweit kein Nichtigkeits-, sondern nur ein Anfechtungsgrund in Betracht.

Bei Mitzählung der unwirksamen Stimmen des Testamentsvollstreckers und bindender Feststellung liegt ein Verfahrensverstoß vor, der bei Relevanz zur Anfechtung berechtigt.

Wurde der betreffende Gesellschafterbeschluss jedoch nicht festgestellt und die Gesellschafter streiten bereits in der Gesellschafterversammlung über das Beschlussergebnis, kann der Beschluss nicht mit der Anfechtungsklage, sondern allein durch Feststellungsklage gegen die Gesellschaft angegriffen werden.

War dagegen die Stimmabgabe des Testamentsvollstreckers berechtigterweise bei der Beschlussfassung zurückgewiesen worden, so zählen die Stimmen des Testamentsvollstreckers nicht. Der ohne seine Stimmen festgestellte Gesellschafterbeschluss kann aus diesem Grund nicht angefochten werden.

Selbst wenn der Gesellschafterbeschluss wegen des Fehlers bei der Beschlussfeststellung anfechtbar ist, kann dieser Beschlussmangel dadurch geheilt werden, dass der Gesellschafter-Erbe die wegen § 2205 Satz 3 BGB unwirksame Stimmabgabe genehmigt. Der Anfechtungsgrund entfällt dann und niemand kann mehr den Beschluss in dieser Hinsicht anfechten.

Besteht wegen § 2205 Satz 3 BGB ein Anfechtungsgrund, so ist neben den etwaigen übrigen Gesellschaftern der Gesellschafter-Erbe, und zwar anstatt des Testamentsvollstreckers und nicht neben ihm, anfechtungsbefugt.

Die Anfechtbarkeit des mangelhaften Gesellschafterbeschlusses ist ausgeschlossen, wenn die Anfechtungsfrist verstrichen ist. Enthält die Satzung keine abweichende Regelung, gilt grundsätzlich die Monatsfrist des § 246 Abs. 1 AktG.

Für den Fristbeginn kommt es nach zutreffender Ansicht grundsätzlich auf die Kenntnis des Gesellschafters vom Beschlussinhalt an. Abzustellen ist hier (vor dem Hintergrund des § 2205 Satz 3 BGB) nicht auf die Kenntnis des Testamentsvollstreckers, sondern auf die des anfechtungsbefugten Gesellschafter-Erben.

Für Umwandlungsbeschlüsse gilt gemäß UmwG eine *strikte* Klagefrist von einem Monat, wobei der Fristlauf mit Beschlussfassung beginnt. Auf die Kenntnis des Gesellschafter-Erben kommt es insoweit also nicht an.

Bedarf der Gesellschafterbeschluss der Zustimmung seitens des Testamentsvollstreckers und ist diese Zustimmung wegen § 2203 Satz 3 BGB (schwebend) unwirksam, so ist der Gesellschafterbeschluss selbst (schwebend) unwirksam.

Hat der Testamentsvollstrecker ohne Einwilligung des Gesellschafter-Erben unter Verstoß gegen § 2205 Satz 3 BGB die Zustimmung erklärt, so ist der Gesellschafterbeschluss solange schwebend unwirksam, wie die Zustimmung durch den Testamentsvollstrecker schwebend unwirksam ist.

Unter den Voraussetzungen des § 256 ZPO kann auch auf Feststellung der Unwirksamkeit geklagt werden. Erst die endgültige Unwirksamkeit kann durch kassatorische Nichtigkeitsklage geltend gemacht werden. Soweit der Testamentsvollstrecker durch Zustimmung seine Verfügungsbefugnis wegen § 2205 Satz 3 BGB überschritten hat, ist der Erbe und nicht der Testamentsvollstrecker klagebefugt. Abgesehen von den Klagefristen für Umwandlungsbeschlüsse kann der Nichtigkeitseinwand grundsätzlich unbefristet erhoben werden.

Aber selbst wenn der Gesellschafterbeschluss vor dem Hintergrund des § 2205 Satz 3 BGB endgültig unwirksam ist, kann dieser Mangel unter Umständen geheilt worden sein. Denn bestimmte Nichtigkeitsmängel können nicht mehr geltend gemacht werden, wenn der Beschluss in das Handelsregister eingetragen worden ist und seitdem drei Jahre verstrichen sind.

Kapitel 5. Zusammenfassung der wesentlichen Ergebnisse in Thesen

1. Bei unbeschränkt angeordneter Testamentsvollstreckung und vorbehaltlich etwaiger Einschränkungen durch die Satzung umfasst die Verwaltungsbefugnis des Testamentsvollstreckers im Hinblick auf GmbH-Geschäftsanteile grundsätzlich die Wahrnehmung der Mitgliedschaftsrechte und -pflichten des Gesellschafter-Erben. Aus dieser allgemeinen Verwaltungsbefugnis ergibt sich daher grundsätzlich auch die Befugnis des Testamentsvollstreckers, an Gesellschafterbeschlüssen im Wege der Stimmabgabe und/oder der Zustimmung zu Gesellschafterbeschlüssen mitzuwirken.

2. Verstößt der Testamentsvollstrecker gegen das Verbot unentgeltlicher Verfügungen gemäß § 2205 Satz 3 BGB, ist die betroffene Verfügung grundsätzlich unwirksam. Die Norm entfaltet damit dingliche Wirkung auch gegenüber Dritten. Zudem kann ein Verstoß eine Haftung des Testamentsvollstreckers nach § 2219 Abs. 1 BGB zur Folge haben. Die Schranke des § 2205 Satz 3 BGB wirkt sowohl im Innenverhältnis als auch im Außenverhältnis. Sie ist für den Erblasser indisponibel.

3. § 2205 Satz 3 BGB als Schranke für die Verfügungsbefugnis ist eine von mehreren erbrechtlichen Schranken für die Verwaltungsbefugnis des Testamentsvollstreckers. So existieren noch die Schranken für die Verpflichtungsbefugnis aus §§ 2206, 2207 BGB, die des § 2216 BGB sowie diejenige gemäß den Grundsätzen des Missbrauchs der Testamentsvollstreckerbefugnis.

4. Die Verwaltungsbefugnis (insbesondere die Verfügungsbefugnis) des Testamentsvollstreckers unterliegt keiner gesellschaftsrechtlichen Schranke in Gestalt eines „Kernbereiches“ der Mitgliedschaft des Gesellschafter-Erben.

5. Die Mitgliedschaft des Gesellschafter-Erben ist ein taugliches Verfügungsobjekt. Die GmbH-Mitgliedschaft als einheitliches Rechtsverhältnis umfasst die (Sonderrechts-) Beziehungen zwischen der GmbH und dem Gesellschafter sowie – soweit vorhanden – zwischen den jeweiligen Gesellschaftern. Es ist ausgeschlossen, dass auch einzelne Mitgliedschaftsrechte des Gesellschafter-Erben Objekt einer Verfügung des Testamentsvollstreckers sein können.

6. Abzulehnen ist, die Norm des § 2205 Satz 3 BGB dergestalt teleologisch zu reduzieren, dass nur solche Rechtsgeschäfte erfasst werden, die sich unmittelbar zulasten des Vermögenswertes des Nachlasses, insbesondere der Beteiligung, auswirken. Wenn durch Begründung oder Erweiterung mitgliedschaftlicher Pflichten unmittelbar auf die bestehende Mitgliedschaft des Gesellschafter-Erben eingewirkt wird, gilt der Maßstab des § 2205 Satz 3 BGB und nicht derjenige der §§ 2206, 2207 BGB.

7. Bei Mitwirkung des Testamentsvollstreckers an GmbH-Gesellschafterbeschlüssen können dessen Stimmabgabe und/oder dessen Zustimmung als Verfügungsgeschäfte zu behandeln sein und somit der Unwirksamkeitsfolge des § 2205 Satz 3 BGB unterliegen. Nach hier vertretener Ansicht (und entgegen der herrschenden Meinung) ist jede Ja-Stimme des Testamentsvollstreckers, die auf Herbeiführung eines verfügungsrelevanten Gesellschafterbeschlusses gerichtet ist, als Verfügungsgeschäft zu behandeln. Verfügungsrelevant ist der Gesellschafterbeschluss, wenn er sich als unmittelbare Einwirkung auf die Mitgliedschaft des Gesellschafter-Erben darstellen würde. Ferner ist nach hier vertretener Ansicht – und in weitgehender Deckung mit der herrschenden Meinung – jede Zustimmung des Testamentsvollstreckers zu einem verfügungsrelevanten Gesellschafterbeschluss als Verfügungsgeschäft zu behandeln.

8. Der Verfügungsbegriff setzt voraus, dass unmittelbar auf das Verfügungsobjekt durch Rechtsgeschäft eingewirkt wird. Hierfür kommt es technisch auf das Rechtsgeschäft des Gesellschafterbeschlusses an. Mittelbare Einwirkungen auf die Mitgliedschaft fallen von vornherein aus dem direkten Anwendungsbereich des § 2205 Satz 3 BGB heraus.

9. Gemäß dem zweigeteilten Unentgeltlichkeitsbegriff ist zunächst danach zu fragen, ob die Verfügung objektiv unentgeltlich ist. Dies setzt eine Wertminderung *des Nachlasses* voraus. Die objektive Entgeltlichkeit ist zu verneinen, wenn mitgliedschaftliche Pflichten durch die Verfügung begründet oder erweitert werden und die Erfüllung dieser Pflichten gar nicht oder nicht vollständig aus dem Nachlass gesichert ist. Begründete oder erweiterte Verwaltungspflichten können *per se* nicht aus dem Nachlass erfüllt werden, Vermögenpflichten im Einzelfall dagegen schon. Ferner muss die Wertminderung des Nachlasses auch *durch die Verfügung* erfolgen. Dazu muss meines Erachtens der Gesellschafterbeschluss, auf dessen Herbeiführung die Stimmabgabe oder auf dessen Wirksamwerden die Zustimmung gerichtet ist, den Nachlass auch bei Inhaltsänderungen *unmittelbar* in seinem Wert mindern. Objektiv setzt die Entgeltlichkeit weiter voraus, dass dem Nachlass ein Vermögensvorteil zugeführt wird. Schließlich wird für eine Entgeltlichkeit in objektiver Hinsicht verlangt, dass die Wertminderung des Nachlasses durch Zuführung eines entsprechenden Vermögensvorteiles ausgeglichen wird. Dazu kommt es im Rahmen der objektiven Entgeltlichkeit bei Vorliegen eines Nicht-Austauschverhältnisses auf den Maßstab der ordnungsgemäßen Verwaltung an.

10. Die von der herrschenden Meinung vertretene Ansicht, eine in die Mitgliedschaftsrechte des Erben eingreifende Verfügung sei in der Regel nicht unentgeltlich, wenn die Verfügung alle Gesellschafter gleichmäßig betreffe, ist abzulehnen. In einem solchen Fall kann lediglich ein gewisses Indiz für die Gebotenheit im Gesellschaftsinteresse gesehen werden. Kommt der Testamentsvollstrecker einer (wirksamen) Stimmpflicht und/oder Zustimmungspflicht nach und mündet dies in einer Verfügung, so ist die Verfügung voll entgeltlich.

11. Die Stimmabgabe des Testamentsvollstreckers ist grundsätzlich unwirksam, wenn er bei deren Vornahme die Grenzen seiner Verfügungsmacht gemäß § 2205 Satz 3 BGB überschreitet. In diesem Fall kann die Einwilligung oder Genehmigung des Gesellschafter-Erben der Stimmabgabe unter bestimmten Voraussetzungen zur Wirksamkeit verhelfen.

12. Eine Einwilligung des Gesellschafter-Erben muss vor oder spätestens gleichzeitig mit Zugang der Stimmabgabe erteilt werden. Die Einwilligung braucht zu ihrer Wirksamkeit keiner bestimmten Form zu genügen. Übt der Testamentsvollstrecker das Stimmrecht mit Einwilligung aus, so ist die Stimmabgabe trotzdem *ex tunc* unwirksam, wenn der Testamentsvollstrecker

die Einwilligung nicht in schriftlicher Form vorlegt und die Gesellschaft die Stimmabgabe aus diesem Grunde unverzüglich zurückweist. Der Gesellschafter-Erbe kann die zunächst erteilte Einwilligung bis zum Zugang der Stimmabgabe bei der Gesellschaft widerrufen. Nach hier vertretener Ansicht ist der Erbe analog §§ 2206 Abs. 2, 2120 Satz 1 BGB zur Erteilung der Einwilligung verpflichtet, wenn die Verfügung zur ordnungsgemäßen Verwaltung erforderlich ist. Der Anspruch umfasst die Erteilung der Einwilligung in Schriftform.

13. Eine gemäß § 2205 Satz 3 BGB unzulässige Stimmabgabe des Testamentsvollstreckers ist ohne Einwilligung des Erben analog § 180 Satz 1 BGB grundsätzlich unheilbar nichtig. Ausnahmsweise kann die Stimmabgabe jedoch entsprechend § 180 Satz 2 i.V.m. § 177 Abs. 1 BGB schwebend unwirksam sein, das heißt durch Genehmigung des Erben wirksam werden. Nach zutreffender Ansicht ist die Stimmabgabe genehmigungsfähig, wenn (a) die Gesellschaft die von dem Testamentsvollstrecker behauptete Verfügungsmacht bei der Vornahme der Verfügung nicht beanstandet hat, oder (b) sie damit einverstanden gewesen ist, dass der Testamentsvollstrecker ohne Verfügungsmacht handelte. Auf die Kenntnis der Gesellschaft von der Nichtberechtigung kommt es hiernach nur im Rahmen der Alternative (b) an. Ist die Stimmabgabe genehmigungsfähig, kann sie durch Genehmigung des Erben wirksam werden. Ein ansonsten drohender dauerhafter Schwebezustand über die Wirksamkeit der Stimmabgabe kann bei Genehmigungsfähigkeit nach Maßgabe des § 177 Abs. 2 BGB beendet werden. Entsprechend § 178 BGB kann die Gesellschaft als Adressatin der Stimmabgabe bis zur Genehmigung durch den Erben ihm oder dem Testamentsvollstrecker gegenüber den Widerruf erklären, wenn die Gesellschaft die behauptete Einwilligung nicht beanstandet hat.

14. Die Mitwirkung des Testamentsvollstreckers an einem wegen der Veräußerung des gesamten Gesellschaftsvermögens erforderlichen Zustimmungsbeschluss kann nicht die Voraussetzungen des § 2205 Satz 3 BGB (direkt oder analog) erfüllen.

15. Die Mitwirkung des Testamentsvollstreckers an einem Einziehungsbeschluss kann die Voraussetzungen des § 2205 Satz 3 BGB erfüllen.

16. Die auf Herbeiführung eines Satzungsänderungsbeschlusses gerichtete Stimmabgabe und/oder die Zustimmung zum Beschluss durch den Testamentsvollstrecker können (un-)entgeltliche Verfügungen im Sinne des § 2205 Satz 3 BGB darstellen. Wenn im Wege der Satzungsänderung

mitgliedschaftliche Pflichten zulasten des Gesellschafter-Erben begründet oder erweitert werden sollen, ist ein besonderes Augenmerk auf die Erfüllbarkeit aus dem Nachlassvermögen zu legen. Denn eine fehlende Erfüllbarkeit aus dem Nachlassvermögen steht der objektiven Entgeltlichkeit entgegen. Damit eine Verfügung unentgeltlich sein kann, muss der Nachlass nach hier vertretener Ansicht durch die Verfügung unmittelbar in seinem Wert gemindert werden. Das ist bei einer Einwirkung auf die Mitgliedschaft durch Inhaltsänderung nicht zwangsläufig der Fall. Deswegen muss bei Satzungsänderungen die unmittelbare Wertminderung für die nachlassgegenständliche Beteiligung (oder das sonstige verwaltete Nachlassvermögen) positiv festgestellt werden. Hierbei kann man zwischen zwei Fallgruppen unterscheiden: (i) formale Beeinträchtigungen der Mitgliedschaft betreffend Mitgliedschaftsrechte und -pflichten, und (ii) materielle Beeinträchtigungen der Mitgliedschaft betreffend sonstige Satzungsregelungen.

17. In Bezug auf die Mitwirkung des Testamentsvollstreckers an einer effektiven Kapitalerhöhung kann die auf Herbeiführung des Kapitalerhöhungsbeschlusses gerichtete Stimmabgabe eine (un-)entgeltliche Verfügung darstellen, wenn das Bezugsrecht des Gesellschafter-Erben zumindest teilweise ausgeschlossen werden soll. Die „Ausweitung" einer (potenziellen) Ausfallhaftung infolge einer Kapitalerhöhung zieht keine Beschränkung der Verfügungsmacht gemäß § 2205 Satz 3 BGB – noch der Verpflichtungsmacht gemäß §§ 2206, 2207 BGB – nach sich. Im Hinblick auf den Abschluss des Übernahmevertrages kommt eine unentgeltliche Verfügung nicht in Betracht.

18. Die Mitwirkung des Testamentsvollstreckers an einem Umwandlungsbeschluss bezüglich des Formwechsels einer GmbH in eine Aktiengesellschaft kann die Voraussetzungen des § 2205 Satz 3 BGB erfüllen, wobei die auf Herbeiführung des Umwandlungsbeschlusses gerichtete Stimmabgabe des Testamentsvollstreckers in der Regel keine unentgeltliche Verfügung darstellt.

19. Im Hinblick auf den Abschluss eines Beherrschungs- und/oder Gewinnabführungsvertrages kann bei Mitwirkung des Testamentsvollstreckers am diesbezüglichen Zustimmungsbeschluss auf Ebene der Untergesellschaft eine (un-)entgeltliche Verfügung im Sinne des § 2205 Satz 3 BGB gegeben sein, auf Ebene der Obergesellschaft jedoch nicht.

20. Im Falle der Vinkulierung stellt die auf Herbeiführung des Zustimmungsbeschlusses gerichtete Stimmabgabe des Testamentsvollstreckers in aller Regel keine unentgeltliche Verfügung im Sinne des § 2205 Satz 3 BGB dar.

21. Hat der Testamentsvollstrecker mit der Stimmabgabe die Grenzen seiner Verfügungsmacht gemäß § 2205 Satz 3 BGB überschritten und ist die Stimme deswegen unwirksam, kommt insoweit kein Nichtigkeits-, sondern nur ein Anfechtungsgrund in Betracht. Bei Mitzählung der unwirksamen Stimmen des Testamentsvollstreckers und bindender Feststellung liegt ein Verfahrensverstoß vor, der bei Relevanz zur Anfechtung berechtigt. Wurde der betreffende Gesellschafterbeschluss jedoch nicht festgestellt und die Gesellschafter streiten bereits in der Gesellschafterversammlung über das Beschlussergebnis, kann der Beschluss nicht mit der Anfechtungsklage, sondern allein durch Feststellungsklage gegen die Gesellschaft angegriffen werden. War dagegen die Stimmabgabe des Testamentsvollstreckers berechtigterweise bei der Beschlussfassung zurückgewiesen worden, so zählen die Stimmen des Testamentsvollstreckers nicht. Der ohne seine Stimmen festgestellte Gesellschafterbeschluss kann aus diesem Grund nicht angefochten werden.

22. Selbst wenn der Gesellschafterbeschluss wegen des Fehlers bei der Beschlussfeststellung anfechtbar ist, kann dieser Beschlussmangel dadurch geheilt werden, dass der Gesellschafter-Erbe die wegen § 2205 Satz 3 BGB unwirksame Stimmabgabe genehmigt. Der Anfechtungsgrund entfällt dann und niemand kann mehr den Beschluss in dieser Hinsicht anfechten.

23. Besteht wegen § 2205 Satz 3 BGB ein Anfechtungsgrund, so ist neben den etwaigen übrigen Gesellschaftern der Gesellschafter-Erbe, und zwar anstatt des Testamentsvollstreckers und nicht neben ihm, anfechtungsbefugt.

24. Für den Beginn der Anfechtungsfrist kommt es nach zutreffender Ansicht grundsätzlich auf die Kenntnis des Gesellschafters vom Beschlussinhalt an. Abzustellen ist hier (vor dem Hintergrund des § 2205 Satz 3 BGB) nicht auf die Kenntnis des Testamentsvollstreckers, sondern auf die des anfechtungsbefugten Gesellschafter-Erben.

25. Bedarf der Gesellschafterbeschluss der Zustimmung seitens des Testamentsvollstreckers und ist diese Zustimmung wegen § 2203 Satz 3 BGB (schwebend) unwirksam, so ist der Gesellschafterbeschluss selbst (schwebend) unwirksam. Hat der Testamentsvollstrecker ohne Einwilligung des Gesellschafter-Erben unter Verstoß gegen § 2205 Satz 3 BGB die

Zustimmung erklärt, so ist der Gesellschafterbeschluss solange schwebend unwirksam, wie die Zustimmung durch den Testamentsvollstrecker schwebend unwirksam ist.

26. Unter den Voraussetzungen des § 256 ZPO kann auch auf Feststellung der Unwirksamkeit geklagt werden. Erst die endgültige Unwirksamkeit kann durch kassatorische Nichtigkeitsklage geltend gemacht werden. Soweit der Testamentsvollstrecker durch Zustimmung seine Verwaltungsbefugnis gemäß § 2205 Satz 3 BGB überschritten hat, ist der Erbe und nicht der Testamentsvollstrecker klagebefugt. Abgesehen von den Klagefristen für Umwandlungsbeschlüsse kann der Nichtigkeitseinwand grundsätzlich unbefristet erhoben werden.

27. Aber selbst wenn der Gesellschafterbeschluss vor dem Hintergrund des § 2205 Satz 3 BGB endgültig unwirksam ist, kann dieser Mangel unter Umständen geheilt worden sein. Denn bestimmte Nichtigkeitsmängel können nicht mehr geltend gemacht werden, wenn der Beschluss in das Handelsregister eingetragen worden ist und seitdem drei Jahre verstrichen sind.

Literaturverzeichnis

Altmeppen, Holger: Gesetz betreffend die Gesellschaften mit beschränkter Haftung, Kommentar, 10. Aufl., München 2021.

Baumbach, Adolf (Bgr.) / *Hueck, Alfred*: Gesetz betreffend die Gesellschaften mit beschränkter Haftung, 22. Aufl., München 2019 (zit.: *Bearbeiter*, in: Baumbach/Hueck).

Baumbach, Adolf (Bgr.) / *Hopt, Klaus J.*: Handelsgesetzbuch mit GmbH & Co., Handelsklauseln, Bank- und Kapitalmarktrecht, Transportrecht (ohne Seerecht), 40. Aufl., München 2021 (zit.: *Bearbeiter*, in: Baumbach/Hopt).

Banck, Mathias: Vor- und Nacherbfolge im Gesellschaftsrecht, Schleswig 1983 (zugl. Diss. Kiel 1983).

beck-online.GROSSKOMMENTAR zum Zivilrecht, hrsg. v. Beate Gsell, Wolfgang Krüger, Stephan Lorenz und Christoph Reymann, München 2021 (zit.: *Bearbeiter*, in: BeckOGK-BGB, § ... (Stand)).

Beck'scher Online-Kommentar BGB, hrsg. v. Wolfgang Hau und Roman Poseck, 60. Ed. (Stand: 1.11.2021), München 2021 (zit.: *Bearbeiter*, in: BeckOK-BGB).

Beck'scher Online-Kommentar GmbH, hrsg. v. Hildegard Ziemons, Carsten Jaeger, Moritz Pöschke, 49. Ed. (Stand: 1.8.2021), München 2021 (zit.: *Bearbeiter*, in: BeckOK-GmbHG).

Bengel, Manfred / Reimann, Wolfgang (Hrsg.): Handbuch der Testamentsvollstreckung, 7. Aufl., München 2020 (zit.: *Bearbeiter*, in: Bengel/Reimann).

Berger, Christian: Rechtsgeschäftliche Verfügungsbeschränkungen, Tübingen 1998 (zugl. Habil. Bayreuth 1996).

Bredol, Martin / Natterer, Joachim: Von Irrungen und Wirrungen bei der Veräußerung des „ganzen" Vermögens einer Kommanditgesellschaft: Keine analoge Anwendung von § 179a AktG!, in: ZIP 2015, S. 1419–1426.

Brox, Hans / Walker, Wolf-Dietrich: Allgemeiner Teil des BGB, 45. Aufl., München 2021 (zit.: BGB AT).

Burandt, Wolfgang / Rojahn, Dieter (Hrsg.): Erbrecht, 3. Aufl., München 2019 (zit.: *Bearbeiter*, in: Burandt/Rojahn).

Dörrie, Robin: Die Testamentsvollstreckung im Recht der Personenhandelsgesellschaften und der GmbH, Berlin 1994 (zugl. Diss., Mannheim, 1992–1993) (zit.: Testamentsvollstreckung).

Ders.: Erbrecht und Gesellschaftsrecht bei Verschmelzung, Spaltung und Formwechsel, in: GmbHR 1996, S. 245–256.

Ders.: Reichweite der Kompetenzen des Testamentsvollstreckers an Gesellschaftsbeteiligungen, in: ZEV 1996, S. 370–376.

Ebenroth, Carsten Thomas / Boujong, Karlheinz (Bgr.) / *Joost, Detlev / Strohn, Lutz* (Hrsg.): Handelsgesetzbuch, Bd. 1: §§ 1–342e, 4. Aufl., München 2020 (zit.: *Bearbeiter*, in: EBJS).

Enneccerus, Ludwig / Nipperdey, Hans Carl: Lehrbuch des Bürgerlichen Rechts, Erster Band, Allgemeiner Teil des Bürgerlichen Rechts, Zweiter Halbband, 15. Aufl., Tübingen 1960 (zit.: BGB AT I/2).

Erman, Walter (Bgr.) / Westermann, Harm Peter / Grunewald, Barbara / Maier-Reimer, Georg (Hrsg.): Bürgerliches Gesetzbuch, Handkommentar mit AGG, EGBGB (Auszug), ErbbauRG, LPartG, ProdHaftG, VBVG, VersAusglG und WEG, 16. Aufl., Köln 2020 (zit.: *Bearbeiter*, in: Erman).

Ernst, Wolfgang: Der Beschluss als Organakt, in: Martin Häublein / Stephen Utz (Hrsg.), Rechtsgeschäft, Methodenlehre und darüber hinaus, Liber amicorum für Detlef Leenen zum 70. Geburtstag am 4. August 2012, Berlin 2012, S. 1–42.

Feller, Lothar: Zur Vorerbschaft an GmbH-Geschäftsanteilen, Mainz 1974 (zugl. Diss. Mainz 1974).

Flume, Werner: Allgemeiner Teil des Bürgerlichen Rechts, Bd. 1, Teil 2: Die juristische Person, Berlin u.a. 1983 (zit.: BGB AT I/2); Bd. 2: Das Rechtsgeschäft. 4. Aufl., Berlin u.a. 1992 (zit.: BGB AT II).

Grigoleit, Hans Christoph (Hrsg.): Aktiengesetz, Kommentar, 2. Aufl., München 2020 (zit.: *Bearbeiter*, in: Grigoleit).

Groß, Wolfgang: Stimmrecht und Stimmrechtsausschluß bei der Testamentsvollstreckung am GmbH-Anteil, in: GmbHR 1994, S. 596–603.

Habersack, Mathias / Casper, Matthias / Löbbe, Marc (Hrsg.): Gesetz betreffend die Gesellschaften mit beschränkter Haftung (GmbHG), Großkommentar, Bd. I: Einleitung, §§ 1 bis 28, 3. Aufl., Tübingen 2019; Bd. II: §§ 29 bis 52, 3. Aufl., Tübingen 2020 (zit.: *Bearbeiter*, in: HCL).

Hadding, Walther: Verfügungen über Mitgliedschaftsreche, in: Baur, Jürgen F. / Hopt, Klaus J. / Mailänder, K. Peter (Hrsg.), Festschrift für Ernst Steindorff zum 70. Geburtstag am 13. März 1990, Berlin u.a. 1990, S. 31–44.

Haedicke, Maximilian: Der bürgerlich-rechtliche Verfügungsbegriff, in: JuS 2001, S. 966–973.

Hartmann, Christian: Vollmachtlose Vertretung in der Haupversammlung?, in: DNotZ 2002, S. 253–260.

Hau, Wolfgang Jakob: Vertragsanpassung und Anpassungsvertrag, Tübingen 2003 (zugl. Habil. Trier 2002).

Henssler, Martin / Strohn, Lutz (Hrsg.): Gesellschaftsrecht, BGB, HGB, PartGG, GmbHG, AktG, GenG, UmwG, InsO, AnfG, IntGesR, 5. Aufl., München 2021 (zit.: *Bearbeiter*, in: Henssler/Strohn).

Hübner, Rudolf-Matthias / Hammes, Philipp-Gerald: Testamentsvollstreckung und Vertretung bei Gesellschafts- und Geschäftsanteilen, in: BB 2013, S. 2307–2314.

Hüffer, Uwe (Begr.) / *Koch, Jens*: Aktiengesetz, 15. Aufl., München 2021 (zit.: *Bearbeiter*, in: Hüffer/Koch).

Jakobs, Horst Heinrich / Schubert, Werner (Hrsg.): Die Beratung des Bürgerlichen Gesetzbuchs, in systematischer Zusammenstellung der unveröffentlichten Quellen, Erbrecht, §§ 1922–2385, 1. Teilband, Berlin (u.a.) 2002.

Jauernig, Othmar (Bgr.): Bürgerliches Gesetzbuch, mit Rom-I-VO, Rom-II-VO, Rom-III-VO, EG-UnthVO/HUntProt und EuErbVO, Kommentar, 18. Aufl., München 2021 (zit.: *Bearbeiter*, in: Jauernig).

Kallmeyer, Harald: Umwandlungsgesetz, Kommentar, 7. Aufl., Köln 2020 (zit.: *Bearbeiter*, in: Kallmeyer).

Kessler, Wolfgang / Kröner, Michael / Köhler, Stefan (Hrsg.): Konzernsteuerrecht: National – International, 3. Aufl., München 2018 (zit.: *Bearbeiter*, in: Kessler/Kröner/Köhler).

Kleindieck, Deltlef: Mehrheitsentscheidungen in der Personengesellschaft: Formelle und materielle Legitimation, in: GmbHR 2017, S. 674–679.

Kornblum Udo: Bundesweite Rechtstatsachen zum Unternehmens- und Gesellschaftsrecht (Stand 1.1.2016), in: GmbHR 2016, S. 691–701.

Kreppel, Thomas: Der Testamentsvollstrecker und die Erben des Gesellschafters, in: DStR 1996, S. 430–433.

Lange, Heinrich / Kuchinke, Kurt: Lehrbuch des Erbrechts, 5. Aufl., München 2001.

Lange, Knut Werner: Testamentsvollstreckung an einem GmbH-Anteil, in: Peter Limmer / Christian Hertel / Sebastian Herrler / Johannes Weber (Hrsg.), Festschrift 25 Jahre Deutsches Notarinstitut, München 2018, S. 665–676.

Lieder, Jan: Die rechtsgeschäftliche Nachfolge in Gesellschaftsanteile – Grundsatzfragen und aktuelle Probleme der Verfügung über Anteile an Personengesellschaften, in: ZfPW 2016, S. 205–232.

Ders.: Öffnungs- und Mehrheitsklauseln im Wohnungseigentums- und Gesellschaftsrecht, in: notar 2016, S. 283–299.

Lorz, Rainer: Testamentsvollstreckung und Unternehmensrecht, Ein Beitrag zur Fortschreibung unternehmensstrategischer Kompetenzen fremdnütziger Vermögensverwalter, München 1995 (zugl. Diss. Konstanz 1995).

Ders., in: Carsten Thomas Ebenroth / Dieter Hesselberger / Mandred Eberhard Rinne (Hrsg.): Verantwortung und Gestaltung, Festschrift für Karlheinz Boujong zum 65. Geburtstag, München 1996, S. 319–334.

Lutter, Marcus (Begr.) / *Hommelhoff, Peter*: GmbH-Gesetz, Kommentar, 20. Aufl., Köln 2020 (zit.: *Bearbeiter*, in: Lutter/Hommelhoff).

Lutter, Marcus (Begr.): Umwandlungsgesetz, Kommentar, 6. Aufl., Köln 2019 (zit.: *Bearbeiter*, in: Lutter).

Ders.: Zur Beschränkung des Vorerben im Gesellschaftsrecht – Besprechung der Entscheidung BGHZ 78, 177, in: ZGR 1982, S. 108–122.

Mayer, Dieter: Testamentsvollstreckung am Kommanditanteil, in: ZIP 1990, S. 976–979.

Mayer, Jörg: Die Testamentsvollstreckung über GmbH-Anteile, in: ZEV 2002, S. 209–216.

Michalski, Lutz: Die Vor- und Nacherbschaft in einen OHG(KG)- und GmbH-Anteil, in: DB 1987, Beil. 16, S. 3–18.

Michalski, Lutz (Bgr.) / *Heidinger, Andreas* / *Leible, Stefan* / *Schmidt, Jessica* (Hrsg.): Kommentar zum Gesetz betreffend die Gesellschaften mit beschränkter Haftung (GmbH-Gesetz), Bd. I: Systematische Darstellungen, §§ 1–34 GmbHG, 3. Aufl., München 2017; Bd. II: §§ 35–88 GmbHG, EGGmbHG, 3. Aufl., München 2017 (zit.: *Bearbeiter*, in: Michalski).

Müller, Klaus: Zur Unentgeltlichkeit der Verfügung als Schranke der Verfügungsmacht des Testamentsvollstreckers, in: WM 1982, S. 466–478.

Müller, Klaus J.: Reichweite der Vertretungsmacht des GmbH-Geschäftsführers bei der Veräußerung des gesamten Gesellschaftsvermögens, in: NZG 2019, S. 807–813.

Münchener Anwalts Handbuch Erbrecht, hrsg. v. Stephan Scherer, 5. Aufl., München 2018 (zit.: *Bearbeiter*, in: MAH ErbR).

Münchener Handbuch des Gesellschaftsrechts, Bd. 3: Gesellschaft mit beschränkter Haftung, hrsg. v. Hans-Joachim Priester, Dieter Mayer, Hartmut Wicke, 5. Aufl., München 2018 (zit.: *Bearbeiter*, in: MüHdB GesR III).

Münchener Kommentar betreffend die Gesellschaften mit beschränkter Haftung, hrsg. v. Holger Fleischer und Wulf Goette, Bd. 1: §§ 1–34, 3. Aufl., München 2018; Bd. 2: §§ 35–52, 3. Aufl., München 2019; Bd. 3: §§ 53–88, 3. Aufl., München 2018 (zit.: *Bearbeiter*, in: MüKo-GmbH).

Münchener Kommentar zum Aktiengesetz, hrsg. v. Wulf Goette, Mathias Habersack, Bd. 4: §§ 179–277, 5. Aufl., München 2021; Bd. 5: §§ 278–328, SpruchG, ÖGesAusG, Österreichisches Konzernrecht, 5. Aufl., München 2020 (zit.: *Bearbeiter*, in: MüKo-AktG).

Münchener Kommentar zum Bürgerlichen Gesetzbuch, hrsg. v. Franz Jürgen Säcker, Roland Rixecker, Hartmut Oetker und Bettina Limperg, Bd. 1: Allgemeiner Teil, §§ 1–240, AllgPersönlR, ProstG, AGG, 9. Aufl., München 2021; Bd. 3: Schuldrecht – Allgemeiner Teil II, §§ 311–342, 8. Aufl., München 2019; Bd. 6: Schuldrecht – Besonderer Teil IV, §§ 705–853, Partnerschaftsgesellschaftsgesetz, Produkthaftungsgesetz, 8. Aufl., München 2020; Bd. 11: Erbrecht, §§ 1922–2385, §§ 27–35 BeurkG, 8. Aufl., München 2020 (zit.: *Bearbeiter*, in: MüKo-BGB).

Neuner, Jörg: Allgemeiner Teil des Bürgerlichen Rechts, 12. Aufl., München 2020 (zit.: BGB AT).

Oetker, Hartmut (Hrsg.): Handelsgesetzbuch, Kommentar, 7. Aufl., München 2021 (zit.: *Bearbeiter*, in: Oetker).

Palandt, Otto (Begr.): Bürgerliches Gesetzbuch, 80. Aufl. 2021 (zit.: *Bearbeiter*, in: Palandt).

Paschke, Marian: Nacherbenschutz in der Vorerben-Personengesellschaft, in: ZIP 1985, S. 129–138.

Peters, Egbert: Die Ausübung des Stimmrechts bei nutznießbelasteten Aktien, Mainz 1952.

Philippi, Ulrich: Testamentsvollstreckung an GmbH-Anteilen, Tübingen 2000 (zugl. Diss. Tübingen 2000).

Priester, Hans-Joachim: Testamentsvollstreckung am GmbH-Anteil, in: Marcus Lutter (Hrsg.), Festschrift für Walter Stimpel zum 68. Geburtstag am 29. November 1985, Berlin 1985, S. 463–485.

Quack, Norbert H.: Die Testamentsvollstreckung an Kommanditanteilen, in: BB 1989, S. 2271–2274.

Ders.: Kernbereich der Mitgliedschaft als Schranke der Testamentsvollstreckung?, in: Burkhard Binnewies / Rainer Spatscheck (Hrsg.): Festschrift für Michael Streck zum 70. Geburtstag, Köln 2011, S. 891–902.

Pyszka, Tillmann: Unentgeltliche Verfügungen des Vorerben und des Testamentsvollstreckers, München 1989 (zugl. Diss. München 1989).

Reimann, Wolfgang: Die Kontrolle des Testamentsvollstreckers, in: FamRZ 1995, S. 588–593.

Rowedder, Heinz (Bgr.) / *Schmidt-Leithoff, Christian* (Hrsg.): Gesetz betreffend die Gesellschaften mit beschränkter Haftung: Kommentar, 4. Aufl., München 2002 (zit.: *Bearbeiter*, in: Rowedder/Schmidt-Leithoff, 4. Aufl.) / 6. Aufl., München 2017 (zit.: *Bearbeiter*, in: Rowedder/Schmidt-Leithoff).

Sarres, Ernst: Die Auskunftspflichten des Testamentsvollstreckers, in: ZEV 2000, S. 90–94.

Sandrock, Otto: Gesellschaftsvertragliche Vereinbarungen und die Verwaltungsbeschränkung des § 1365 Abs. 1 BGB, in: Pawlolowski, H.-M. / Wiese, Günther / Wüst, Günther (Hrsg.), Festschrift für Konrad Duden zum 70. Geburtstag, München 1977, S. 513–536.

Schaub, Bernhard: Unentgeltliche Verfügungen des Testamentsvollstreckers, in: ZEV 2001, S. 257–260.

Schmidt, Karsten: Gesellschaftsrecht, 4. Aufl., Köln (u.a.) 2002 (zit.: GesR).

Schmidt, Karsten / Lutter, Marcus (Hrsg.): Aktiengesetz, Kommentar, 4. Aufl., Köln 2020 (zit.: *Bearbeiter*, in: K. Schmidt/Lutter).

Schneider, Uwe H.: Die Änderung des Gesellschaftsvertrages einer Personengesellschaft durch Mehrheitsbeschluß, in: ZGR 1972, S. 357–394.

Scholz, Franz (Bgr.): Kommentar zum GmbH-Gesetz, Bd. I: §§ 1–34, Anh. § 13 Konzernrecht, Anh. § 34 Austritt und Ausschließung eines Gesellschafters, 12. Aufl., Köln 2018; Bd. II: §§ 35–52, Anh. § 45 Gesellschafterversammlung und Gesellschafterkompetenzen in der GmbH & Co. KG, 12. Aufl., Köln 2021; Bd. III: §§ 35–88, 12. Aufl., Köln 2021 (zit.: *Bearbeiter*, in: Scholz).

Semler, Johannes (Bgr.) / *Stengel, Arndt / Leonard, Nina* (Hrsg.): Umwandlungsgesetz, 5. Aufl., München 2021 (zit.: *Bearbeiter*, in: Semler/Stengel/Leonard).

Soergel, Hans-Theodor (Begr.): Bürgerliches Gesetzbuch, mit Einführungsgesetz und Nebengesetzen, Bd. 2: Allgemeiner Teil 2, §§ 104–240 BGB, 13. Aufl., Stuttgart 1999; Bd. 22: Erbrecht: §§ 2064–2273, §§ 1–35 BeurkG, 13. Aufl., Stuttgart 2003 (zit.: *Bearbeiter*, in: Soergel).

Spellenberg, Ulrich: Schenkungen und unentgeltliche Verfügungen zum Nachteil des Erben oder Pflichtteilsberechtigten, in: FamRZ 1974, S. 350–360.

von Staudinger, Julius (Begr.): Kommentar zum Bürgerlichen Gesetzbuch mit Einführungsgesetz und Nebengesetzen, Bd.: Buch 1, Allgemeiner Teil, §§ 164–240, Berlin 2019; Bd.: Buch 4, Familienrecht, §§ 1363–1407 (Eheliches Güterrecht 1 – Gesetzliches Güterrecht), Berlin 2017; Bd.: Buch 5, Erbrecht, §§ 2197–2228 (Testament 2 – Testamentsvollstreckung), Berlin 2016 (zit.: *Bearbeiter*, in: Staudinger).

Thiele, Wolfgang: Die Zustimmungen in der Lehre vom Rechtsgeschäft. Köln (u.a.) 1966 (zugl. Habil. Hamburg 1964).

Todtenhöfer, Jens: Testamentsvollstreckung an GmbH-Anteilen in der notariellen Praxis, in: RNotZ 2017, S. 557–577.

von Tuhr, Andreas: Der Allgemeine Teil des Deutschen Bürgerlichen Rechts, Erster Band: Allgemeine Lehren und Personenrecht, Berlin 1910 (zit.: BGB AT I); Zweiter Band, Erste Hälfte, Berlin 1914 (zit.: BGB AT II/1).

Ders.: Der Begriff der Verfügung nach BGB, in: AcP 177 (1919), S. 193–206.

Ulmer, Peter / Habersack, Mathias / Löbbe, Marc (Hrsg.): Gesetz betreffend die Gesellschaften mit beschränkter Haftung (GmbHG), Großkommentar, Bd. III: §§ 53 bis 88 (sowie EGGmbHG), 2. Aufl., Tübingen 2016 (zit.: *Bearbeiter*, in: UHL).

Ulmer, Peter: Testamentsvollstreckung am Kommanditanteil – Voraussetzungen und Rechtsfolgen, in: NJW 1990, S. 73–83.

Unsöld, Beatrice C.: Die Testamentsvollstreckung an Aktien, Baden-Baden 2009 (zugl. Diss. Augsburg 2008).

Werkmüller, Maximilian: Vollmacht und Testamentsvollstreckung als Instrumente der Nachfolgegestaltung bei Bankkonten, in: ZEV 2000, S. 305–308.

Werner, Rüdiger: Regelungsbedürftige Punkte bei der Anordnung einer Testamentsvollstreckung an GmbH-Geschäftsanteilen, in: ZEV 2018, S. 252–257.

Wicke, Hartmut: Gesetz betreffend die Gesellschaft mit beschränkter Haftung (GmbHG), Kommentar, 4. Aufl., München 2020.

Ders.: Testamentsvollstreckung an Gesellschaftsbeteiligungen, in: ZGR 2015, S. 161–184.

Wiedemann, Herbert: Die Übertragung und Vererbung von Mitgliedschaftsrechten bei Handelsgesellschaften, München (u.a.) 1965 (zugl. Habil. München 1963).

Winkler, Karl: Der Testamentsvollstrecker nach bürgerlichem, Handels- und Steuerrecht, 23. Aufl., Regensburg 2020.

Zivilrechtliche Schriften

Beiträge zum Wirtschafts-, Bank- und Arbeitsrecht

Herausgegeben von Arnd Arnold, Dorothee Einsele, Jan Lieder und Hartmut Oetker

Begründet von Peter Kreutz und Dieter Reuter

Band 1 Sabine Koch: Eigenkapitalleistungen und eigenkapitalersetzende Leistungen des Kommanditisten in der gesetzestypischen Kommanditgesellschaft. 1992.

Band 2 Knut Weigle: Die leitenden Angestellten zwischen Sprecherausschuß und Betriebsrat. 1993.

Band 3 Stephan Worpenberg: Die konzerninterne Arbeitnehmerüberlassung. 1993.

Band 4 Carsten Führling: Sonstige Unternehmensverträge mit einer abhängigen GmbH. 1993.

Band 5 Heike Grote-Seifert: Das englische Arbeitskampfrecht unter besonderer Berücksichtigung der Entwicklung seit 1979. Zugleich: Vergleichende Analyse der Rechtslage in Deutschland und England. 1994.

Band 6 Uwe Theobald: Gesamthaftungsverhältnisse. Die Gesamtschuld als Ausgleichsmodell bei der mehrfachen Drittsicherung einer Forderung. 1994.

Band 7 Kay-Uwe Jacobs: Die Wahlvorstände für die Wahlen des Betriebsrats, des Sprecherausschusses und des Aufsichtsrats. 1995.

Band 8 Horst-Jürgen Michallek: Die Verteilung des wirtschaftlichen Risikos der Nothilfe. Eine rechtsvergleichende Studie. 1995.

Band 9 Sibylle Kessal-Wulf: Die Innenverbände. Am Beispiel Publikumsgesellschaft, Franchising, Mitarbeiterbeteiligung und Betriebsverband. 1995.

Band 10 Britta Holdorf-Habetha: Der Übergang von gewerblich genutztem Vermögen im Wege der Erbfolge im Einkommensteuerrecht. 1996.

Band 11 Sönke-Peter Nehlsen: Nutzungsausfallersatz. Ein notwendiges Übel? Versuch einer dogmatischen Begründung und Alternativlösungen. 1997.

Band 12 Sebastian Graf von Wallwitz: Tarifverträge und die Wettbewerbsordnung des EG-Vertrages. Wettbewerbsbeschränkende Tarifverträge und das Kartellverbot des Artikel 85 EGV. 1997.

Band 13 Hans-Joachim Arnold: Die Bilanzierung des Geschäfts- oder Firmenwertes in der Handels-, Steuer- und Ergänzungsbilanz. 1997.

Band 14 Volker Hoes: Die Überschuldung Privater als Problem von Ungleichgewichten. 1997.

Band 15 Dörte Christiansen: Betriebszugehörigkeit. Die Zuordnung von Arbeitnehmern aus betriebsverfassungsrechtlicher Sicht. 1998.

Band 16 Axel Boysen: Betriebsverband und Arbeitsverhältnis am Beispiel der Gruppenarbeit. Ein Beitrag zur Entwicklung der arbeitsrechtlichen Dogmatik im Wandel der Industriearbeit. 1998.

Band 17 Kristoffer Blydt-Hansen: Die Rechtsstellung der Destinatäre der rechtsfähigen Stiftung Bürgerlichen Rechts. 1998.

Band 18 Per Christiansen: Über die reale Seite der Verbände. Die Bedeutung der tatsächlichen Zweckverfolgung in einem Verband für dessen Legitimität, Existenz und Kontinuität. 1999.

Band 19 Annette Grotkamp: Die Bedeutung des Gesamtbetriebsrats und die Abgrenzung seiner Zuständigkeit zu den Einzelbetriebsräten im Rahmen des Strukturwandels in der deutschen Wirtschaft. 1999.

Band 20 Oliver Ebert: Die Kosten der Einigungsstelle gemäß § 76 a BetrVG 1972 unter besonderer Berücksichtigung der Honorierung von Einigungsstellenmitgliedern. 1999.

Band 21 Christoph Nawroth: Die steuerliche Anerkennung von Familienpersonengesellschaften bei fehlerhaftem Gesellschaftsvertrag. Zur Anwendung der Lehre von der fehlerhaften Gesellschaft im Steuerrecht. 1999.

Band 22 Kai Litschen: Die juristische Person im Spannungsfeld von Norm und Interesse. Am Beispiel der Gesellschafterhaftung in der GmbH. 1999.

Band 23 Eva Günther-Gräff: Kündigung und Kündigungsschutz von Absatzmittlungsverträgen. Dargestellt am Beispiel des Handelsvertreters, des Vertragshändlers und des Franchisenehmers. 1999.

Band 24 Martin Steiner: Entgelte der Kreditinstitute. Regelungen beim Girovertrag mit rechtsvergleichender Darstellung des anglo-amerikanischen Rechts. 2000.

Band 25 Sven Claussen: Grenzen der Insichgeschäfte im Gesellschaftsrecht. 2000.

Band 26 Sönke Peters: Der gesellschaftsrechtliche Grundsatz der Einheitlichkeit der Mitgliedschaft. 2000.

Band 27 Gabriele Komp: Die juristische Person als Geschäftsführungsorgan einer Kapitalgesellschaft. Betrachtungen zu §§ 76 Abs. 3 S. 1 AktG und 6 Abs. 2 S. 1 GmbHG. 2000.

Band 28 Gunnar Mayer: Das außerdienstliche Verhalten von Arbeitnehmern. Ein Beitrag zu Geschichte, Grundlagen und Erscheinungsformen außerdienstlicher Verhaltenspflichten. 2000.

Band 29 Michael Mönke: Die Sicherung der Bauunternehmer nach § 648 a BGB. Unter besonderer Berücksichtigung der Vereinbarkeit der Regelung mit den Prinzipien des Zivilrechts. 2000.

Band 30 Oliver May: Die Zulässigkeit der Regelung von Lohn und Arbeitszeit in Betriebsvereinbarungen. 2001.

Band 31 Robert Pape: Die tarifvertragliche Unkündbarkeit. Zugleich ein Beitrag zu den Grenzen der Tarifautonomie im Kündigungsschutzrecht und zum partiell zweiseitig-zwingenden Charakter des § 1 Abs. 2 und 3 KSchG. 2002.

Band 32 Wilm-Christian Jaekel: Die Bindung an formnichtige Grundstücksverträge nach Treu und Glauben. 2002.

Band 33 Susanne Müller: Die Gesellschafterklage als rechtsformübergreifendes Institut. 2002.

Band 34 Freia Peters: Treuhand und Unterbeteiligung an Gesellschaftsanteilen. Eine vergleichende Betrachtung für den Bereich des Gesellschafts- und des Steuerrechts. 2003.

Band 35 Mario Nahrwold: Die wirtschaftliche Betätigung von Idealvereinen am Beispiel der Ausgliederungsvorhaben der Fußballbundesligavereine. Eine Untersuchung zu Geltungsgrund und Grenzen des Nebentätigkeitsprivileges. 2003.

Band 36 Henning Plöger: Sonderarbeitsrechte im Pressebereich. Auswirkungen eines institutionellen Grundrechtsverständnisses auf das Arbeitskampf- und arbeitsrechtliche Statusrecht der Presse. 2003.

Band 37 Christian Springmann: Der Betriebsrat und die Betriebsbeauftragten. Ein Vergleich zweier betrieblicher Funktionsträger unter besonderer Berücksichtigung ihres Verhältnisses zueinander. 2004.

Band 38 Holger Meyer: Der Tatbestand des Betriebsübergangs nach der Rechtsprechung des Europäischen Gerichtshofs und des Bundesarbeitsgerichts. 2004.

Band 39 Philipp Christopher Brügge: Das Gesetz über Teilzeitarbeit. Eine Analyse unter arbeitsrechtlichen und beschäftigungspolitischen Gesichtspunkten. 2004.

Band 40 Sebastian Klausch: Unmöglichkeit und Unzumutbarkeit im System des allgemeinen Leistungsstörungsrechts nach der Schuldrechtsmodernisierung 2002. 2004.

Band 41 Felix Hütte: Die individualistische GbR als Mitglied anderer Vereinigungen. 2005.

Band 42 Tobias Schommer: Die Berücksichtigung und Gewichtung der Interessen der Arbeitsvertragsparteien im Rahmen des kollektiven und allgemeinen Weiterbeschäftigungsanspruchs des Arbeitnehmers. 2005.

Band 43 Christa Wettzel: Die unternehmerische Entscheidungsfreiheit im Rahmen der betriebsbedingten Kündigung. 2006.

Band 44 Andrea Scheibe: Die Mitbestimmung der Arbeitnehmer in der SE unter besonderer Berücksichtigung des monistischen Systems. 2006.

Band 45 Sebastian Ritz: Die Auswirkungen des Gesetzes zu Reformen am Arbeitsmarkt auf den Anwendungsbereich der dreiwöchigen Klagefrist gemäß den §§ 4 bis 7 KSchG. 2007.

Band 46 Anne Pfister: Die Übertragung von Aufgaben auf Arbeitsgruppen gemäß § 28a BetrVG unter besonderer Berücksichtigung der Förderungspflicht aus § 75 Abs. 2 Satz 2 BetrVG. 2007.

Band 47 Merve Ehlers: Personalkostenabbau durch betriebliche Bündnisse für Arbeit. Welche Gesetzesänderungen des geltenden Rechts sind zur Anpassung an die heutigen Wirtschafts- und Arbeitsbedingungen und zur Legalisierung der gängigen Rechtspraxis erforderlich? 2007

Band 48 Nicole Hasselmann: Die Lehre *Ulmers* zur Gesellschaft bürgerlichen Rechts im Wandel der Jahrzehnte. Das Rechts- und Haftungssystem der Gesellschaft bürgerlichen Rechts. 2007.

Band 49 Ina Maria Wiesner: Die Schriftform im Betriebsverfassungsgesetz. 2008.

Band 50 Christian Rebel: Grundprobleme des Nachteilsausgleichs gemäß § 113 Abs. 3 BetrVG. 2008.

Band 51 Benedikt von Wissel: Die Beeinflussung des eigenen Börsenkurses durch die Aktiengesellschaft. Erscheinungsform, Zulässigkeit und Grenzen im deutschen Kapitalmarktrecht. 2008.

Band 52 Malte Kriebitzsch: Die Inhaltskontrolle von Allgemeinen Arbeitsbedingungen anhand der §§ 305 ff. BGB. 2008.

Band 53 Torsten Volkholz: Geltung und Reichweite der Privatautonomie bei der Errichtung von Stiftungen. Die Weiterentwicklung des Stiftungsrechts nach Neufassung der §§ 80 bis 88 BGB durch das Gesetz zur Modernisierung des Stiftungsrechts zum 1. September 2002. 2008.

Band 54 Kirstin Trautvetter: Die Übernahme von Aktiengesellschaften und die Verhaltenspflichten von Vorstand und Aufsichtsrat der Zielgesellschaft. 2008.

Band 55 Petra Boldt: Ethikregeln als verbindlicher Verhaltensmaßstab für die Arbeitsverhältnisse in deutschen Unternehmen. 2008.

Band 56 Liv Heimbach: Das Verhältnis der außerordentlichen Kündigung des Arbeitgebers zur ordentlichen Kündigung nach dem KSchG. 2009.

Band 57 Entwicklungen im Arbeits- und Wirtschaftsrecht. Festgabe für Peter Kreutz zum 70. Geburtstag. Herausgegeben von Jakob Hoffmann und Claudia Schubert. 2009.

Band 58 Marlena Hütte: Gefahrverteilung und Schadensersatz im Rückabwicklungsschuldverhältnis nach gesetzlichem Rücktritt. Unter Berücksichtigung der Auswirkungen auf die Rückabwicklung nach Leistungskondiktion. 2010.

Band 59 Tim Ebert: Stille Gesellschaft, Genussrecht und partiarisches Darlehen als mezzanine Kapitaltitel zur Finanzierung einer GmbH. Eine Analyse der historischen Entwicklung und Abgrenzung dieser Finanzierungsinstrumente sowie der mit diesen verbundenen Kompetenz- und Eigenkapitalersatzfragen im GmbH-Recht. 2010.

Band 60 Ingo Krist: Grenzen des Tarifsozialplanes. 2010.

Band 61 Jakob Hoffmann: Zusammenlegung und Zulegung rechtsfähiger Stiftungen des bürgerlichen Rechts. 2011.

Band 62 Nils J. Herrmann: Verjährung, Verjährungsbeginn und Regress bei Bürgschaft und Gesamtschuld. 2012.

Band 63 Sarah Nitsche: Die Rechte der außenstehenden Aktionäre bei qualifizierten Nachteilszufügungen. 2013.

Band 64 Matthias Dumke: Streikrecht i. S. des Art. 6 Nr. 4 ESC und deutsches Arbeitskampfrecht. Vorgaben, Vereinbarkeit und Umsetzung. 2013.

Band 65 Inga Hildebrand: Arbeitnehmerschutz von geschäftsführenden Gesellschaftsorganen im Lichte der *Danosa*-Entscheidung des EuGH. 2014.

Band 66 Sylvia Witt: Auswirkungen materiell unrichtiger Entsprechenserklärungen auf den Bestand von Hauptversammlungsbeschlüssen. 2015.

Band 67 Philipp Mohr: Die offene Investmentkommanditgesellschaft. Investmentrecht, Gesellschaftsrecht und Anlegerschutz. 2016.

Band 68 Daniel Berneith: Die Konversion. Eine rechtsdogmatische und am Parteiwillen orientierte Untersuchung des § 140 BGB unter besonderer Berücksichtigung nichtiger Verfügungen von Todes wegen und Nachfolgeklauseln bei Personengesellschaften. 2016.

Band 69 Philipp Hohmann: Die Genehmigungsfiktion nach § 377 HGB bei Falschlieferung und Quantitätsabweichung. Eine Untersuchung zur Interessenharmonisierung bei Handelskäufen unter vergleichender Berücksichtigung des internationalen Einheitsrechts. 2017.

Band 70 Katharina Dittmann: Schwellenwerte und Unternehmensmitbestimmung. 2018.

Band 71 Alexander Julian Haunschild: Die Abdingbarkeit der Treuepflicht im Gesellschaftsrecht. Eine dogmatische Analyse der Reichweite der Privatautonomie im Gesellschaftsrecht. 2018.

Band 72 Charlotte Evers: Geschlechtsbezogenes Mindestanteilsgebot im paritätisch mitbestimmten Aufsichtsrat der Aktiengesellschaft. 2019.

Band 73 Susanne Hans: Befristung wissenschaftlichen Personals im Spannungsfeld von Arbeitnehmerschutz und Wissenschaftsfreiheit. 2019.

Band 74 Niklas Wiechmann: Die Anforderungen an Aufsichtsräte von Kreditinstituten und Versicherungsunternehmen im Spannungsfeld vom AktG, KWG und VAG. 2019.

Band 75 Christopher Pape: Das kommunale Aufsichtsratsmandat. Doppelloyalität zwischen privatrechtlicher Freiheit und öffentlich-rechtlicher Ingerenzpflicht. 2020.

Band 76 Dorothee Thérèse Barg: Related Party Transactions im Lichte der Aktionärsrechterichtlinie – Die Auswirkungen der Aktionärsrechterichtlinie auf das deutsche Aktien(konzern)recht. 2021.

Band 77 Hendrike Schuth: Die Neuregelung zum Schutz der Geschäftsgeheimnisse und ihre Auswirkungen für das Arbeitsrecht. 2021.

Band 78 Theresa Degner: Das verschärfte Anforderungsprofil an Aktionärsvertreter im Aufsichtsrat. 2021.

Band 79 Christopher Finn Walter: Die virtuelle Haupt- und Gesellschafterversammlung. Rechtsfragen de lege lata und Überlegungen de lege ferenda. 2021.

Band 80 Fabian Gräf: Das Gebot fairen Verhandelns beim Abschluss eines arbeitsrechtlichen Aufhebungsvertrags. 2021.

Band 81 Philipp Zelmer: Lauterkeitsrecht als Mittel zur Einhaltung von Arbeitsbedingungen. 2022.

Band 82 Philip Eichhorn: Digitalisierung im Gesellschaftsrecht. Eine Untersuchung der Richtlinie (EU) 2019/1151 im Hinblick auf den Einsatz digitaler Werkzeuge und Verfahren im Gesellschaftsrecht. 2022.

Band 83 Hendrik Greinert: Die Mitwirkung des Testamentsvollstreckers an GmbH-Gesellschafterbeschlüssen. 2022.

www.peterlang.com

www.ingramcontent.com/pod-product-compliance
Ingram Content Group UK Ltd.
Pitfield, Milton Keynes, MK11 3LW, UK
UKHW021852290926
8980IPUK00005B/786

9 783631 873267